PROJECT
MANAGEMENT

# 프로젝트 관리

제2판

| 김형도 지음 |

한티미디어

**저자 소개**

**김형도** hdkim@hycu.ac.kr

한양사이버대학교 경영학부 교수

논문: Decision Support Systems, ACM SIGMOD Record 등 국내외 저널에 다수 발표

저서: 합리적 경영과 의사결정, B2B전자상거래@XML, 전자상거래원론, 전자문서용어사전,
데이터마이닝의 이해 등



**Project Management**

**프로젝트 관리 제2판**

**발행일** 2019년 11월 15일 초판 1쇄
**지은이** 김형도
**펴낸이** 김준호
**펴낸곳** 한티미디어 | **주소** 서울시 마포구 동교로 23길 67 3층
**등 록** 제 15-571호 2006년 5월 15일
**전 화** 02)332-7993~4 | **팩스** 02)332-7995
**ISBN** 978-89-6421-381-0 (93320)
**정 가** 25,000원

**마케팅** 노호근 박재인 최상욱 김원국 | **관리** 김지영 문지희
**편 집** 김은수 유채원 | **본문** 이경은 | **표지** 유채원
**인 쇄** 한프리프레스

이 책에 대한 의견이나 잘못된 내용에 대한 수정정보는 한티미디어 홈페이지나 이메일로 알려주십시오.
독자님의 의견을 충분히 반영하도록 늘 노력하겠습니다.

**홈페이지** www.hanteemedia.co.kr | **이메일** hantee@hanteemedia.co.kr

디지털 정보기술에서 시작된 급속한 변화와 발전은 기술적, 사회적, 경제적인 측면을 비롯한 다방면으로 지대한 영향을 미치고 있습니다. 4차 산업혁명과 인공지능 시대도 이러한 발전의 결과이자 또 다른 변화의 시작이라고 할 수 있겠습니다. 경쟁의 벽이 사라지면서 기업은 무한 경쟁에 노출되고 있고, 핵심이 아닌 부분에 대한 아웃소싱과 함께, 일시적이고 실험적인 업무 추진을 통해서 빠른 변화에 대응하도록 요구받고 있습니다.

이러한 급속한 변화에 대한 대응 방식 중의 하나가 바로 프로젝트 형식으로 비즈니스를 처리하는 것입니다. 빠르게 일회성으로 진행되어야 할 일들에 인력과 자원을 일시적으로 배분해서 진행하는 업무가 바로 프로젝트입니다. 라틴어에서 온 영어 단어 Project는 원래 실행 전의 계획을 의미합니다. 본격적인 업무 추진을 하기 전에 계획을 잘 세우기 위해서 실험적으로 해 보는 작업으로 이해한다면 현대적인 의미와도 상통한다고 보겠습니다. 1980년대에 홍콩 배우 성룡이 주연한 영화 "프로젝트 A"가 나왔을 때 프로젝트가 무엇인가 하는 의문을 가졌던 분들도 많았다고 하는데요, 이제는 너무나 친숙하게 그리고 자주 사용되는 용어가 되었습니다.

이런 프로젝트가 일상화하면서 그 중요성도 점점 커지고 있습니다. 회사나 국가의 미래를 좌우할 연구개발 프로젝트나, 기업의 경쟁력을 획기적으로 개선하기 위한 경영정보시스템을 도입하는 그런 프로젝트들이 좋은 사례가 되겠습니다. 이렇게 프로젝트가 점점 더 중요해지다보니 프로젝트를 어떻게 하면 성공적으로 이끌 것인가 하는 것도 당연히 중요한 관심사가 되고 있습니다. 그래서 나온 것이 프로젝트 관리인데요, 큰 틀에서 보면 이것은 경영학 이론을 바탕으로 프로젝트를 관리하는 실무적인 방법들을 잘 정리한 것이라고 설명할 수 있겠습니다. 이러한 프로젝트 관리에 대하여 소개하는 이 책의 특징은 다음과 같이 정리할 수 있습니다.

1. 17년 이상의 대학 교육을 통해서 축적된 저자의 경험과 지식을 체계적으로 정리하였습니다. 이에 따라서 반복된 강의와 수많은 질의응답을 통해 깨우친 내용들이 고스란히 독자들에게 전달될 수 있게 되었습니다. 프로젝트 관리를 배우는 사람의 입장에서 어렵게 느껴지는 사항들이 무엇이며, 어떻게 설명하면 이해하기 좋을 것인가가 책에 잘 반영되도록 노력하였습니다.
2. 프로젝트 관리에는 경영과 관련된 거의 모든 지식이 직·간접적으로 활용된다고 할 수 있는데요, 이런 점에서 프로젝트 관리에 필요한 내용을 학습하면서 경영지식을 체계적으로 습득할 수 있도록 노력하였습니다. 프로젝트 관리에 필요한 일반적인 원칙을 설명함과 아울러서, 필요한 사례들은 가급적 경영정보시스템 프로젝트와 관련된 것들을 사용하고자 하였습니다. 정보시스템을 사용하지 않는 프로젝트들도 많이 있지만, 기업의 경쟁력을 좌우하는 정보기술을 사용하는 프로젝트를 중요하게 다루고자 하였습니다.
3. 프로젝트 관리에 관한 전체적인 구성과 내용은 PMI(Project Management Institute)에서 발간된 "A Guide to the Project Management Body of Knowledge - Sixth Edition"을 기준으로 작성하였습니다. 프로젝트 관리의 10가지 지식 영역(통합 관리, 범위 관리, 일정 관리, 비용 관리, 품질 관리, 자원 관리, 의사소통 관리, 리스크 관리, 조달 관리, 이해관계자 관리)을 근간으로 해서 10개의 장을 구성하되, 프로젝트 관리를 전체적으로 소개하는 1장, 프로젝트 관리 프로세스 그리고 더 들어가서 프로세스에 대해 기초 지식을 제공하는 2장, 그리고 PERT/CPM 등 일정 관리에 대하여 보충 설명하는 7장, 이렇게 3개의 장을 추가하였습니다.

4. 본문의 내용과 관련된 주제를 가지고 여러 가지 문제를 고민해볼 수 있도록 각 장마다 '생각해 보기' 코너를 제공하고 있습니다. 여기에서는 톰 디마르코의 "소설로 읽는 프로젝트 관리데드라인"과 같은 서적이나 논문 등에서 인상 깊은 내용을 인용하였습니다. 보다 자세한 내용이 알고 싶은 분들은 해당 참고문헌을 직접 찾아보신다면 큰 도움을 받을 수 있을 것으로 생각합니다.
5. 한양사이버대학교가 주관하는 민간자격증인 "경영정보프로젝트관리전문가"를 위한 수험 교재로서 사용될 수 있도록 학습내용 요약과 학습평가에도 정성을 기울여 구성하였습니다. PMI가 인정하는 자격증인 PMP(Project Management Professional)를 준비하는 데도 도움을 줄 수 있을 것으로 생각됩니다.

이 책을 통해서 많은 분들이 프로젝트에 대한 합리적 의사결정 능력을 갖춘 프로젝트 관리자로 한 걸음 더 전진할 수 있기를 기원합니다. 그리고 이 책을 출간하는 데 도움을 주신 한티미디어의 김준호 대표님을 비롯한 직원 여러분들에게 진심어린 감사를 전합니다.

멀리 아차산/용마산을 바라보면서

김형도 교수 드림

# CONTENTS

CHAPTER

# 1

# 프로젝트 관리 개요

## 학습 목차



## 학습 목표

- 프로젝트 관리의 기본 개념을 이해하고, 프로젝트 관리의 학습 범위를 전체적으로 파악할 수 있다.

## 1 프로젝트

현대 사회가 빠르게 발전하면서 일회성으로 진행되는 일들이 많아졌습니다. 여러분이 근무하는 직장에서도 어떤 종류의 프로젝트가 진행되고 있을 것입니다. 그만큼 프로젝트가 일상화되고 있습니다. 빠르게 일회성으로 진행되어야 할 일들에 인력과 조직을 배분해서 진행하는 업무가 바로 프로젝트라고 할 수 있습니다. 이런 프로젝트가 일상화하면서 그 중요성도 높아지고 있습니다. 회사의 미래를 좌우할 제품 연구개발 프로젝트나, 기업의 경쟁력을 높이기 위해 기업에 경영정보시스템을 도입하거나 업그레이드하는 그런 프로젝트들도 매우 중요합니다. 이렇게 프로젝트가 점점 더 중요해지다보니 프로젝트를 어떻게 하면 성공적으로 이끌 것인가 하는 것도 중요한 관심사가 되겠죠. 그래서 나온 것이 프로젝트 관리입니다. 프로젝트를 성공으로 이끌 수 있도록 어떻게 관리해갈 것인가 하는 것이 주된 관심사가 되겠습니다.

1장에서는 프로젝트에 대한 전반적인 소개를 드리도록 하겠습니다. 프로젝트 관리의 기본 개념을 이해하고, 프로젝트 관리의 학습 범위를 전체적으로 파악할 수 있도록 설명드리고자 합니다. 기본 개념으로서 프로젝트, 프로젝트 관리, 프로젝트 관리자와 PMO 이 세 가지를 집중적으로 다뤄보도록 하겠습니다.

프로젝트(Project)는 고유한 제품, 서비스, 또는 결과물을 개발하기 위하여 수행되는 한시적 노력을 말합니다. 여기서 "고유한(Unique)"과 "한시적(Temporary)"이 프로젝트의 중요한 특징입니다. 이러한 프로젝트는 조직의 성장과 생존에 필수 불가결한 요소입니다. 오늘날과 같이 빠르게 발전하는 사회에서는 기존의 반복적인 업무를 수행하는 조직으로는 대응하기 어렵습니다. 기존의 반복적인 업무는 관행적인 타성에 젖어 있을 가능성이 높다고 하겠습니다. 주어진 한정된 자원과 예산으로 업무가 처리되는 경우가 많기 때문입니다. 프로젝트 형태로 일을 진행하게 되면 그 일에 맞는 인력, 자원, 예산 등을 따로 설정해서 그 일에 집중할 수 있게 됩니다. 그래서 빠른 발전에 대응할 수 있습니다. 또 전 세계가 디지털화, 네트워크화 하면서 많은 기업이 대형

화, 국제화되고 있고, 중요하지 않은 일은 외주를 주는 것도 일반화되고 있습니다. 즉, 내부의 직원보다 더 잘할 수 있는 외부의 전문인이나 전문 기업에 일을 맡기는 것도 일반화되고 있습니다. 내부에서 진행되는 프로젝트들뿐만 아니라, 이렇게 외부에 위탁하는 프로젝트들도 급증하고 있습니다.

그리고 프로젝트는 개선된 비즈니스 프로세스 형태로 가치를 생성합니다. 기존의 조직에 있는 비즈니스 프로세스로는 새로운 고유한 제품, 서비스 또는 결과물을 만들기 어렵습니다. 그러다보니 새로운 개선된 비즈니스 프로세스를 구성해야 하고, 이것이 바로 프로젝트의 가치라고 할 수 있습니다. 그리고 프로젝트는 새로운 제품과 서비스의 개발에서 필수적이라고 할 수 있으며, 환경, 경쟁, 시장 등에서의 변화에 대한 대응을 용이하게 해줄 수 있습니다.

프로젝트는 "고유한"과 "한시적"이라는 두 가지의 특징이 있다고 하였는데요, 여기서 고유하다는 것은 새로운 제품, 서비스, 또는 결과물을 개발하여 제공하는 것을 의미합니다. 그리고 한시적이라는 것은 시작(착수)일과 종료(완료)일이 있다는 것입니다. 여기서 한시적이라는 것은 프로젝트가 한시적이라는 것이며, 제품, 서비스, 또는 결과물이 한시적이라는 것은 아닙니다. 그렇다면 프로젝트는 언제 시작되고 언제 종료될까요? 프로젝트는 내부 비즈니스 필요성이나 외부 영향력에 의해서 생성되며, 이러한 필요성이나 영향력은 요구사항 분석이나 사전 조사 등을 발생시킬 수 있습니다. 규모가 아주 작은 경우가 아니라면 일단 시작되면 비용이 많이 소요되므로 사전에 정리가 필요합니다. 필요성이라고 하는 것도 사람마다 제각각이라서 어떤 필요성이 있는지 여러 사람들의 말을 들어보고 정리하고 해서 따져봐야 합니다. 이것이 요구사항 분석입니다. 아주 개인적인 일이 아니라면 적어도 요구사항 분석이나 사전 조사가 필요하게 됩니다. 기업에서 하는 일이라면 당연히 이런 일들이 필요합니다. 이렇게 해서 프로젝트가 시작되고 나면 종료가 되어야 할 텐데요, 프로젝트가 종료되는 경우는 몇 가지가 있습니다. 프로젝트가 가장 바람직하게 종료되는 경우는 프로젝트의 목표를 달성해서 종료되는 것인데, 그렇지 못하고 끝나는 경우도 많습니다. 하다보면 프로젝트의 목표를 달성할 수 없거나 없을 것으로 예상될 경우가 있는데, 이런 경우에는 중단하는 것이 좋겠습니다. 이미 들어간 비용 때문에 쉽게 중단하는 못하는 경우도 있는데, 이런 비용을 매몰비용이라고 합니다. 하지만 프로젝트 목표를 달성할 수 없다면 빨리 종료하는 것이 나을 것입니다. 그리고 처음에는 필요성이 있었는데, 진행하다보니 여러 가지 상황 변화로 인해서 프로젝트에 대한 필요성이 더 이상 존재하지 않는 경우라든가, 고객이 프로젝트의 종료를 원할 경우 등에도 프로젝트가 종료됩니다.

일반적인 프로젝트에 대한 설명을 하고 있는데요, 이 책에서 사례로서 많이 언급할 프로젝트는 경영정보 프로젝트입니다. 기업을 위해서 필요한 정보시스템을 개발하는 이런 프로젝트에 많은 관심이 모아지고 있습니다. 이런 유형의 프로젝트는 경영정보시스템(Management Information System)을 개발하고 개선하기 위한 정보기술 프로젝트를 말합니다. 여기서 말하는 정보기술 프로젝트는 출력물이 정보기술(Information Technology, IT) 요소를 하나 이상 포함하는 프로젝트입니다. 경영정보 프로젝트는 정보기술 프로젝트의 일종으로서, 경영자가 회사를 잘 경영할 수 있도록 도와주는 경영정보시스템을 개발하는 것을 목표로 합니다.

아래 그림에서 피라미드가 기업 조직이라고 하면 위쪽에 경영계층이 있고, 아래에 거래처리가 있습니다. 경영계층은 다시 전략계획, 경영통제, 운영통제의 3계층으로 나누어지고, 전략계획에서는 회사의 전반적인 일을 높은 수준에서 종합적으로 다루게 됩니다. 이러한 전략계획에서 도출된 일련의 정책을 바탕으로 조직 전체 또는 부서의 모든 운영을 다루는 것이 경영통제이며, 마찬가지로 이러한 경영통제로부터 도출된 절차와 규칙을 바탕으로 구체적인 작업의 운영을 다루는 것이 운영통제입니다. 경영통제, 운영통제, 그리고 거래처리에서는 조직 기능별로 나누어서 업무가 이루어집니다. 조직 기능으로는 생산, 재무, 마케팅, 인사, 회계, 홍보, 판매 등 다양한데요, 회사에 따라서 특정한 기능이 공식적인 부서로 존재하기도 하고, 여러 기능이 합쳐서 운영되기도 합니다. 이렇게 다양한 격자 형태로 나누어지게 되는데, 여기에 다양한 경영정보시스템이 존재하게 됩니다. 이러한 경영정보시스템을 개발하는 것을 목표로 하는 것이 경영정보 프로젝트가 되겠습니다. 이렇게 격자별로 작은 정보시스템들이 존재할 수도 있지만, 기능별로 모아서 생산정보시스템, 재무정보시스템, 마케팅정보시스템, 인사정보시스템과 같이 개발되는 경우도 있습니다. 전략계층에서는 전략정보시스템이 사용되기도 합니다. ERP(Enterprise Resource Planning)와 같이 회사 전체적인 차원에서의 종합적인 경영정보시스템도 가능합니다. 이런 ERP 시스템은 부분적으로 만들어진 정보시스템들을 통합해서 만들 수도 있고, 잘 만들어진 ERP 시스템을 새로 도입할 수도 있겠습니다. 경영정보시스템이 이렇게 통합될수록 회사 전체 차원에서의 효율성은 증가하게 됩니다. 이러한 경영정보시스템에 대한 설명은 경영정보학에서 보다 자세히 알 수 있고, 여기서 더 들어가면 매우 복잡해지므로, 여기서는 이런 정도에서 정리하도록 하겠습니다.

그리고 이러한 프로젝트들이 회사에 하나만 있는 것이 아니므로, 이런 것들을 효율적으로 관리해야 할 텐데요, 그래서 만들어진 것이 프로그램이라고 하는 것입니다. 여기서의 프로그램(Program)은 프로젝트 프로그램을 말합니다. 통제된 형태로 관리되는 하위 프로그램과 프로젝트의 집합체인데요, 기본적으로 프로그램은 프로젝트를 모아놓은 것인데, 또 다른 프로그램을 포함할 수도 있습니다.

프로그램은 개별적 관리를 통해서 얻을 수 없는 이득을 얻기 위해서 생성됩니다. 그리고 한 프로그램에 속한 프로젝트들은 공통의 결과나 집합적 능력(Collective Capability)을 통해서 연결됩니다. 여기서 집합적 능력은 함께 했을 때 생기는 새로운 능력을 말합니다. 그리고 프로그램 관리는 프로젝트 상호의존성에 집중하게 됩니다. 왜냐하면 여러 프로젝트가 모이게 되면 프로젝트들이 서로 영향을 미치면서 자원제약과 갈등을 일으키게 되기 때문입니다. 프로젝트들이 자원을 공유하게 되면 자원을 선점하겠다는 갈등이 당연히 발생하게 됩니다. 그래서 프로그램 관리에서는 프로그램의 목표에 영향을 주는 조직적이고 전략적인 방향을 조정하며, 쟁점(Issue)을 해결하고 변화를 관리합니다.

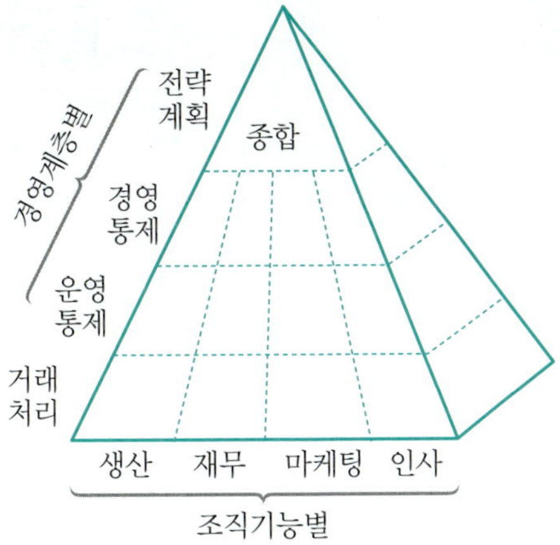


**그림 1-1** 경영정보시스템의 유형

프로그램 사례를 한 번 살펴보겠습니다. 그림 1-2에서 보면, 이 조직에는 PT-1, PT-2, PT-3, PT-4, PT-5, PT-6, 이렇게 6개의 프로젝트가 있습니다. 그리고 프로그램으로는 PM-1, PM-2, MP-1-1, 이렇게 3개를 운영하고 있습니다. PT-5는 PM-2에 속하고, PT-3와 PT-4는 PM-1-1에 속하고, PT-2와 PM-1-1는 PM-1에 속합니다. PT-1과 PT-6는 소속된 프로그램이 없습니다.

아주 큰 조직에서는 이런 프로그램도 여러 개 존재할 경우가 있는데요, 그래서 나온 것이 포트폴리오(Portfolio)입니다. 여기서 말하는 것은 프로젝트 포트폴리오입니다. 아마도 여러분이 포트폴리오에 대한 얘기를 한두 번은 들어본 적이 있을 텐데요, 투자에 대한 얘기를 할 경우에 많이 사용되는 용어죠. 전략적 목표를 달성하기 위하여 함께 관리되는 프로젝트, 프로그램, 하위 포트폴리오의 집합이 포트폴리오입니다. 그리고 포트폴리오에 속하는 프로젝트나 프로그램이 상호 의존하거나 직접 연결될 필요는 없습니다. 프로그램에 속하는 프로젝트들 간에는 연관성이 있어야 한다고 했는데요, 포트폴리오에서는 그렇지 않아도 된다는 것입니다. 그리고 포트폴리오 관리는 조직의 전략적 목표를 달성하기 위하여, 프로젝트와 프로그램을 검토하여 자원 배분의 우선순위를 결정하고, 조직의 전략과 일관되게 만드는 것입니다.

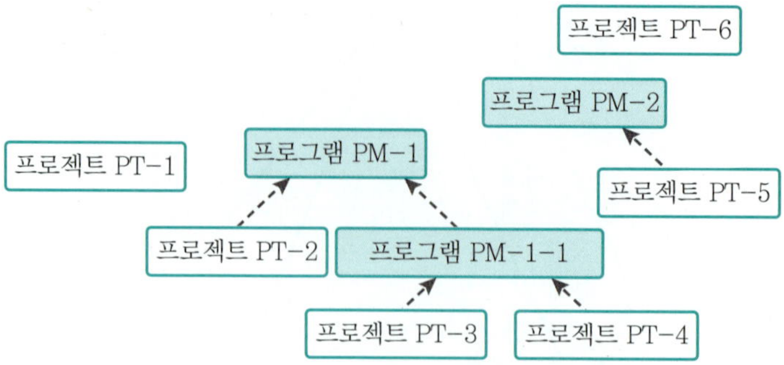


그림 1-2 프로그램 구성 사례

앞에서 살펴본 사례인데요, 그림 1-3에서 보면 포트폴리오 2개를 사용해서 관리하고 있다는 것을 알 수 있습니다. 포트폴리오 PO는 프로젝트 PT-6, 프로그램 PM-2, 포트폴리오 PO-1을 포함합니다. 그리고 PO-1은 프로젝트 PT-1과 프로그램 PM-1을 포함합니다.

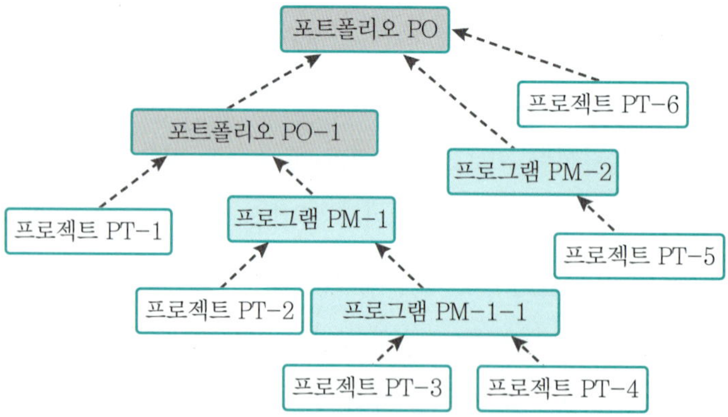


그림 1-3 포트폴리오 구성 사례

프로젝트에서 중요한 존재가 있는데요, 바로 이해관계자(Stakeholder)입니다. 프로젝트의 의사결정, 활동, 결과 등에 영향을 미치거나 영향을 받는 개인, 그룹이나 조직을 말합니다. 이해관계자는 프로젝트에 적극적으로 참여하고 있거나, 프로젝트의 수행 결과에 의해서 긍정적으로 또는 부정적으로 영향을 받게 되는 이해관계를 가지고 있습니다. 프로젝트 팀에 속하는 모든 구성원과 조직 내부 및 외부의 이해관계가 있는 모든 개체들을 말합니다. 가장 기본적인 이해관계자는 프로젝트 팀 관리자와 구성원(팀원)이며, 가장 직접적인 이해 관계를 가지고 있다고 하겠습니다. 이 외에도 스폰서, 고객/사용자, 조직 그룹, 기능 관리자 등이 있습니다.

먼저 스폰서(Sponsor)가 되겠습니다. 스폰서에 대한 느낌은 부정적인데요, 아마도 나쁜 뉴스에서 많이 들어보았기 때문이 아닐까 합니다. 개인적인 이득을 얻기 위해서 권력을 가진 사람을 지원하는 사람을 말하죠. 그렇다고 해서 나쁜 뜻만이 있는 것은 아닙니다. 프로젝트에 자원과 지원을 제공하는 조직 내·외부의 사람 또는 그룹을 지칭한다고 하겠습니다. 스폰서는 프로젝트 착수에서 완료까지 프로젝트를 홍보하며, 조직 전반에서 지원을 얻기 위하여 상부 경영층에 대한 프로젝트 대변인으로서의 역할을 수행합니다. 스폰서는 프로젝트에 대해서 설명하기도 하고 설득하는 사람으로서, 프로젝트 내부 사람은 아닙니다. 프로젝트가 공식적으로 인정받을 때까지의 과정에서 프로젝트를 이끌며, 최초의 프로젝트 범위(Scope)와 승인서(Charter) 개발에서 중요한 역할을 합니다. 스폰서는 프로젝트가 생성되어 프로젝트 관리자가 임명되기 전까지 프로젝트를 이끌게 됩니다. 또한 스폰서가 프로젝트 관리자의 통제 범위를 벗어난 문제에서 단계적 확대 경로(Escalation Path)로서 작용합니다. 프로젝트 관리자가 해결할 수 없는 문제가 생기면 범위를 넓혀 가면서 도움을 받을 사람을 찾아가는데, 이렇게 범위를 넓혀 가는 경로를 단계적 확대 경로라고 합니다. 범위 변경 인가, 단계 종료에 따른 검토(Review), 리스크(Risk)가 매우 큰 의사결정 등의 중요한 쟁점들에 개입하기도 합니다. 프로젝트가 종료된 후 요청한 조직의 비즈니스에 프로젝트 결과물이 순조롭게 이전되도록 도와주는 역할까지도 스폰서가 맡을 수 있습니다.

또 다른 이해관계자로서 고객/사용자가 있는데요, 고객(Customer)은 프로젝트의 제품, 서비스 또는 결과물을 승인하고 관리할 사람이나 조직을 말하며, 사용자(User)는 프로젝트의 제품, 서비스 또는 결과물을 사용할 사람입니다. 때로는 고객과 사용자는 동일하게 사용되기도 하며, 조직 내부 또는 외부에 존재할 수 있습니다.

또 다른 이해관계자로서 조직그룹이 있습니다. 조직그룹은 프로젝트 팀이 속해있는 또 다른 그룹을 말합니다. 프로젝트 팀의 활동에 의해서 영향 받는 내부 이해관계자입니다. 마케팅, 판매, 인사, 법무, 재무, 생산, 고객서비스 등 조직의 다양한 비즈니스 부서들을 얘기하는 것입니다. 프로젝트가 수행될 비즈니스 환경을 지원하며, 그 결과로서 프로젝트의 활동에 의해 영향을 받기도 합니다. 프로젝트 팀과 함께 작업하면서 상당한 상호작용이 발생할 수 있습니다. 프로젝트 요구사항에 입력을 제공하거나 결과물을 수령하기도 합니다. 조직그룹은 이렇게 같은 조직 내에 존재하면서 밀접하게 영향을 주고 받게 됩니다.

또 다른 이해관계자로는 기능관리자가 있습니다. 이들은 비즈니스의 기능 영역에서 관리 역할을 수행하는 핵심 인물입니다. 지속적인 업무를 수행하는 전임 직원을 배정받아 해당 기능 영역에 해당되는 모든 업무를 관리하는 명확한 사명을 받은 사람입니다. 이런 기능관리자는 특정 주제에 관한 전문 지식을 가지고 있기 때문에 기능관리자가 제공하거나 해당 기능이 프로젝트에 서비스를 제공하게 됩니다. 프로젝트에서 해당 기능이 필요할 경우 이 기능을 가져다 사용한다고 볼 수 있습니다. 프로젝트에서 재무회계 기능이 필요하다면 조직의 재무회계 부서에 있는 관리자의 도움을 받을 수 있겠습니다.

프로젝트 관리에서 중요한 개념 중 하나가 가버넌스(Governance)입니다. 이해관계자들 간에는 갈등을 일으킬 수 있는 상충하는 기대가 존재할 수 있기 때문에, 가버넌스를 통해서 프로젝트를 이해관계자들의 필요성 및 조직의 전략적 목표와 일치되도록 조정하는 것이 필요합니다. 여기서 일치되도록 잘 정렬시키는 것을 정렬(Alignment)이라고 표현합니다. 가버넌스는 상충하는 이해를 가지고 있는 이해관계자의 참여를 성공적으로 관리하고, 조직의 목표를 달성하는 데 매우 중요합니다. 조직이 프로젝트를 일관성 있게 관리할 수 있도록 해주며, 프로젝트 결과의 가치를 극대화할 수 있도록 해줍니다. 복잡하고 위험한 프로젝트에서 이러한 가버넌스가 특별히 중요합니다. 단순한 프로젝트는 별 어려움이 없겠지만, 프로젝트가 커지면 이해관계자도 많아지고 프로젝트에 대한 요구사항도 복잡해서 이해하기도 어렵습니다. 일관성 있게 요구사항을 정리해서 모든 이해관계자가 동일하게 이해할 수 있도록 해주는 것도 쉽지 않은데요, 이런 상황에서 가버넌스가 중요하다고 하겠습니다.

지금까지 학습한 내용을 정리하면 다음과 같습니다.

**핵심정리**

| | |
|---|---|
| 프로젝트 (Project) | 고유한 제품, 서비스 또는 결과물을 개발하기 위하여 수행되는 한시적 노력 |
| 프로그램 (Program) | 통제된 형태로 관리되는 하위 프로그램과 프로젝트의 집합체 |
| 포트폴리오 (Portfolio) | 전략적 목표를 달성하기 위하여 함께 관리되는 프로젝트, 프로그램, 하위 포트폴리오의 집합 |
| 이해관계자 (Stakeholder) | 프로젝트의 의사결정, 활동, 결과 등에 영향을 미치거나 영향을 받는 개인, 그룹이나 조직 |
| 가버넌스 (Governance) | 프로젝트와 이해관계자들의 요구사항·목표를 조정하는 것으로, 이해관계자의 참여를 성공적으로 관리하고, 조직의 목표를 달성하는데 매우 중요함 |

## 2 프로젝트 관리

프로젝트 관리(Project Management)는 프로젝트 요구사항을 만족시키기 위하여 지식·도구·기술 등을 프로젝트 활동에 적용하는 것입니다. 지식·도구·기술 등을 프로젝트 활동에 잘 적용시키는 방법 중의 하나가 프로세스를 이용하는 것입니다. 즉, 논리적으로 정리된 프로젝트 관리 프로세스들을 적절히 적용하고 통합하는 과정을 통해서 프로젝트를 관리해나가는 것입니다. 이러한 프로젝트 관리 프로세스들은 굉장히 많은데요, 이들은 크게 5가지 그룹으로 분류될 수 있습니다. 개시(Initiating), 계획(Planning), 실행(Executing), 종료(Closing), 감시 및 통제(Monitoring and Controlling), 이렇게 5가지 그룹이 되겠습니다. 업무를 처리하는 일반적인 절차를 생각해보면 개시해서 계획을 세우고 실행하고 종료하는데, 그 과정에서 감시하고 통제한다고 이해를 하면 잘 기억이 될 것입니다.

프로젝트 관리를 위해서는 이해해야 할 것이 또 하나 더 있는데요, 프로젝트 수명주기(Project Life Cycle)가 되겠습니다. 프로젝트가 하나의 생명체라고 본다면, 즉 수명이 있다는 가정 아래서, 프로젝트를 착수해서 완료할 때까지 거치게 되는 일련의 단계(Phase)들을 프로젝트 수명주기라고 합니다. 이러한 프로젝트 수명주기가 프로젝트를 관리하기 위한 기본 틀을 제공합니다. 그런데 프로젝트 수명주기는 매우 다양해서 한 가지로 얘기하기 어렵습니다. 여기서는 두 가지를 소개하고자 하는데요, 하나는 예측적 수명주기이고 다른 하나는 적응적 수명주기입니다. 예측적 수명주기는 계획 주도적 수명주기라고도 하는데요, 프로젝트의 결과물이 프로젝트를 시작할 때 정의되며, 범위에 대한 변경이 조심스럽게 관리됩니다. 반면에 적응적 수명주기는 변화 주도적 수명주기라고도 하는데, 프로젝트 결과물이 반복을 통해서 개발되며, 상세 범위는 각각의 반복이 일어날 때 결정됩니다. 이 두 가지 프로젝트 수명주기가 양 극단이라고 할 수 있으며, 이 두 극단의 사이에서 다양하게 프로젝트 수명주기를 설정할 수도 있겠습니다.

그림 1-4에서는 수평축에 시간을 배치해서 프로젝트가 착수에서 완료까지의 프로젝트 수명주기를 보여주고, 수직축에 양이나 수준, 확률 등을 배치해서 상대적인 위치를 표시할 수 있도록 하였습니다. 그러면 프로젝트 수명주기 동안에 어떤 일들이 일어나는가를 개략적으로 알아보겠습니다. 원가나 투입인원의 수준은 착수시 0에서 시작해서 급속히 증가하다가 완료를 앞두고 급속히 감소하게 됩니다. 반면에 리스크(Risk) 및 불확실성/변경가능성은 초기에 매우 높다가 프로젝트가 진행되면서 점점 줄어들어서 완료시에 0이 됩니다. 변경비용 및 성공가능성은 착수시 0에서 시작해서 완료로 갈수록 기하급수적으로 증가하게 됩니다.

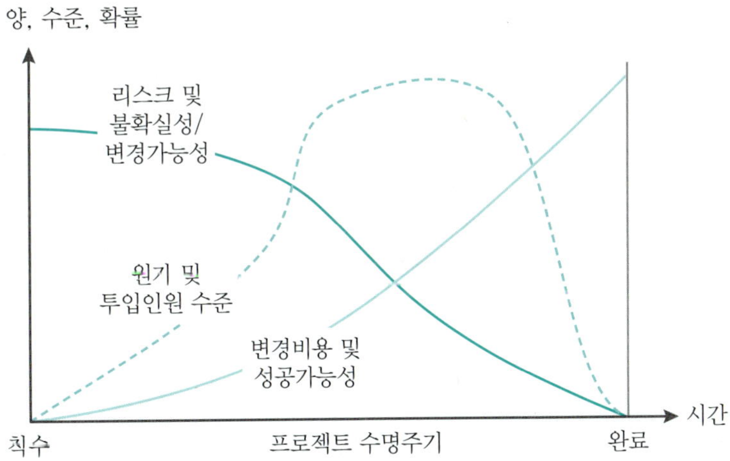


그림 1-4 프로젝트 수명주기 상의 변화

프로젝트에서 단계(Phase)는 어떻게 구분할 수 있을까요? 프로젝트에서 단계(Phase)의 구분은 특정 프로젝트의 상태나 프로제트 팀(조직)의 스타일에 따라서 크게 달라질 수 있습니다. 가령, 프로젝트에서 타당성 조사(Feasibility Study)를 어떻게 볼 것인가를 생각해볼 수 있습니다. 보통 프로젝트를 해야될까말까를 결정하기 위해서 타당성 조사를 진행하게 되는데요, 프로젝트에 앞서서 진행되는 작업으로 보통 인식하는데요, 프로젝트에 따라서는 프로젝트의 한 단계로 볼 수도 있겠고, 아주 큰 프로젝트라면 이것 자체를 하나의 프로젝트로 볼 수도 있다는 것입니다.

하나의 프로젝트를 구성하는 단계들의 개수와 무관하게 모든 단계들이 가지고 있는 유사한 특성이 있습니다. 각 단계에는 다른 단계와 구분되는 독특한 초점이 존재합니다. 그리고 각 단계의 주된 결과물 또는 목표를 성취하기 위하여 독특한 프로세스가 필요합니다. 각 단계가 종료되면 생성된 결과물을 어떤 형태로든 이전함으로써 마무리되며, 평가, 변경, 종료 등을 위한 적절한 시점이 됩니다.

모든 프로젝트에 적용되는 단일한 이상적 구조는 존재하지 않는데요, 한 단계 프로젝트를 살펴보도록 하겠습니다. 아래 그림에서 모서리가 둥근 사각형이 한 단계를 나타내는데요, 이 단계가 시작될 때 개시 프로세스들이 작동하고, 이후에 계획 프로세스들과 실행 프로세스들이 반복적으로 작동한 뒤에, 마지막으로 종료 프로세스들이 작동하게 됩니다. 이런 프로세스들이 작동하는 것을 감시하고 통제하는 프로세스들도 존재합니다. 한 단계 내에는 이렇게 다양한 프로세스들이 존재하게 됩니다.

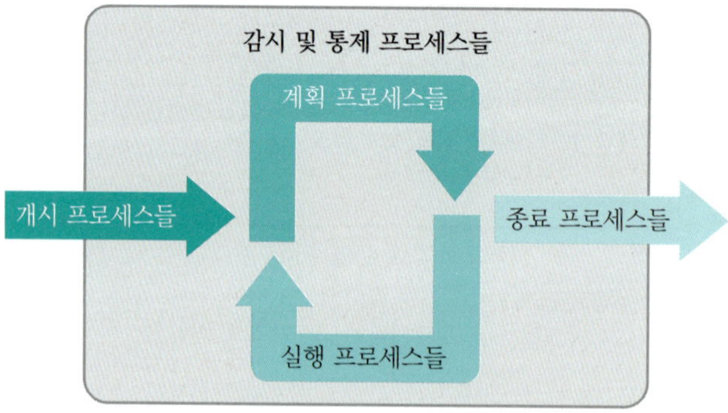


그림 1-5 한 단계 프로젝트

그리고 두 개 이상의 다단계 프로젝트에는 단계간 기본적 관계에 따라서 구성이 조금 다른데요, 먼저 순차적인 관계를 살펴보겠습니다. 이런 관계를 가지는 프로젝트에서는 앞 단계가 끝난 후에 다음 단계가 진행됩니다. 아래 그림과 같이 2단계 프로젝트에서는 단계1이 끝난 후에 단계2가 진행됩니다. 단계적 진행으로 불확실성이 감소하지만, 전체 일정을 감소시킬 수 있는 가능성을 없애는 단점이 있습니다. 왜냐하면 단계1이 종료돼야 단계2가 시작되기 때문에 시간을 단축시킬 수가 없습니다.

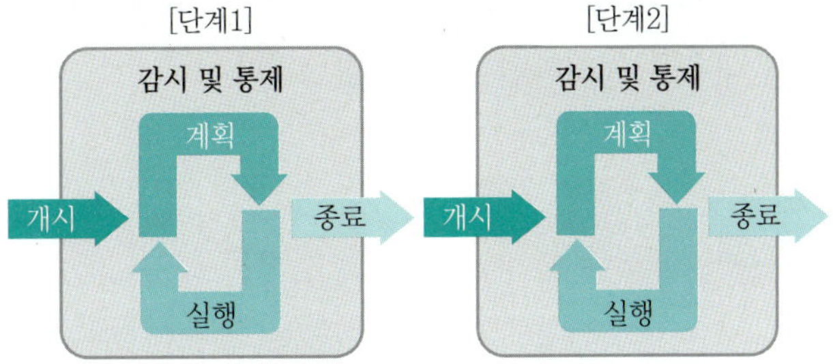


그림 1-6 2단계 프로젝트 – 순차적인 관계

반면에 중복 관계로 진행할 수 있는 프로젝트도 가능합니다. 이런 프로젝트에서는 앞 단계가 끝나기 전에 다음 단계가 시작되게 됩니다. 아래 그림처럼 단계1이 종료가 되지 않았는데, 단계2가 시작이 될 수 있는 것입니다. 두 단계가 중복 관계로 진행된다고 하면, 함께 진행될 수 있으므로 일정을 단축할 수 있습니다. 이러한 단축을 일정 압축이라고 합니다. 하지만 중복 작업을 하다보면 자원을 함께 사용해야 되는 경우도 있기 때문에 추가적인 자원이 요구될 수 있고, 상호간의 오류로 인하여 후속 작업을 다시 실행해야 하는 경우도 발생하게 됩니다.

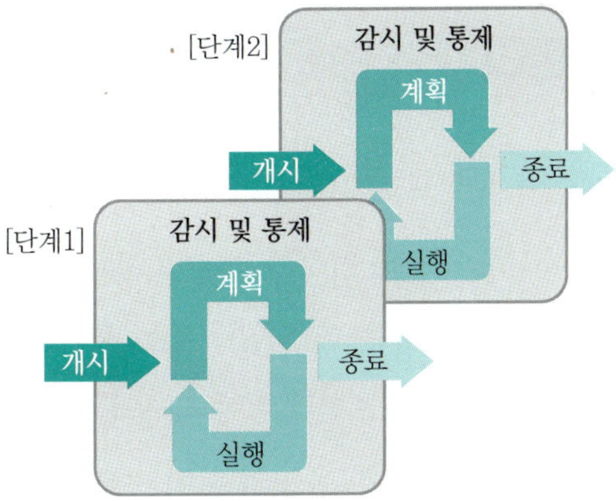


그림 1-7 2단계 프로젝트 – 중복 관계

잘 정리된 프로세스들을 적용해서 프로젝트를 관리해야 할 것이므로, 많은 경험을 통해서 잘 정리된 프로젝트 관리 프로세스들을 하나씩 자세히 배울 예정입니다. 그에 앞서서 프로젝트 관리는 무엇인지를 아주 큰 관점에서 간략히 설명을 드렸습니다.

지금까지 학습한 내용을 정리하면 다음과 같습니다.

**핵심정리**

| 프로젝트 관리 (Project Management) | 프로젝트 요구사항을 만족시키기 위하여 지식·도구·기술 등을 프로젝트 활동에 적용하는 것 |
|---|---|

- 프로젝트 관리 프로세스들은 크게 5가지 그룹으로 분류됨.
  개시(Initiating), 계획(Planning), 실행(Executing), 종료(Closing),
  감시 및 통제(Monitoring and Controlling)

| 프로젝트 수명주기 (Project Life cycle) | 프로젝트를 착수해서 완료할 때까지 거치게 되는 일련의 단계(Phase)들 |
|---|---|

## 3 프로젝트 관리자와 PMO

이제 프로젝트를 이끌어가는 프로젝트 관리자에 대하여 알아보겠습니다. 프로젝트 관리자는 보통 PM이라고 부르는데, 이것은 Project Manager의 약어입니다. 프로젝트 관리자는 프로젝트 목표를 달성하는 데 책임이 있는 팀을 이끌어가도록 수행 조직에 의해서 임명된 사람입니다. 이러한 프로젝트 관리자의 역할은 점점 더 전략적인 것이 되어가고 있으며, 전략과 팀을 연결하는 고리가 되고 있습니다. 프로젝트 관리자에게 필요한 역량으로는 3가지가 있습니다. 먼저 지식(Knowledge) 역량은 프로젝트 관리에 대하여 프로젝트 관리자가 알아야 할 것을 아는 역량이며, 성과(Performance) 역량은 프로젝트 관리 지식을 적용해서 프로젝트 관리자가 할 수 있는 또는 달성할 수 있는 역량입니다. 그리고 개인적인(Personal) 역량은 프로젝트를 수행할 때 프로젝트 관리자가 행동하는 방법에 관한 역량으로서, 자세, 성격 등을 포함합니다.

그리고 프로젝트 관리자는 프로젝트 팀과 이해관계자를 통해서 업무를 달성하므로 대인관계 기술이 필수적입니다. 이러한 대인관계 기술로는 리더십(Leadership), 팀 구축(Team Building), 동기부여(Motivation), 의사소통(Communication), 영향력 행사(Influencing), 의사결정(Decision Making), 정치적/문화적 의식(Political and Cultural Awareness), 협상(Negotiation), 신뢰 구축(Trust Building), 갈등관리(Conflict Management), 개인교습(Coaching) 등 여러 가지가 있으며, 아주 중요합니다. 여기서는 전체적으로 소개하는 장이므로 개념적인 수준에서 이해해주시면 좋겠고, 각각에 대한 구체적인 설명은 앞으로 기회가 될 때 진행하도록 하겠습니다.

프로젝트 관리자와 함께 알아봐야 할 주제가 PMO입니다. Project Management Office의 약어인데요, 프로젝트 관리 사무소로 번역할 수 있겠습니다. PMO는 프로젝트 가버넌스를 위한 프로세스를 표준화한 경영구조체(프로젝트 관리 사무소)라고 할 수 있습니다. 다양한 이해관계자들의 필요성을 조정하거나 조직의 전략적인 목표를 프로젝트와 일치되도록 조정하는 역할을 하는 것이 프로젝트 가버넌스라고 했는데요, 다수의 프로젝트가 존재하는 경우에 이런 일들을 각 프로젝트마다 따로 신행할 것이 아니라 표준화해서 PMO에서 진행하면 효율적일 것입니다. 또한 PMO에서는 자원, 방법론, 도구, 기법 등의 공유를 촉진할 수 있습니다.

이러한 PMO 조직에는 다양한 유형이 존재합니다. 지원(Supportive) PMO, 제어(Controlling) PMO, 지시(Directive) PMO의 3가지 유형으로 구분할 수 있습니다. 통제수준으로 보면 지원 PMO가 가장 낮고, 지시 PMO가 가장 높습니다. 제어 PMO의 통제수준은 중간 정도입니다. 지원 PMO는 템플릿, 베스트 사례, 훈련, 다른 프로젝트로부터의 정보와 교훈 등을 제공하는 상담(Consulting) 역할을 하게 됩니다. 지원

PMO에는 프로젝트에 관한 내용이 많이 축적되어 있어서 프로젝트 저장소라고도 부릅니다. 제어 PMO는 프로젝트 관리 방법론의 채택이나 템플릿·도구 등을 사용하도록 하는 등 여러 수단을 통해서 준수할 것을 요구하는 것으로 적극적으로 제어해나갑니다. 지시 PMO는 직접 프로젝트를 관리함으로써 프로젝트를 통제하며, 프로젝트 관리자의 역할이 축소되게 됩니다.

PMO의 주요기능은 다양한 방법으로 프로젝트 관리자를 지원하는 것인데, 좀 더 풀어서 정리하면 다음과 같은 6가지로 정리할 수 있습니다.

- PMO에 의해서 관리되는 모든 프로젝트에 걸쳐서 공유되는 자원을 관리함
- 프로젝트 관리 방법론, 베스트 사례, 표준 등을 확인하고 개발함
- 정책, 절차, 템플릿 등을 개발하고 관리함
- 감사의 수단으로 표준, 정책, 절차, 템플릿 등에 대한 준수 여부를 감시함
- 개인교습, 훈련, 감독 등을 함
- 프로젝트 간의 의사소통을 조정함

프로젝트 관리자와 대비해서 PMO를 살펴보면 PMO를 보다 명확히 인식할 수 있습니다. 먼저 프로젝트 관리자는 자신이 맡고 있는 프로젝트의 목표에 집중하는 반면에, PMO는 비즈니스 목표를 더 잘 달성할 수 있는 잠재적 가능성을 탐색하기 위하여, 주요 프로그램의 범위 변화를 관리합니다. 그리고 프로젝트 관리자는 프로젝트 목표를 잘 만족시키기 위하여 프로젝트에 배정된 자원을 통제하는 반면에, PMO는 여러 프로젝트에 걸쳐서 공유된 자원을 모든 프로젝트에 걸쳐서 최적화하여 사용합니다. 프로젝트 관리자는 개별 프로젝트의 제약을 관리하는 반면에, PMO는 방법론, 표준, 전반적 리스크 등을 기업 수준에서 관리합니다.

지금까지 학습한 내용을 정리하면 다음과 같습니다.

## 핵심정리

| 프로젝트 관리자 (Project Manager) | 프로젝트 목표를 달성하는데 책임이 있는 팀을 이끌어가도록 수행 조직에 의해서 임명된 사람 |
|---|---|

- 프로젝트 관리자의 필요 역량

| 지식(Knowledge) 역량 | 성과(Performance) 역량 | 개인적인(Personal) 역량 |
|---|---|---|

| PMO (Project Management Office) | 프로젝트 관련 가버넌스 프로젝트를 표준화한 경영구조체로서, 다양한 방법으로 프로젝트 관리자를 지원하는 것이 주요 기능임 |
|---|---|

## 생각해보기

다음 내용은 톰 디 마르코의 “데드라인“에 나오는 이야기입니다. 프로젝트 관리와 관련해서 관리자로서 필요한 사항이 무엇인지를 생각해보시기 바랍니다. (정리해고 과정에서 모로비아로 납치된 톰킨스는 개발자 1500명을 데리고 18개의 프로젝트를 진행할 18명의 관리자를 뽑기로 했습니다. 현재 활동 중인 200명의 소프트웨어 관리자들의 이력서를 받아 든 그는 질려서 함께 고민할 동료 같은 사람을 찾게 됩니다. 그래서 선택된 사람이 바로 벨린다입니다. 그녀는 전성기 때 가장 훌륭한 프로젝트 관리자중 한명 이었지만, 지금은 부랑자로서 모로비아에 머물고 있기 때문에 톰킨스에게 채용되게 됩니다. 그녀의 얘기를 귀 기울여 들어봅시다.)

“관리하는데 몸속의 어느 부분이 필요한지를 생각해보면, 머리가 하는 역할은 그다지 없다는 것을 알게 될 거예요. 관리는 본능과 마음과 정신이 필요한 거니까요. 다시 말해 관리자는 자신의 본능을 믿고, 마음을 따르고, 팀과 조직 내에 정신을 심어주는 법을 배워야 하는 것이지요.

인사에 관한 결정을 내릴 때 그래요. 예를 들어, 어떤 사람을 주요 직책에 앉히는 문제를 고려하고 있다고 해봐요. 그 사람이 서류상으로는 좋아 보이지만, 당신 내부에서 무엇인가가 당신한테 좀 더 살펴보라고 말해 준다고 생각해봐요. 그 무엇인가가 당신의 본능인 거예요. 그리고 나서 다른 사람이 나타났는데, 그 때 당신의 내면에 있는 아주 작은 목소리가 노래를 부르는 거죠. “바로 이 사람이야!” 그게 바로 본능이 얘길 하는 거예요. 가장 훌륭한 관리자는 가장 훌륭한 본능을 가지고 있는 사람이에요. 관리자가 마스터해야 하는 가장 중요한 두뇌 활동은 본능을 언제 믿어야 하느냐를 배우는 것이고요.

사람들의 반응이 당신의 마음이에요. 사람들은 당신이 똑똑하거나 당신이 항상 옳아서 당신을 따른 것이 아니에요. 그것은 당신을 사랑하기 때문이죠. 제 말이 참 우습게 들린다는 것도 알아요. 하지만, 그게 사실이죠. 제가 존경했던 관리자들은, 돌아보면 그들 모두 집채만한 마음을 가지고 있었어요. 아무튼 리더십의 본질은 마음에 있어요. 영리한 리더도 사람을 이끌 수는 있겠지만, 사람들이 진심으로 따르진 않을 거예요.

이 모든 면에서 관리자가 해야 할 역할은 건전한 상호작용이 일어날 수 있는 좋은 환경을 조성해 주는 거지요. 그게 바로 조직 내에 정신을 심어주는 것이고요. 비전이 무엇이든 간에, 공유할 수 있는 비전이 있어야 해요. 그렇게 비전을 공유하면 그룹이 단결하게 되거든요. 본능, 마음, 정신, 그리고 훌륭한 관리자는 거짓말을 식별해내는 후각도 필요해요.“

**1.** 프로젝트의 이해관계자가 아닌 것은?

① 프로젝트 팀 구성원 ② 스폰서
③ 고객/사용자 ④ 경쟁 기업

**2.** 프로젝트 관리 수명주기 후반부로 갈수록 증가하는 것은?

① 투입인원 수준 ② 리스크
③ 변경비용 ④ 원가

**3.** 프로젝트 관리자의 필요 역량이 아닌 것은?

① 개발 역량 ② 지식 역량
③ 성과 역량 ④ 개인적인 역량

**4.** PMO에 대한 설명으로 잘못된 것은?

① 프로젝트 관련 거버넌스 프로세스를 표준화한 경영구조체
② 프로젝트의 목표에 집중함
③ 조직에는 다양한 유형의 PMO가 존재함
④ 다양한 방법으로 프로젝트 관리자를 지원하는 것이 PMO의 주요 기능임

**5.** 프로젝트에 대한 설명으로 잘못된 것은?

① 고유한 제품, 서비스, 또는 결과물을 개발하기 위하여 수행되는 한시적 노력
② 개선된 비즈니스 프로세스 형태로 가치를 생성함
③ 새로운 제품과 서비스의 개발에서 필수적임
④ 비한시적임

## 연 습 문 제

**6.** 프로젝트를 관리하기 위한 기본 틀을 제공하는 프로젝트 수명주기에서 프로젝트 결과물이 프로젝트를 시작할 때 정의되며, 범위에 대한 변경이 조심스럽게 관리되는 것을 무엇이라고 하는가?

① 적응적 프로젝트 수명주기 ② 변화주도적 프로젝트 수명주기
③ 예방적 프로젝트 수명주기 ④ 계획주도적 프로젝트 수명주기

**7.** 프로젝트 관리 프로세스들은 5가지 그룹으로 분류될 수 있는데, 여기에 해당되지 않는 것은?

① 개시 ② 계획
③ 점검 ④ 실행

**8.** 프로젝트 가버넌스에 대한 설명으로 잘못된 것은?

① 단순하고 안전한 프로젝트에서 특별히 중요함
② 이해관계자의 참여를 성공적으로 관리하고, 조직의 목표를 달성하는 데 매우 중요함
③ 조직이 프로젝트를 일관성 있게 관리할 수 있도록 해주며, 프로젝트 결과의 가치를 극대화할 수 있도록 해줌
④ 프로젝트를 이해관계자들의 필요성 및 조직의 전략적 목표와 일치되도록 조정하는 것

**9.** 스폰서에 대한 설명으로 잘못된 것은?

① 프로젝트의 착수에서 완료까지 프로젝트를 홍보함
② 프로젝트 관리자의 통제 범위를 벗어난 문제에서 단계적 축소 경로로서 작용함
③ 프로젝트가 공식적으로 인정받을 때까지의 과정에서 프로젝트를 이끎
④ 조직 전반에서 지원을 얻기 위하여 상부 경영층에 대한 프로젝트 대변인으로서의 역할을 수행함

**10.** 프로그램에 대한 설명으로 잘못된 것은?

① 통제된 형태로 관리되는 하위 프로그램과 프로젝트의 집합체

② 개별적 관리를 통해서 얻을 수 없는 이득을 얻기 위해서 프로그램이 생성됨

③ 한 프로그램에 속한 프로젝트들은 공통의 결과나 집합적 능력으로 연결될 필요는 없음

④ 프로그램 관리는 프로젝트 상호의존성에 집중함

**정답** 1. ④ 2. ③ 3. ① 4. ② 5. ④ 6. ④ 7. ③ 8. ① 9. ② 10. ③

CHAPTER

# 2

# 프로젝트 관리 프로세스

## 학습 목차

1. 프로세스
2. 프로젝트 관리 프로세스

생각해보기

연습문제

## 학습 목표

- 프로세스란 무엇이며, 왜 중요한 것인지를 살펴보고, 프로젝트 관리에서의 프로세스들을 전체적인 관점에서 개략적으로 파악할 수 있다.

## 1 프로세스

프로젝트 관리는 잘 정의된 프로젝트 관리 프로세스를 적용하고 통합하는 과정을 통해서 달성할 수 있다고 하였습니다. 그렇다면 중요한 것이 프로젝트 관리 프로세스인데, 이것에 대해서 한 걸음 더 들어가 보도록 하겠습니다.

기본적으로 프로세스란 무엇이며, 왜 중요한 것인지를 살펴보고, 프로젝트 관리에서의 프로세스들을 전체적인 관점에서 개략적으로 파악할 수 있도록 설명드리도록 하겠습니다. 일반적인 프로세스에 대한 설명을 먼저 드리고, 프로젝트 관리 프로세스에 대한 설명으로 이어가도록 하겠습니다.

프로세스란 목적을 달성하기 위하여 상호작용하는 일련의 행위들을 말합니다. 기업의 비즈니스 영역에서 설명을 드리면, 제품, 서비스, 또는 결과물을 생성하기 위하여 상호작용하는 일련의 행위들이라고 설명할 수 있습니다. 이와 같은 프로세스는 명확한 정의와 재활용이 중요한데, 왜 그런지를 살펴보도록 하겠습니다.

명확한 정의와 재활용이 가능해지면 프로세스 성숙도가 향상되게 됩니다. 성숙도는 영어로 Maturity인데요, 성숙한 정도, 잘 익은 정도를 말합니다. 성숙도가 향상된다는 것은 유치하지 않고 안정적이 되었다는 것인데요, 성숙도가 향상되면 사람이나 시점에 따른 차이를 극복할 수 있게 됩니다. 어떤 업무를 한 사람이 처리할 때 시점에 따라서 변동이 있거나, 사람이 바뀔 때 변동이 있다면 프로세스가 안정성이 없다고 하는데요, 안정성이 보장될 때 성숙도가 높다고 얘기합니다. 프로세스를 잘 정의해놓으면 프로세스 성숙도가 향상되게 됩니다.

그리고 프로세스 공유가 가능하여 협업을 개선하거나 신규 직원 교육 등에 활용 가능합니다. 예를 들어 신규 직원이 입사했을 때 처리절차(프로세스)를 알려줘야 하는데, 그럴 때 프로세스가 잘 정의되어 있으면 신규직원에 대한 교육이 가능하고 신규직원이 직접 파악하는 것도 가능하게 됩니다. 두 사람 이상이 협업하는 경우에도 협업을 잘 정의해놓은 경우라면 협업 과정을 배우거나 개선하는 데도 도움이 되겠습니다.

프로세스를 분석하고 재구성하기 위한 기반으로서도 작동이 됩니다. 성공률, 시간과 비용, 고객 만족도 등의 정량적인 분석이 가능하고, 각각의 행위를 목적과 비교해서 적합한 것인가 하는 정성적인 분석도 가능합니다. 이런 정성적인 분석과 정량적인 분석을 통해서 프로세스를 분석하고 재구성하기 위한 기반이 됩니다.

또한 잘 정리된 프로세스 정의는 워크플로우(Workflow) 시스템과 같이 프로세스를 지원하기 위한 컴퓨터 지원 시스템의 구현 기반이 될 수도 있습니다.

이와 같이 명확한 정의와 재활용이 가능하면 다양한 효과를 얻을 수 있습니다. 보다 구체적인 사례들을 통해서 알아보도록 하겠습니다. 먼저 사무용품을 구매하는 사례입니다. 어떤 회사에도 존재하는 프로세스가 되겠습니다. 기존 프로세스를 보면 아래 그림과 같이 부서 사무용품 요구를 취합해서 월별로 팀장이 결제하면 비용을 부서에서 수령하고 사무용품을 부서에서 직접 구매하고 영수증을 처리하는 프로세스입니다. 특별한 정보시스템이 없더라도 일반적으로 한 부서의 수요를 모아서 그 부서에서 사서 쓰는 그런 프로세스로 이해하시면 되겠습니다. 이와 달리, 조직이 성장하면서 비용을 절감하기 위해서 제시된 새로운 프로세스를 생각해볼 수 있습니다. 여기서

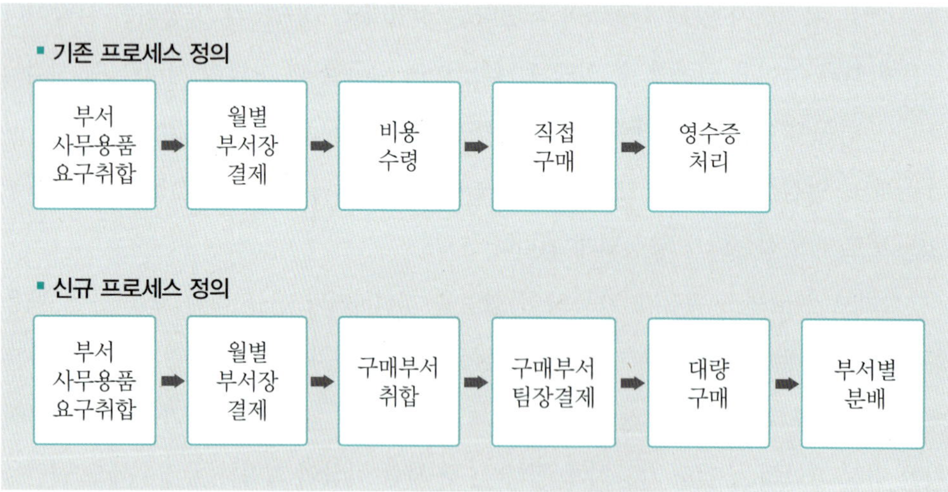


그림 2-1 사무용품 구매 프로세스 사례

는 부서별로 사무용품 요구를 취합하고, 월별로 부서장이 결제하고 나면, 모든 부서에서 결제된 요구 사항들을 구매 부서에서 취합해서 구매 부서 팀장의 결제 하에 대량 구매를 하고, 부서별로 분배하게 되는 절차입니다.

사무용품 구매 절차가 이렇게 두 가지만 있는 것이 아니라, 다양한 형태로 가능할 것입니다. 어떤 프로세스를 사용하든, 이렇게 정의해두면 명확한 이해가 가능하고, 신규로 업무를 담당하는 직원도 사무용품을 구매하는 절차를 바로 이해할 수 있게 됩니다. 그래서 프로세스가 중요하다고 하겠습니다.

레시피를 또 다른 사례로 들 수 있습니다. 요즘 워낙 요리 프로그램들이 인기를 끌고 있는데요, 우리가 사는 것이 잘 먹고 살기 위한 것이라서 일시적인 현상은 아닐 가능성이 높습니다. 요리에 대한 관심도 많고, 요리 사업을 하려는 사람도 많을 것인데, 여기에서의 핵심은 바로 레시피가 되겠습니다. 레시피를 정리하는 방법은 여러 가지가 있을 텐데요, 레시피는 근본적으로 프로세스라고 할 수 있습니다. 어떻게 음식을 만들 것인가 하는 행위 절차를 정리한 것이기 때문에 프로세스가 되는 것입니다. 이 사례에서는 '양념장 만들기'에서부터 '참기름을 두른 뒤 원하는 농도로 졸이기'까지 7개의 행위들을 순서적으로 정리하고 있습니다. 각 행위별로는 구체적인 내용이 정리되어 있습니다.

| 순서 | 행위 | 내용 |
|---|---|---|
| 1 | 양념장 만들기 | 간장 4T + 고추가루 3T + 다진마늘 2T + 된장 1T + 고추장 0.5T + 설탕 0.5T |
| 2 | 대파, 양파를 기름으로 볶기 | 대파 1컵 + 양파 1컵 |
| 3 | 다진 돼지고기 넣고 볶기 | 2의 결과물 + 돼지고기 1컵 |
| 4 | 양념장 넣고 골고루 섞어주기 | 3의 결과물 + 1의 결과물 |
| 5 | 물을 붓고 끓이기 | 4의 결과물 + 물 2컵 |
| 6 | 두부를 넣고, 전분 물을 부어 끓이기 | 5의 결과물 + 두부 1모 + 전분물(전분 1T + 물 4T) |
| 7 | 참기름을 두른 뒤 원하는 농도로 졸이기 | 6의 결과물 + 참기름 약간 |

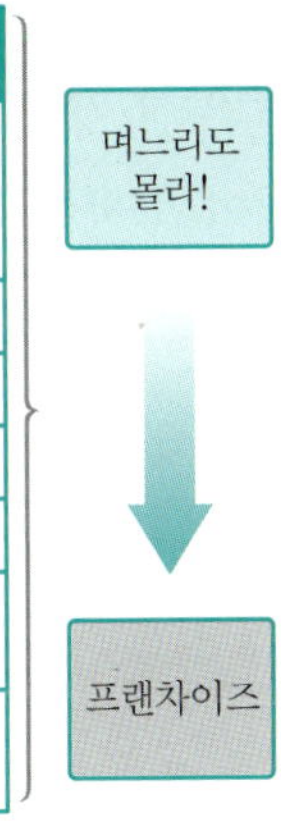


그림 2-2 레시피 사례

인터넷에서는 다양한 레시피들을 찾아볼 수 있는데요, 유명한 맛집들의 경우 이러한 레시피를 공개하지 않는 경우도 많습니다. 위 그림의 오른쪽에는 '며느리도 몰라!'에서 프랜차이즈로 화살표가 그려져 있습니다. 레시피를 통해서 이런 변화가 가능하다는 의미입니다. 여기서 '며느리도 몰라!'는 자신이 죽기 전까지는 알려주지 않겠다는 맛집 할머니의 다짐입니다. 몸에 체화된 암묵적 지식이어서 표현 및 전달에 어려움이 있는 경우도 있겠고, 표현 및 전달이 가능한 경우라도 공개되면 자신만의 독점을 유지하기 어렵기 때문에 공개하지 않겠다는 것입니다.

하지만 레시피를 잘 정리할 수 있다면 프랜차이즈로 사업을 확장할 수 있습니다. 작은 동네 호프집이나 음식점 운영이 잘 돼가지고 사업을 확장하면 잘 안 되는 경우도 많습니다. 왜 그럴까요? 원래 주인 아주머니나 주인 아저씨가 요리사를 하면서 가게를 운영하다가 장사가 잘 돼서 외부 요리사를 채용해서 운영하게 되는데, 채용된 요리사에게 주인의 요리 지식이 제대로 전달되지 못한 경우가 많습니다. 프랜차이즈로 성공하신 분들은 레시피의 아주 핵심적인 일부분만을 감추거나, 자신이 비밀리에 만든 일부 재료를 사용하는 방법으로 비법을 유지하되, 레시피를 공유하는 방식으로 성공적인 프랜차이즈를 달성하게 됩니다. 자신이 없을 때도 자신이 만든 것과 동일한 결과물이 나올 수 있도록 하는 것이 핵심입니다.

이 레시피는 제가 정리해서 옮겨놓은 것인데요, 이 요리는 어떤 음식을 만드는 것일까요? 간편하게 마파(麻婆) 두부를 만드는 조리 방법입니다. 얼굴이 얽은 할머니가 해주신 음식이 중국에서 유명해져서 마파 두부라고 부르게 된 것입니다. 레시피도 프로세스로서 이렇게 중요한 것입니다. 여러분이 가지고 있는 지식 중에서 이렇게 중요한 프로세스가 있는지 검토해보셔도 좋겠습니다.

다음 사례(그림 2-3)는 소프트웨어 개발 프로세스가 되겠습니다. 경영정보 프로젝트, IT 프로젝트의 핵심 주제가 바로 소프트웨어 개발입니다. 비즈니스를 도와주는 정보시스템을 개발하는 것입니다. 일반적으로 소프트웨어 개발은 분석, 설계, 구현으로 진행됩니다. 일차적으로 사용자의 요구사항을 분석해서 만들 대상을 명확히 해서 확정하게 됩니다. 그런 다음에 만들 것을 설계하게 됩니다. 여기서 아키텍처 설계는 전체적인 틀을 설계하고, 상세 설계는 구체적이고 세부적인 설계를 하는 것입니다. 단순한 것을 만들 때는 설계가 필요하지 않을 수도 있는데요, 복잡한 것을 만들고자 한다면 반드시 설계를 해서 구현을 해야 되겠습니다. 소프트웨어뿐만 아니라 건물 등 어떤 것이든 복잡한 것을 만들 때는 설계를 거쳐야 합니다.

요구사항 분석 단계에서는 관련된 사용자들이나 이해관계자들로부터 요구사항을 들어보고 이 사람들이 정말로 원하는 것을 찾아내야 합니다. 그래서 분석 단계에서는 발견(Discovery)하는 작업이 주가 됩니다. 그리고 설계 단계에서는 개발 목표에 맞는 설계가 필요한데 이때는 발명(Invention)이 주가 됩니다. 그리고 구현 단계에서는 컴퓨터 프로그램을 작성해서 정보시스템을 실현(Implementation)하는 작업이 주가 됩니다.

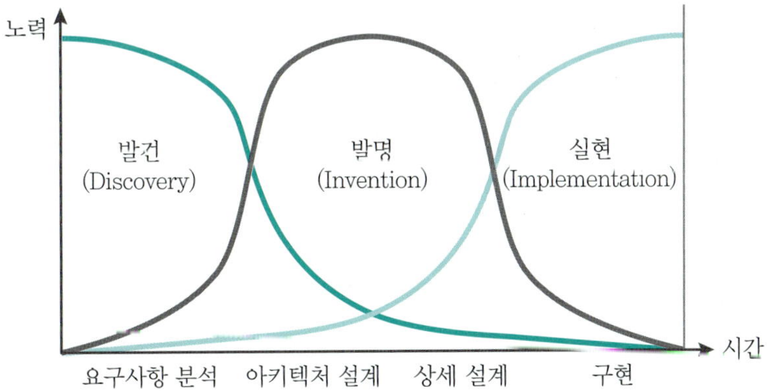


그림 2-3 소프트웨어 개발 프로세스와 노력

프로세스 사례들을 살펴보았는데요, 이렇게 무엇인가를 개발하는 프로세스가 도움이 될 것이라고 기대하게 되는데, 실제로 해보면 개발 프로세스는 융통성이 없고, 제한적이며, 비효율적인 것이라고 생각하는 경우가 많습니다. 이런 사람들의 생각은 그림 2-4와 같이 표현할 수 있습니다. 프로젝트 전반에 걸쳐서 프로세스가 많은 비율을 차지할 것이라는 두려움이 휩싸이게 된다는 것입니다. 프로세스 때문에 생산적인 일에 사용할 수 있는 시간이 줄어든다는 것이죠.

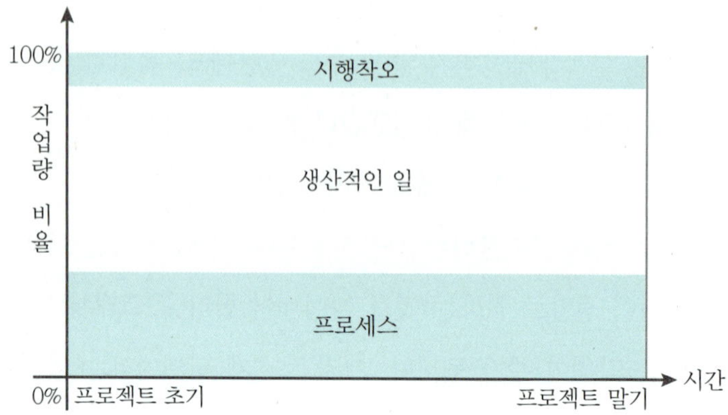


그림 2-4 프로세스 적용의 예상 결과

그래서 프로세스를 없애고 생산적인 일에 더 많은 시간을 투입할 수 있지 않느냐는 얘기를 많이 듣게 됩니다. 능력 있는 팀원을 배치하고, 요구하는 모든 자원을 제공한 뒤, 내버려두는 것이 더 효율적이라는 기대를 하는 것입니다. 어떤 프로세스가 정의돼 있으면, 그 프로세스에 따라서 작업을 진행해야 하기 때문에 사람들이 불편함을 느끼는 것이죠. 그래서 프로세스가 제거되면, 그림 2-5와 같이 생산적인 일에 사용할 시간이 많아져서 더 성과가 좋아질 것이라고 기대하는 것이죠.

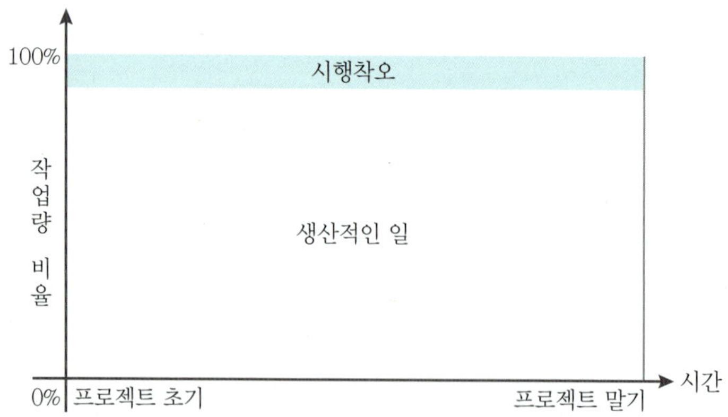


그림 2-5 프로세스 제거의 기대 결과

그러나 그림 2-6과 같이 프로세스를 제거할 경우 현실적인 결과는 어떻게 될까요? 프로세스에 무신경한 프로젝트의 경우 시행착오가 지속적으로 증가하게 됩니다. 그리고 프로젝트 중반 이후 프로세스에 신경을 쓰게 되나, 이미 때가 늦게 되어 난관에 봉착하게 됩니다. 이제 생존 욕구가 발동된 개발자들은 각자의 데드라인에만 집중하게 되며, 협조 분위기가 무너지게 됩니다.

그래서 프로젝트에 반드시 프로세스를 집어넣어서 살려야 한다는 것입니다. 프로젝트 초기에 프로세스를 중시한 팀은 그림 2-7과 같이 생산성이 현저히 떨어지는 것처럼 보입니다만, 프로젝트 중반 이후 시행착오가 많이 감소하고, 프로세스도 간소화되게 됩니다. 그래서 생산적인 일이 차지하는 부분이 커지게 되고, 전체적으로 제품출하시기, 비용, 결함이 크게 감소하며, 마지막까지 안정적으로 운영되게 됩니다. 그래서 프로세스를 프로젝트의 중심적인 위치에 놓고 활용해야 되겠습니다.

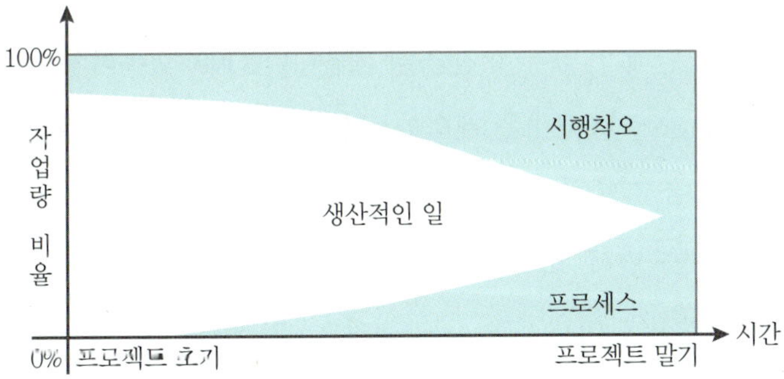


그림 2-6 프로세스 제거의 실제 결과

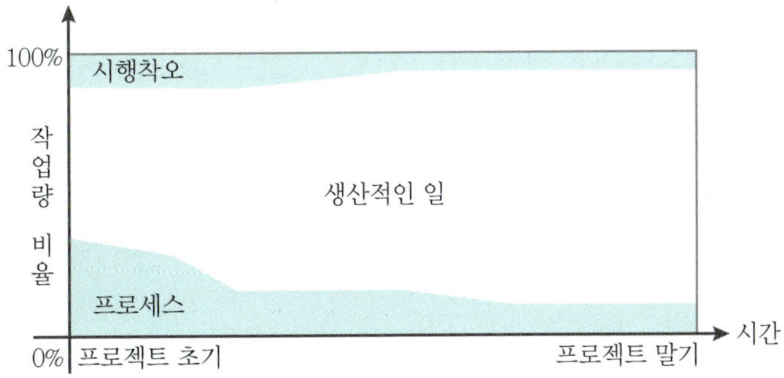


그림 2-7 프로세스 적용의 실제 결과

프로세스에서 중요한 원칙 중의 하나가 단계 내 봉쇄입니다. 그림 2-8은 소프트웨어 개발 프로세스를 요구사항 분석, 아키텍처 설계, 상세 설계, 구현, 유지보수 등의 단계로 구분해서 수평 축에 배치하고 있습니다. 그리고 수직 축으로 수정 비용을 배치하고 있습니다. 오류 발생 시점이 각 단계별로 있는데요, 발생 단계를 지나서 경과할수록 기하급수적으로 수정 비용이 증가함을 보여줍니다. 예를 들어서 요구사항 분석 단계에서의 오류를 유지보수 단계에서 정정하면 발생 단계에서 정정한 경우에 비해서 약 50~200배 이상의 비용이 소요된다는 것입니다. 그래서 가급적 오류 발생 시점에 가까운 단계에서 오류가 수정되어야 한다는 것이 단계 내 봉쇄입니다.

그리고 프로세스와 관련된 표준이 있습니다. CMMI(Capability Maturity Model Integration), 즉 통합 능력 성숙도 모형인데요, 프로세스 개선을 위한 훈련 및 평가 프로그램입니다. 프로젝트, 부서, 조직 전체에 걸친 프로세스의 개발 및 개선을 위한 안내를 제공합니다. 조직의 프로세스 성숙도를 평가하기 위한 프레임워크로서 사용될 수 있고, 여러 단계가 있어서 인증을 해줍니다. 1987년부터 1997년까지 개발된 CMM(Capability Maturity Model)을 계승하는데, 이것은 주로 소프트웨어 개발에 집중된 모델이기 때문에 소프트웨어 CMM이라고도 합니다. 2002년 CMMI 버전 1.1 배포 이후 지속적으로 개정되면서, 소프트웨어뿐만 아니라 여러 분야로 확대되게 됩니다.

CMMI 모델은 관심 분야별 모범 사례인데요, 먼저 CMMI-DEV는 개발(Development)을 위한 CMMI 모델입니다. 제품과 서비스 개발 프로세스를 다룹니다. 두 번째로 CMMI-ACQ는 조달(Acquisition)을 위한 CMMI 모델로서, 공급사슬 관리, 조달, 아웃소싱 프로세스를 다룹니다. 다음으로 CMMI-SVC는 서비스(Service)를 위한 CMMI 모델로서, 조직 내에서 그리고 외부 고객에게 서비스를 제공하기 위한 안내를 다룹니다. 서비스를 제공하기 위한 안내만을 다루며 서비스를 개발하는 것은 CMMI-DEV에 해당됩니다.

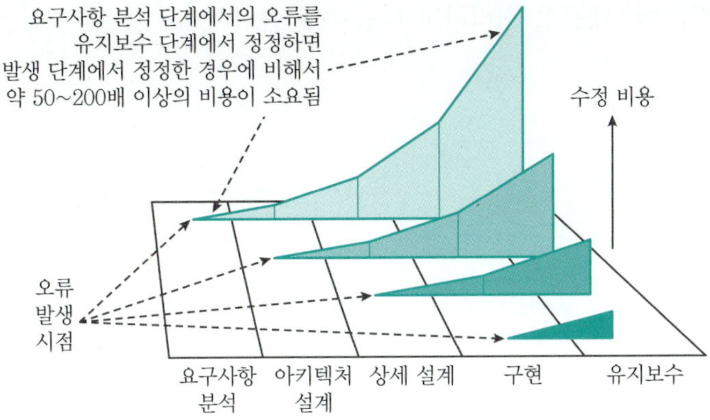


그림 2-8 단계 내 봉쇄

그리고 CMMI에는 5가지의 성숙도 수준이 있습니다. Initial, Managed, Defined, Quantitatively Managed, Optimizing 이렇게 5가지입니다. 수준 1은 Initial인데요, 초기 단계로서, 표준화된 프로세스가 없으며, 반응적이고, 수행결과 예측이 어려운 수준입니다. 표준화된 프로세스가 없이, 그때그때 대응하다 보니, 수행결과 예측이 어렵습니다. 수준 2는 프로젝트에 특화되어 정의된 프로세스로서, 가끔은 반응적인 수준입니다. 프로젝트에 모인 팀장과 팀원이 모여서 프로세스를 만들어서 사용하는 단계인데요, 모든 것을 다 만들어서 사용할 수 없기 때문에, 가끔은 반응적인 결과를 얻게 됩니다. 수준 3은 조직에 특화되어 정의된 프로세스로서, 사전주도적인(Proactive) 수준입니다. 조직 전체에 걸쳐서 모든 프로세스가 정의된 단계입니다. 수준 4는 정량적으로 측정되고 통제되는 프로세스를 갖추고 있습니다. 정의된 프로세스들을 바탕으로 행위별로 데이터를 측정해서 적절하게 통제할 수 있는 수준입니다. 수준 5는 최적화 단계로서 프로세스의 지속적 개선에 초점을 둡니다. 환경이 변하면 최적화된 상태가 무너지게 되는데, 최적화된 상태가 되도록 다시 수정해서 개선해나가는 최상위 단계입니다. 이렇게 5단계로 해서 인증을 해주고 있습니다. 프로세스 인증에서는 CMMI가 널리 알려져 있기 때문에 일부 프로젝트를 수주할 때는 CMMI의 특정한 수준을 요구받을 때도 있습니다.

지금까지 학습한 내용을 정리하면 다음과 같습니다.

**핵심정리**

| 프로세스 (Process) | 목적을 달성하기 위하여(제품, 서비스, 또는 결과물을 생성하기 위하여) 상호작용하는 일련의 행위들 |
|---|---|

- 프로세스의 명확한 정의와 재활용이 중요함
- 프로세스에 무신경한 프로젝트의 경우 시행착오가 지속적으로 증가하며, 프로젝트 중반 이후에 프로세스에 신경을 쓰게 되나, 이미 때가 늦음
- 프로젝트 초기에 프로세스를 중시한 팀은 생산성이 현저히 떨어지는 것처럼 보이나, 프로젝트 중반 이후 시행착오가 많이 감소하고, 프로세스도 간소화됨

| CMMI(Capability Maturity Model Integration) |
|---|
| 프로세스 개선을 위한 훈련 및 평가 프로그램으로서, 5가지의 성숙도 수준을 규정함 |

## 2 프로젝트 관리 프로세스

프로젝트에서의 프로세스는 프로젝트에서 사전에 규정된 제품, 서비스 또는 결과물을 생성하기 위해서 수행되는 상호 연관된 일련의 행위들을 말합니다. 각각의 프로세스는 입력, 적용 가능한 도구와 기법, 출력에 의해서 특정됩니다. 앞으로 어떤 프로세스에 대하여 언급할 때는 이 세 가지를 규정함으로써 그 프로세스를 이해할 수 있도록 할 예정입니다. 그리고 성공적인 프로젝트가 되기 위한 조건으로는 여러 가지가 있는데요, 여기서는 간략히 4가지를 제시하고 있습니다. 먼저 프로젝트 목표에 적합한

프로세스를 선택해야 하겠습니다. 당연한 얘기가 되겠죠. 마찬가지로 잘 정의된 접근법(Approach)을 사용해야 합니다. 그리고 이해관계자와의 적절한 의사소통과 관계를 수립하고 유지해야 하며, 규정된 제품, 서비스 또는 결과물을 생성하기 위한 범위, 일정, 예산, 품질, 자원, 리스크 등의 상충하는 제약들의 균형을 취할 수 있어야 하겠습니다. 즉 적절한 균형점을 찾을 수 있어야 하겠습니다.

프로젝트에서 사용되는 프로세스들은 크게 2가지로 분류할 수 있습니다. 하나는 프로젝트 관리 프로세스이고, 다른 하나는 제품 관련 프로세스입니다. 전자는 프로젝트의 효과적인 흐름을 보장하는 프로세스로서 이 책의 주된 관심사입니다. 후자는 프로젝트의 제품을 규정하고 개발하는 프로세스로서, 프로젝트 수명주기에 의해서 전형적으로 정의됩니다. 규정된 제품을 개발하는 기본적인 방법을 이해해야 프로젝트의 범위를 정의할 수 있기 때문에 이러한 제품 관련 프로세스도 프로젝트 관리에 중요합니다. 이 두 가지의 프로세스들이 서로 상호작용하면서 중첩되므로, 프로젝트 관리자와 프로젝트 팀은 제품 관련 프로세스도 무시해서는 안 되겠습니다.

앞에서 언급한 것처럼 프로젝트 관리 프로세스에는 5가지의 그룹이 있습니다. 개시(Initiating) 프로세스 그룹에는 새로운 프로젝트나 기존 프로젝트의 새로운 단계를 정의하기 위해서 수행되는 프로세스들이 속합니다. 계획(Planning) 프로세스 그룹에는 프로젝트의 범위를 수립하고, 목표를 세분화하며, 필요한 행위들의 경로를 정의하는 데 필요한 프로세스들이 속합니다. 일반적으로 개시 다음에 계획이 이루어지고, 그 다음에 실행이 되겠습니다. 실행(Executing) 프로세스 그룹에는 프로젝트 관리 계획에 정의된 작업을 완료하기 위해서 수행되는 프로세스들이 속합니다. 감시 및 통제(Monitoring and Controlling) 프로세스 그룹에는 프로젝트의 진행상태와 성과를 추적·검토·규제하기 위해서 필요한 프로세스들이 속합니다. 마지막으로 종료(Closing) 프로세스 그룹에는 공식적으로 프로젝트 또는 단계를 종료하기 위하여 모든 프로세스의 모든 행위들을 마무리하는 데 필요한 프로세스들이 속합니다. 대체적으로는 개시, 계획, 실행, 감시 및 통제, 종료 순서로 진행되지만, 감시 및 통제 프로세스는 여러 프로세스들과 상호작용하는 경우가 많습니다.

프로젝트 관리 프로세스의 적용은 반복적이며, 많은 프로세스들이 프로젝트가 진행되는 동안 반복됩니다. 이러한 반복성은 감시 및 통제 프로세스 그룹이 다른 프로세스 그룹들과 상호작용하도록 만듭니다. 일반적으로 한 프로세스의 출력은 다른 프로세스의 입력이 되거나, 프로젝트 또는 단계의 전달물(Deliverable)이 됩니다.

프로젝트가 개시되어 종료될 때까지의 상호작용 수준은 그림 2-9와 같이 표현해 볼 수 있습니다. 개시 프로세스 그룹은 프로젝트가 개시될 때 상호작용이 주로 일어나고, 종료 프로세스 그룹은 프로젝트가 종료될 때 상호작용이 주로 일어납니다. 당연한 얘기가 되겠죠. 그리고 계획 프로세스 그룹의 상호작용은 프로젝트가 개시된 이후에 왕성하게 진행됩니다. 실행 프로세스 그룹은 계획이 진행된 이후에 상호작용의 수준이 최고로 높습니다. 감시 및 통제 프로세스 그룹은 계획과 실행이 진행되는 동안에 많은 상호작용을 일으킵니다.

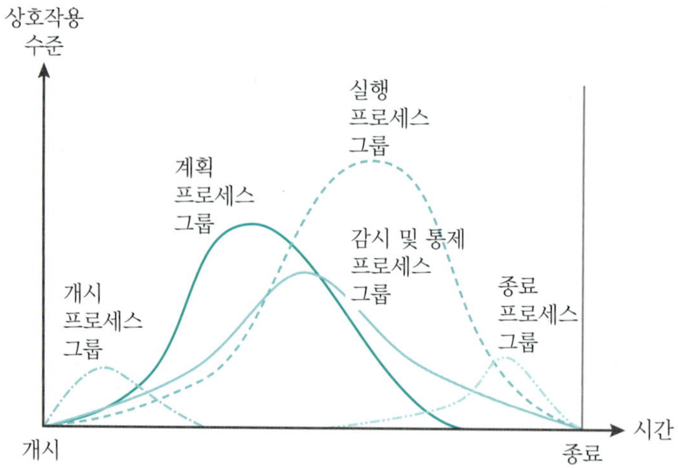


그림 2-9 프로세스 그룹별 상호작용 수준

프로젝트 관리 프로세스들을 분류하는 또 다른 방법이 바로 지식영역(Knowledge Area)입니다. 지식영역은 전문적인 분야를 구성하는 개념, 용어, 활동 등의 집합인데요, 대부분의 프로젝트에서 대부분의 시간에 10개의 지식 영역이 사용되고 있어서, 프로젝트 관리 프로세스들도 10개의 지식 영역으로 분류할 수 있습니다. 10개의 지식 영역은 다음과 같습니다.

- 통합 관리(Integration Management)
- 범위 관리(Scope Management)
- 일정 관리(Schedule Management)
- 비용 관리(Cost Management)
- 품질 관리(Quality Management)
- 자원 관리(Resource Management)
- 의사소통 관리(Communications Management)
- 리스크 관리(Risk Management)
- 조달 관리(Procurement Management)
- 이해관계자 관리(Stakeholder Management)

이렇게 10개의 지식 영역으로 분류가 되고, 이를 중심으로 이 책의 내용이 구성되게 됩니다. 표 2-1은 프로세스 그룹과 지식 영역을 가지고 프로젝트 관리 프로세스들을 전체적으로 정리하는 표가 되겠습니다. 가로축에는 5가지의 프로세스 그룹들을 배치하고, 세로축에는 지식 영역 10가지를 배치하였습니다. 통합 관리 지식 영역을 보면 I1에서 I7까지 일곱 개의 프로세스가 존재합니다. I1은 개시 그룹에, I2는 계획 그룹에, I3, I4는 실행 그룹에, I5와 I6는 감시 및 통제 그룹에, I7은 종료 그룹에 속하는 프로젝트 관리 프로세스입니다. 여기서 I는 지식 영역 Integration Management의 첫 글자에서 따온 약어입니다. 이와 같이 10개의 지식 영역의 약어로는 표 2-2와 같이 한 글자 또는 두 글자의 영어를 사용하고 있습니다.

표 2-1 프로세스 그룹과 지식 영역에 의한 프로세스 분류

| 지식 영역 | 프로세스 그룹 | | | | |
|---|---|---|---|---|---|
| | 개시 | 계획 | 실행 | 감시 및 통제 | 종료 |
| 통합 관리 | I1 | I2 | I3, I4 | I5, I6 | I7 |
| 범위 관리 | | SC1, SC2, SC3, SC4 | | SC5, SC6 | |
| 일정 관리 | | SD1, SD2, SD3, SD4, SD5 | | SD6 | |
| 비용 관리 | | CO1, CO2, CO3 | | CO4 | |
| 품질 관리 | | Q1 | Q2 | Q3 | |
| 자원 관리 | | RE1, RE2 | RE3, RE4, RE5 | RE6 | |
| 의사소통 관리 | | CC1 | CC2 | CC3 | |
| 리스크 관리 | | RI1, RI2, RI3, RI4, RI5 | RI6 | RI7 | |
| 조달 관리 | | P1 | P2 | P3 | |
| 이해관계자 관리 | SH1 | SH2 | SH3 | SH4 | |

통합 관리, 품질 관리, 조달 관리의 경우 영어 첫 글자로 약어를 정했으며, 그 나머지 지식 영역의 경우에는 첫 글자가 중복되어 두 글자를 사용하고 있습니다. 이와 같이 지식 영역의 약어와 함께 순서를 나타내는 숫자로 해서 프로세스 약어를 정하였습니다. 예를 들어 I1은 통합 관리 지식 영역의 첫 번째 프로세스를 나타냅니다.

이렇게 해서 전체적으로 어떤 프로세스가 있는지를 살펴볼 수 있습니다만, 지금은 눈에 잘 안 들어올 것 같습니다. 앞으로 각 지식 영역별로 프로세스들을 자세히 학습하면서 조금 혼동되는 경우가 있다면 이 표가 도움이 될 것입니다.

표 2-2 지식 영역별 약어

| 지식 영역 | 약어 | 지식 영역 | 약어 |
|---|---|---|---|
| 통합 관리 | I | 자원 관리 | RE |
| 범위 관리 | SC | 의사소통 관리 | CC |

| 지식 영역 | 약어 | 지식 영역 | 약어 |
|---|---|---|---|
| 일정 관리 | SD | 리스크 관리 | RI |
| 비용 관리 | CO | 조달 관리 | P |
| 품질 관리 | Q | 이해관계자 관리 | SH |

각 프로세스의 구체적인 이름을 정리해서 소개하도록 하겠습니다. 각 프로세스에 대한 자세한 설명은 각 지식 영역을 다루는 장에서 할 계획이므로, 궁금증은 잠시만 참아주시면 되겠습니다.

먼저 통합 관리 지식 영역에서는 다양한 프로세스들과 활동들을 확인, 정의, 결합, 통일, 조정하기 위한 프로세스들을 규정합니다. 통합 관리 지식 영역의 프로세스들은 다음과 같이 일곱 가지입니다.

| 지식 영역 | 프로세스 그룹 | | | | |
|---|---|---|---|---|---|
| | 개시 | 계획 | 실행 | 감시 및 통제 | 종료 |
| 통합 관리 | I1 | I2 | I3, I4 | I5, I6 | I7 |

I1: Develop Project Charter
I2: Develop Project Management Plan
I3: Direct and Manage Project Work
I4: Manage Project Knowledge
I5: Monitor and Control Project Work
I6: Perform Integrated Change Control
I7: Close Project or Phase

그림 2-10 통합 관리 지식 영역의 프로세스들

범위 관리 지식 영역에서는 프로젝트를 성공적으로 마무리하기 위해서 요구되는 모든 작업이 프로젝트에 포함되도록 보장하기 위한 프로세스들을 규정합니다. 범위 관리 지식 영역의 프로세스들은 다음과 같은 여섯 가지입니다.

| 지식 영역 | 프로세스 그룹 | | | | |
|---|---|---|---|---|---|
| | 개시 | 계획 | 실행 | 감시 및 통제 | 종료 |
| 범위 관리 | | SC1, SC2, SC3, SC4 | | SC5, SC6 | |

SC1: Plan Scope Management
SC2: Collect Requirements
SC3: Define Scope
SC4: Create WBS
SC5: Validate Scope
SC6: Control Scope

그림 2-11 범위 관리 지식 영역의 프로세스들

일정 관리 지식 영역에서는 프로젝트가 적절한 시기에 완료될 수 있도록 관리하는 데 필요한 프로세스들을 규정합니다. 일정 관리 지식 영역의 프로세스들은 다음과 같은 여섯 가지입니다.

| 지식 영역 | 프로세스 그룹 | | | | |
|---|---|---|---|---|---|
| | 개시 | 계획 | 실행 | 감시 및 통제 | 종료 |
| 일정 관리 | | SD1, SD2, SD3, SD4, SD5 | | SD6 | |

SD1: Plan Schedule Management
SD2: Define Activities
SD3: Sequence Activities
SD4: Estimate Activity Durations
SD5: Develop Schedule
SD6: Control Schedule

그림 2-12 일정 관리 지식 영역의 프로세스들

비용 관리 지식 영역에서는 프로젝트가 승인된 예산 내에서 완료될 수 있도록 비용과 관련된 프로세스들을 규정합니다. 비용 관리 지식 영역의 프로세스들은 다음과 같은 네 가지입니다.

| 지식 영역 | 프로세스 그룹 | | | | |
|---|---|---|---|---|---|
| | 개시 | 계획 | 실행 | 감시 및 통제 | 종료 |
| 비용 관리 | | C01, C02, C03 | | C04 | |

C01: Plan Cost Management
C02: Estimate Costs
C03: Determine Budget
C04: Control Costs

그림 2-13 비용 관리 지식 영역의 프로세스들

품질 관리 지식 영역에서는 이해관계자들의 기대를 만족시키기 위하여 프로젝트와 제품의 품질 요구사항에 관한 조직의 품질 정책을 수용하기 위한 프로세스들을 규정합니다. 품질 관리 지식 영역의 프로세스들은 다음과 같은 세 가지입니다.

| 지식 영역 | 프로세스 그룹 | | | | |
|---|---|---|---|---|---|
| | 개시 | 계획 | 실행 | 감시 및 통제 | 종료 |
| 품질 관리 | | Q1 | Q2 | Q3 | |

Q1: Plan Quality Management
Q2: Manage Quality
Q3: Control Quality

그림 2-14 품질 관리 지식 영역의 프로세스들

자원 관리 지식 영역에서는 성공적으로 프로젝트를 완수하는 데 필요한 자원들을 확인하고, 획득하고, 관리하는 프로세스들을 규정합니다. 자원 관리 지식 영역의 프로세스들은 다음과 같은 여섯 가지입니다.

| 지식 영역 | 프로세스 그룹 | | | | |
|---|---|---|---|---|---|
| | 개시 | 계획 | 실행 | 감시 및 통제 | 종료 |
| 자원 관리 | | RE1, RE2 | RE3, RE4, RE5 | RE6 | |

RE1: Plan Resource Management
RE2: Estimate Activity Resources
RE3: Acquire Resources
RE4: Develop Team
RE5: Manage Team
RE6: Control Resources

그림 2-15 자원 관리 지식 영역의 프로세스들

의사소통 관리 지식 영역에서는 프로젝트 정보를 시기적절하게 계획에서부터 폐기하기까지 필요한 프로세스들을 규정합니다. 의사소통 관리 지식 영역의 프로세스들은 다음과 같은 세 가지입니다.

| 지식 영역 | 프로세스 그룹 | | | | |
|---|---|---|---|---|---|
| | 개시 | 계획 | 실행 | 감시 및 통제 | 종료 |
| 의사소통 관리 | | CC1 | CC2 | CC3 | |

CC1: Plan Communications Management
CC2: Manage Communications
CC3: Monitor Communications

그림 2-16 의사소통 관리 지식 영역의 프로세스들

리스크 관리 지식 영역에서는 리스크 관리에 필요한 프로세스들을 규정합니다. 리스크 관리 지식 영역의 프로세스들은 다음과 같은 일곱 가지입니다.

| 지식 영역 | 프로세스 그룹 | | | | |
|---|---|---|---|---|---|
| | 개시 | 계획 | 실행 | 감시 및 통제 | 종료 |
| 리스크 관리 | | RI1, RI2, RI3, RI4, RI5 | RI6 | RI7 | |

RI1: Plan Risk Management
RI2: Identify Risks
RI3: Perform Qualitative Risk Analysis
RI4: Perform Quantitative Risk Analysis
RI5: Plan Risk Responses
RI6: Implement Risk Responses
RI7: Monitor Risks

그림 2-17 리스크 관리 지식 영역의 프로세스들

조달 관리 지식 영역에서는 프로젝트 팀 외부에서 요구되는 제품과 서비스, 결과물을 구매하거나 획득하기 위하여 필요한 프로세스들을 규정합니다. 조달 관리 지식 영역의 프로세스들은 다음과 같은 세 가지입니다.

| 지식 영역 | 프로세스 그룹 | | | | |
|---|---|---|---|---|---|
| | 개시 | 계획 | 실행 | 감시 및 통제 | 종료 |
| 조달 관리 | | P1 | P2 | P3 | |

P1: Plan Procurement Management
P2: Conduct Procurements
P3: Control Procurements

그림 2-18 조달 관리 지식 영역의 프로세스들

이해관계자 관리 지식 영역에서는 프로젝트에 영향을 주거나 프로젝트로부터 영향을 받는 사람, 그룹, 조직을 확인하고, 이해관계자들의 기대와 영향을 분석하고, 프로젝트 의사결정에 참여시키기 위한 적절한 관리 전략을 개발하는 데 필요한 프로세스들을 규정합니다. 이해관계자 관리 지식 영역의 프로세스들은 다음과 같은 네 가지 입니다.

| 지식 영역 | 프로세스 그룹 | | | | |
|---|---|---|---|---|---|
| | 개시 | 계획 | 실행 | 감시 및 통제 | 종료 |
| 이해관계자 관리 | SH1 | SH2 | SH3 | SH4 | |

SH1: Identify Stakeholders
SH2: Plan Stakeholder Engagement
SH3: Manage Stakeholder Engagement
SH4: Monitor Stakeholder Engagement

그림 2-19 이해관계자 관리 지식 영역의 프로세스들

지금까지 학습한 내용을 정리하면 다음과 같습니다.

### 핵심정리

- 프로젝트에서의 프로세스(Process)는 사전에 규정된 제품, 서비스 또는 결과물을 생성하기 위해서 수행되는 상호 연관된 일련의 행위들을 지칭함
- 각각의 프로세스는 적용 가능한 도구와 기법, 입력, 출력에 의해서 특정됨
- 프로젝트에서의 프로세스는 프로젝트 관리 프로세스들과 제품 관련 프로세스들로 구분할 수 있음
- 지식 영역(Knowledge Area)은 전문적인 분야를 구성하는 개념, 용어, 활동 등의 집합을 표현함
- 대부분의 프로젝트에서 대부분의 시간에 10개의 지식 영역(통합 관리, 범위 관리, 시간 관리, 비용 관리, 품질 관리, 인적자원 관리, 의사소통 관리, 리스크 관리, 획득 관리, 이해관계자 관리)이 사용됨

## 생각해보기

다음 내용은 톰 디 마르코의 "데드라인"에 나오는 이야기입니다. 프로젝트 관리와 관련해서 프로세스 향상을 위해서 필요한 것이 무엇인지를 생각해보시기 바랍니다. (톰킨스는 그리 명석하지 않고 허점을 자주 보이긴 하나, 늘 배우려 하고, 겸손하며, 마음이 따뜻합니다. 프로젝트 관리 전문가인 리졸리 박사를 초대하여 6개 제품 18개 프로젝트의 프로세스 향상에 대하여 조언을 구하는 상황에서, 리졸리 박사가 다음과 같이 의견을 제시합니다.)

"이 업계에서 생산성을 향상시킬 수 있는 단기간의 해결방법이란 것은 없어요. 단기간에 생산성을 향상시킬 수 있는 방법은 전혀 없는 것이죠. 작업을 끝냈을 때, 당신이 성취하게 될 생산성이란 것은 이전에 작업을 했던 사람들의 장기적인 투자로 인한 직접적인 결과인 것이죠. 그리고 생산성에 유일하게 영향을 미칠 수 있는 것은 당신 이후의 사람들에게 혜택이 가도록 지금 장기적인 투자를 하는 것뿐입니다. 이것이 생산성 향상이란 주제에 관한 차가운 현실인 거죠.

최소한 단기간에 생산성을 높이기 위해서 할 수 있는 일은 사실상 아무것도 없기 때문에 제 생각에는 시간을 헛되게 쓰지 않도록 하는 데 전적으로 초점을 맞추게 될 거예요. 저는 시간 낭비와 위험은 서로 연관이 있다고 봐요. 프로젝트의 일정을 지연시키는 헛된 노력은 언제나 위험을 야기하는 직접 원인이죠. 그래서 한 가지를 해야 한다면 저는 위험을 관리하겠어요. 관리해야 할 것은 위험 그 자체보다는 그런 위험의 원인이죠."

## 연습문제

**1.** 프로세스의 명확한 정의와 재활용이 중요한 이유가 아닌 것은?

① 프로세스의 성숙도가 향상됨
② 신규 직원 교육 등에서 공유가 가능함
③ 프로세스의 단계 내 봉쇄가 가능함
④ 프로세스를 분석하고 재구성하기 위한 기반이 됨

**2.** 프로젝트에 특성화되고 가끔은 반응적인 프로세스는 CMMI의 5가지 성숙도 수준 중에서 어디에 해당되는가?

① Initial ② Managed
③ Defined ④ Optimizing

**3.** 성공적인 프로젝트가 되기 위한 조건이 아닌 것은?

① 잘 정의된 접근법을 사용함
② 이해관계자와의 적절한 의사소통과 관계를 수립하고 유지함
③ 프로젝트 목표에 적합한 프로세스를 선택함
④ 단기간에 생산성을 향상시킬 방법을 찾음

**4.** 프로젝트 관리에서 전문적인 분야를 구성하는 개념, 용어, 활동 등의 집합을 무엇이라고 하는가?

① 지식영역 ② 계획
③ 상호작용 ④ CMMI

**5.** 다음 중 요구사항 분석 단계에서 가장 활발한 것은?

① 발견 ② 발명
③ 실현 ④ 시행착오

**6.** CMMI에 대한 설명으로 잘못된 것은?

① 프로세스 개선을 위한 훈련 및 평가 프로그램
② 프로젝트, 부서, 조직 전체에 걸친 프로세스의 개발 및 개선을 위한 안내를 제공함
③ 조직의 프로세스 성숙도를 평가하기 위한 프레임워크로서 사용될 수 있음
④ 1987년부터 1997년까지 개발된 CMM(Software CMM)과는 무관함

**7.** 프로젝트 관리의 10가지 지식영역에 속하지 않는 것은?

① 프로젝트 통합 관리 ② 프로젝트 재무 관리
③ 프로젝트 시간 관리 ④ 프로젝트 범위 관리

**8.** 프로젝트 관리 프로세스 그룹에 속하지 않는 것은?

① 계획 ② 개시
③ 실행 ④ 최적화

**9.** CMMI 성숙도 5가지에 속하지 않는 것은?

① Initial ② Managed
③ Powered ④ Optimizing

**10.** 5가지 프로세스 그룹 모두에 해당되는 프로세스가 존재하는 지식영역은?

① 범위 관리 ② 통합 관리
③ 시간 관리 ④ 품질 관리

정답 1. ③ 2. ② 3. ④ 4. ① 5. ① 6. ④ 7. ② 8. ④ 9. ③ 10. ②

CHAPTER

# 3

# 프로젝트 통합 관리

학습 목차

0. 프로젝트 통합 관리 개요
1. 프로젝트 승인서 개발하기
2. 프로젝트 관리 계획 개발하기
3. 프로젝트 작업 지시 및 관리하기
4. 프로젝트 지식 관리하기
5. 프로젝트 작업 감시 및 통제하기
6. 통합 변경 통제 수행하기
7. 프로젝트 또는 단계 종료하기

생각해보기

연습문제

학습 목표

- 프로세스 통합 관리에 대하여 전체적으로 이해하고, 각각의 통합 관리 프로세스에 대하여 상세히 파악할 수 있다.

## 0 프로젝트 통합 관리 개요

프로젝트 관리에는 열 가지 지식 영역이 있고, 이들 각각의 지식 영역별로 설명을 드리겠다고 밝힌 바가 있습니다. 이번 장에서는 그 첫 번째로 프로젝트 통합 관리에 대하여 알아보도록 하겠습니다. 프로젝트 통합 관리에 대하여 전체적으로 설명을 드리고, 각각의 통합 관리 프로세스에 대하여 상세히 파악할 수 있도록 한 걸음 더 들어가 보도록 하겠습니다. 학습 목차를 보면 일곱 개의 프로세스가 1에서 7까지의 절에 해당되는 내용으로 나와 있습니다. 그리고 제일 위에는 0에 해당되는 절이 있어서 프로젝트 통합 관리 개요가 배치되어 있습니다. 이렇게 구성한 이유는 프로젝트 통합 관리 프로세스들의 약어인 I1에서 I7과 절 번호가 매칭 되도록 해서 찾아보기 쉽게 하기 위한 것입니다.

10개의 지식 영역이 있는데, 통합 관리를 제외하면 9개가 됩니다. 이들 영역의 개별 프로세스들이 복잡하게 상호작용하므로 종합적인 통합 관리가 필요합니다. 그래서 통합 관리가 프로젝트 관리를 전반적으로 계획하고 통제하는 역할을 하게 됩니다. 프로젝트 통합 관리(Project Integration Management)는 자원 배정, 상충하는 수요들의 균형, 대체 가능한 접근법들의 검토, 프로젝트 목표 달성을 위한 프로세스 맞춤화, 프로젝트 관리 지식 영역 간 상호의존성 관리 등에 대해 결정하는 지식 영역입니다.

프로젝트 통합 관리에는 그림 3-1과 같이 일곱 개의 프로세스들이 존재합니다. 이 그림은 2장에서도 간략히 살펴본 바가 있습니다만, 이번 장이 통합 관리 지식 영역을 집중적으로 다루는 장이므로, 이들을 자세하게 들여다보도록 하겠습니다.

| 지식 영역 | 프로세스 그룹 | | | | |
|---|---|---|---|---|---|
| | 개시 | 계획 | 실행 | 감시 및 통제 | 종료 |
| 통합 관리 | I1 | I2 | I3, I4 | I5, I6 | I7 |

I1 : Develop Projetct Charter(프로젝트 승인서 개발하기)
I2 : Develop Projetct Management Plan(프로젝트 관리 계획 개발하기)
I3 : Direct and Manage Project Work(프로젝트 작업 지시 및 관리하기)
I4 : Monitor and Control Project Work(프로젝트 작업 감시 및 통제하기)
I5 : Perform Integrated Change Control(통합 변경 통제 수행하기)
I6 : Close Project or Phase(프로젝트 또는 단계 종료하기)

그림 3-1 프로젝트 통합 관리 지식 영역의 프로세스들

I1을 보면 Develop Project Charter로 되어 있는데요, Charter는 보통 헌장으로 번역되는데, 여기서는 의미를 살려서 승인서로 번역을 했습니다. 그리고 Develop이 동사라서 명령형으로 해석될 수 있지만 명사형으로 바꿔서 개발하기로 번역을 했습니다. 그래서 이 프로세스의 이름은 프로젝트 승인서 개발하기가 되겠습니다. 이 프로세스의 약칭인 I1에서 I는 Integration에서 따온 약어입니다. 이 프로세스는 프로젝트 존재를 공식적으로 인정하고, 프로젝트 관리자에게 조직의 자원을 프로젝트 활동에 적용할 권한을 부여하는 문서를 개발하는 프로세로서, 개시 그룹에 속합니다.

I2는 Develop Project Management Plan인데요, 프로젝트 관리 계획 개발하기가 되겠습니다. 모든 지식 영역에 있는 계획들을 다 모아 놓은 것이 프로젝트 관리 계획인데요, 이를 개발하는 프로세스가 되겠고, 계획 그룹에 속합니다.

I3는 Direct and Manage Project Work인데요, 프로젝트 작업 지시 및 관리하기가 되겠죠. 이것은 프로젝트 관리 계획에 정의된 작업을 수행하고, 프로젝트 목표 달성을 위해 승인된 변화를 구현하는 프로세스입니다. I4는 Manage Project Knowledge인데요, 프로젝트 지식 관리하기가 되겠죠. 이것은 기존 지식을 사용하고, 프로젝트 목표 달성과 조직 학습에 기여하는 새로운 지식을 생성하기 위한 프로세스입니다. I3와 I4는 실행 그룹에 속합니다.

I5는 Monitor and Control Project Work인데요, 프로젝트 작업 감시 및 통제하기입니다. 이것은 프로젝트 관리 계획에 정의된 성과 목표를 달성하기 위하여 전체적인 진척도를 추적, 검토, 보고하는 프로세스입니다. I6는 Perform Integrated Change Control인데요, 통합 변경 통제 수행하기가 되겠습니다. 프로젝트를 진행하다보면 계획이나 결과물 등에 대한 여러 가지의 변경이 발생하게 되는데, 이러한 변경을 종합적으로 통제하는 것이 필요합니다. 이것은 모든 변경 요청을 검토하고, 필요한 변경을 승인하며, 이러한 결정을 알려주는 프로세스입니다. I5와 I6는 감시 및 통제 그룹에 속합니다.

I7은 Close Project or Phase인데요, 프로젝트 또는 단계 종료하기입니다. 종료 그룹에 속하는 프로세스가 되겠습니다.

통합 관리에 속하는 일곱 개의 프로세스들이 개시에서 종료까지 5개의 프로세스 그룹에 각각 하나 이상씩 프로세스가 존재합니다. 종합적인 지식 영역이라서 그런 것으로 이해하면 되겠습니다.

이들 일곱 가지의 프로세스들을 좀 더 잘 이해하기 위하여 그림 3-2와 같은 자료흐름도를 그려봤습니다. 자료흐름도라는 것은 자료가 흘러가면서 어떻게 처리되는지를 중심으로 작성한 도표인데요, 영어로 DFD라고 합니다. Data Flow Diagram의 약자죠. 자료흐름도에서는 자료흐름을 화살표로 표현하고, 화살표 위에 자료의 이름을 기입하게 됩니다. 그리고 프로세스는 원이나 타원으로 표현하고, 그 내부에는 프로세스의 이름을 기입해야 합니다. 프로젝트 외부의 존재는 단말 또는 외부 개체라고 하는데, 사각형으로 표현되고, 그 내부에는 이름이 기입됩니다. 자료를 저장하기 위한 자료저장소는 수평으로 된 두 실선으로 표현하고, 두 실선 사이에 이름을 기입합니다.

그림 3-2를 보면 I1. 프로젝트 승인서 개발하기에서 비즈니스 문서들로부터 합의, 비즈니스 사례 등을 참조하여 프로젝트 승인서를 개발하게 되며, I2, I7뿐만 아니라, SC1 등 다른 지식 영역의 프로세스들에도 전달됩니다. 이렇게 개발된 프로젝트 승인서와 함께, 비용 관리 등 9개의 지식 영역에서 작성된 계획들이 I2에서 모여서 프로젝트 관리 계획이 만들어지게 됩니다. 이렇게 만들어진 프로젝트 관리 계획은 프로젝트 관리 계획

저장소에 추가되며, 이후 I3, I4, I5, I6, I7뿐만 아니라 다른 지식 영역의 프로세스들에서도 사용됩니다. I3, I4, I5, I6, I7에서 공통적으로 사용되는 또 다른 것이 바로 프로젝트 문서들입니다. 이 문서들은 프로젝트가 진행되면서 만들어진 것들인데요, I3에서는 쟁점 기록부가, I4에서는 학습된 교훈 등록부가 만들어져 추가됨을 알 수 있습니다.

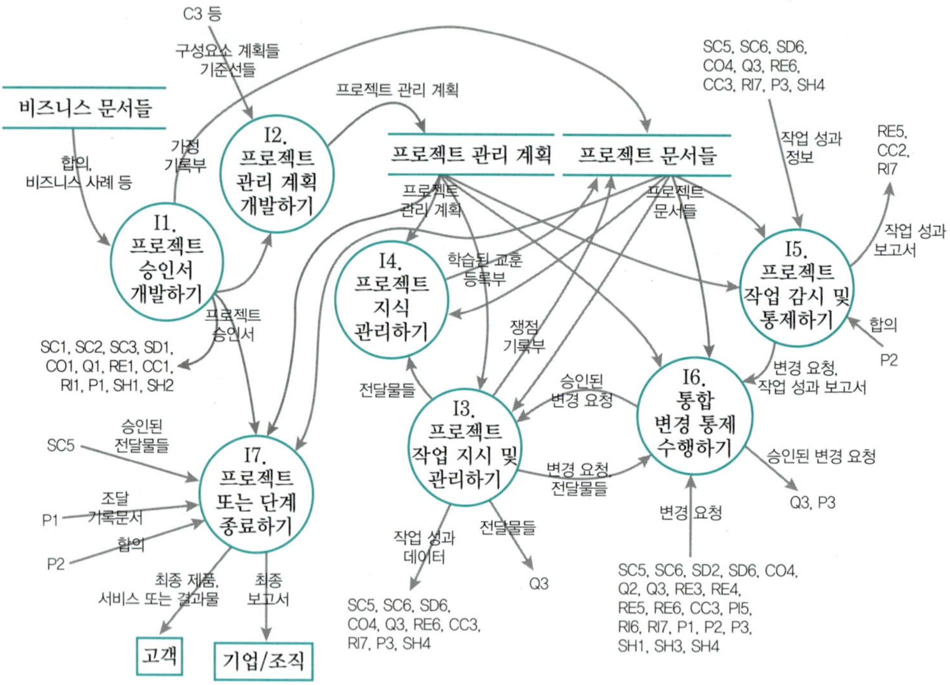


그림 3-2 프로젝트 통합 관리 자료흐름도

I3에서는 프로젝트 관리 계획에 정의된 작업을 수행하고, 변경이 필요할 경우 I6에 변경을 요청하여 승인된 변경 요청을 구현하는 프로세스입니다. 전달물들을 I4, I6뿐만 아니라 Q3에도 보내주며, 작업 성과 데이터를 SC5 등에 송부하며, 쟁점 기록부를 프로젝트 문서들 저장소에 추가합니다. I4는 프로젝트 관리 계획, 프로젝트 문서들, 전달물들을 바탕으로 학습된 교훈 등록부를 작성하여 프로젝트 문서들 저장소에 추가합니다. I5는 프로젝트 관리 계획에 정의된 성과 목표를 만족시키기 위하여 작업 진

행을 추적·검토·보고하는 프로세스입니다. SC5 등에서 수집된 작업 성과 정보와 P2로부터 받은 합의를 바탕으로 작업 성과 보고서를 만들어 I6뿐만 아니라, RE5, CC2, RI7에 보내줍니다. I6는 I3, I5뿐만 아니라 SC5 등으로부터 변경 요청을 받아서 검토하여 변경 요청을 승인하고, 전달물들, 프로젝트 문서들, 프로젝트 관리 계획에 대한 변경을 관리하며, 이러한 의사결정을 소통하는 프로세스입니다. I7은 공식적으로 프로젝트 또는 단계를 완료하기 위하여 모든 활동들을 마감하는 프로세스입니다. 프로젝트 관리 계획, 프로젝트 문서들, 승인된 전달물들, 조달 기록문서, 합의 등을 참조하여 만든 최종 보고서를 기업이나 조직에 송부하고, 최종 제품, 서비스, 결과물을 고객에게 이전하여 이를 사용할 수 있도록 지원합니다.

이상의 다섯 프로세스들(I3, I4, I5, I6, I7)의 처리 과정에서 프로젝트 문서들에 변경된 요소가 있다면 프로젝트 문서들 저장소에 이를 갱신합니다.

통합 관리이기 때문에 다른 9가지 지식 영역의 다양한 프로세스들과 많은 상호작용을 하게 됩니다. 그런 자세한 내용들은 생략된 상태의 그림입니다. 전체적으로 통합 관리가 진행되는 뼈대를 알 수 있는 그림으로 보면 되겠습니다. 이제 각각의 프로세스들에 대해서 하나씩 살펴보도록 하겠습니다.

## 1 프로젝트 승인서 개발하기

프로젝트 통합 관리의 첫 번째 프로세스인 프로젝트 승인서 개발하기(Develop Project Charter)는 프로젝트의 존재를 공식적으로 승인하는 문서를 개발하는 프로세스입니다. 프로젝트 승인서를 개발해서 조직 책임자들의 사인을 받아 프로젝트를 실행할 수 있게 됩니다. 조직의 자원을 프로젝트 활동에 사용할 권한을 프로젝트 관리자에게 부여하는 프로세스이기도 합니다. 이를 근거로 해서 프로젝트 관리자가 여러 가지 자원을 준비하게 됩니다.

이 프로세스의 핵심 효용은 조직의 전략적 목표와 프로젝트의 직접적 연결을 제공하고, 프로젝트에 관한 공식적 기록을 생성하며, 프로젝트에 대한 조직의 약속을 보여준다는 것입니다. 말로만 해서는 안 되겠고, 책임 있는 사람의 사인을 꼭 받아두어야 하겠습니다. 백 마디 말보다 한 장의 문서가 꼭 필요하다는 점을 명심해야 하겠습니다.

이 프로세스에서 사용할 수 있는 도구와 기법으로는 전문가 판단, 데이터 수집(브레인스토밍, 포커스 그룹, 인터뷰), 대인 및 팀 기술(갈등 관리, 촉진, 회의 관리), 회의 등이 있습니다.

전문가 판단(Expert Judgement)은 수행되는 활동과 관련해서 응용 영역, 학문, 산업 등에서의 전문지식에 기반하여 이루어지는 판단을 지칭합니다.

브레인스토밍(Brainstorming)은 이해관계자, 주제에 관한 전문가, 팀 구성원 등으로부터 단기간에 일련의 아이디어를 생성하고 분석하기 위해서 사용될 수 있습니다.

계층을 대표하도록 뽑은 소수의 사람들로 이루어진 포커스 그룹(Focus Groups)은 이해관계자, 주제에 관한 전문가들을 함께 모아서 인지된 프로젝트 리스크, 성공 기준 등을 배우기 위한 것입니다.

인터뷰(Interviews)는 높은 수준의 요구사항, 가정, 제약, 승인 기준 등의 정보를 이해관계자로부터 직접 도출하기 위하여 사용됩니다. 인터뷰보다는 포커스 그룹이 더 대화적인 방식입니다.

갈등 관리(Conflict Management)는 목표, 성공 기준, 높은 수준의 요구사항, 프로젝트 서술, 기타 프로젝트 승인서의 다른 요소 등에 관하여 이해관계자들을 정렬시키는 데 이용될 수 있습니다.

촉진(Facilitation)은 그룹이 관련된 사건을 효과적으로 안내해서 성공적인 의사결정, 해법, 결론에 도달할 수 있게 하는 능력을 말합니다.

회의 관리(Meeting Management)는 의제를 준비하고, 각 핵심 이해관계자 그룹의 대표가 반드시 초청되도록 하고, 이후의 시간과 활동을 준비하고 알려주는 것 등을 포함합니다.

이 프로세스에서 회의는 이해관계자들과 이루어지는데, 프로젝트 목표, 성공 기준, 핵심 전달물, 높은 수준의 요구사항, 요약 이정표, 기타 요약 정보 등에 대하여 다룹니다.

이 프로세스에 대한 구체적인 자료흐름도도 그림 3-3과 같습니다. 기존의 비즈니스 문서들에서 비즈니스 사례 등과 합의를 가져와서 프로젝트 승인서를 개발하고, 개발 과정에서 사용된 가정들을 기록한 가정 기록부를 프로젝트 문서들에 추가합니다. 개발된 프로젝트 승인서는 I2, I7뿐만 아니라, 다른 지식 영역의 SC1, SC2, SC3, SD1, CO1, Q1, RE1, CC1, RI1, P1, SH1, SH2 등의 프로세스들에도 보내 줍니다. 이들 프로세스들에 대한 구체적인 내용은 앞으로 배울 내용인데요, 궁금한 점이 있다면 해당 지식 영역에서 미리 찾아보셔도 좋겠습니다.

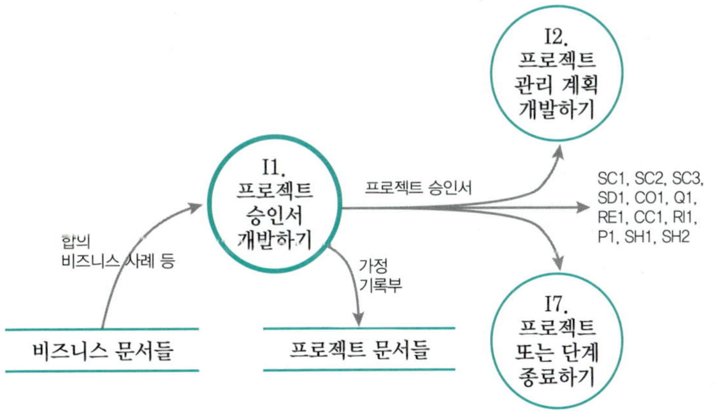


그림 3-3 프로젝트 승인서 개발하기의 자료흐름도

입력으로는 비즈니스 사례 등과 합의가 있습니다. 먼저 비즈니스 사례 등은 비즈니스 문서들로부터 추출된 다양한 정보들을 말합니다. 비즈니스 사례뿐만 아니라, 시장의 수요, 조직의 필요성, 고객의 요청사항, 기술적 진전, 법적 요구사항, 환경적 영향, 사회적 수요 등이 여기에 해당합니다. 비즈니스 사례(Business Case)는 프로젝트 승인서를 생성하는 데 사용되는 가장 일반적인 비즈니스 문서로서, 예상되는 프로젝트 결과가 해야 하는 투자를 정당화할 수 있는지에 대하여 비즈니스 관점에서 결정하는 데 필요한 정보를 제시합니다. 여기에는 프로젝트 범위를 수립하기 위한 비즈니스 요구사항과 비용–편익(Cost-Benefit) 분석이 일반적으로 포함됩니다. 프로젝트 수준보다 높은 위치의 고위 경영자가 의사결정할 때 보통 이러한 비즈니스 사례가 사용됩니다.

또 다른 입력으로 합의(Agreement)가 있습니다. 이것도 비즈니스 문서들에서 가져온 것인데요, 프로젝트에 대한 최초의 의도를 정의하는 데 사용됩니다. 계약, MOU, SLA, LOI, 이메일, 구두 합의 등의 다양한 형태로 작성된 것인데, 계약, 이메일, 구두 합의는 잘 아실 것이므로 생략하기로 하고, MOU, SLA, LOI를 알아보겠습니다. MOU는 Memorandum of Understanding의 약어로서 양해각서라고 하죠. 양해각서를 체결했다는 뉴스를 가끔 듣게 되는데, 이것은 거래를 시작하기 전에 양 당사자의 기본적인 이해를 담기 위해 작성되는 문서로, 일반적으로 그 내용이 구속력을 갖지 않습니다. 간략하게 이해한 것을 메모로 정리한 것이 되겠습니다. SLA는 Service Level Agreement의 약어로서 서비스 수준 합의라고 합니다. 서비스 제공자와 서비스 사용자간에 체결되는 서비스 계약의 일부입니다. 가령 통신 회사에 가입할 때 어떤 수준의 서비스를 제공받을 것인지를 규정하게 되죠. 어떤 수준의 서비스가 제공될 것인지를 측정이 가능한 조건으로 명시한 것입니다. MOU와 함께 사용되는 것이 LOI(Letter of Intent)입니다. 의향서라고 하죠. 최종적인 계약이 이루어지기 전에 대략적인 사항, 즉 의향을 문서화한 것입니다.

출력으로는 프로젝트 승인서와 가정 기록부가 있습니다.

프로젝트 승인서는 요청하는 조직과 수행하는 조직 간의 파트너(Partner, 동반자) 관계를 수립하기 위한 것이며, 공식적으로 프로젝트가 개시되도록 하는 문서입니다. 프로젝트는 기업 내부의 비즈니스 필요성이나 외부의 영향력에 의해서 개시됩니다. 내부 프로젝트의 경우 프로젝트 승인서가 반드시 필요하겠고, 외부 프로젝트의 경우에는 공식 계약이 합의 수립에서 선호되는 방식입니다. 하지만, 조직 내부인 경우에도 적절한 인도를 보장하기 위하여 계약을 사용할 경우가 있으며, 조직 외부인 경우에도 조직 내부의 합의를 수립하기 위하여 프로젝트 승인서를 사용할 경우가 있습니다. 프로젝트 승인서는 교환되는 돈이나 약속된 돈에 대한 고려가 없다는 점에서 계약과 차이가 있습니다.

프로젝트 개시자와 협력하여 스폰서 또는 프로젝트 관리자는 프로젝트 승인서를 개발하게 됩니다. 이러한 협력은 프로젝트 관리자가 프로젝트의 목적, 목표, 기대효과 등을 보다 잘 이해할 수 있도록 하며, 이러한 깊은 이해가 프로젝트 활용에 대한 보다 효율적인 자원 배분을 가능하게 합니다. 프로젝트가 처음 시작되는 과정에 프로젝트 관리자가 참여하지 못하면 여러 가지를 놓칠 수 있게 됩니다. 그렇게 되면 원만한 프로젝트 추진이 어렵습니다. 프로젝트를 개시한 사람들에게 많은 질문을 해야 하는 것이 불가피하게 됩니다.

따라서 프로젝트 승인서가 개발되는 동안에 프로젝트 관리자는 가능한 빨리 선정되는 것이 바람직합니다. 프로젝트 승인서가 만들어지는 것은 프로젝트를 진행하겠다는 것이고, 이 단계에서부터 프로젝트 관리자가 선정되어서 참여해야 프로젝트 문맥을 제대로 이해하게 됩니다.

프로젝트는 프로젝트 외부의 개체에 의해서 시작되는데, 이러한 외부 개체로는 스폰서(Sponsor), 프로그램(Program), PMO(Project Management Office), 포트폴리오(Portfolio) 지배 조직의 의장 등이 있습니다. 이러한 외부 개체를 프로젝트 개시자라고 부르는데, 프로젝트 개시자는 자금과 자원을 확보하는 데 적절한 수준의 사람이어야 합니다. 그리고 프로젝트 승인서를 작성하는 것은 프로젝트가 조직의 전략 및 기존 작업들과 정렬되어 있음을 검증하는 작업입니다.

보다 구체적으로 프로젝트 승인서는 프로젝트와 프로젝트가 만족시키고자 하는 제품, 서비스, 결과물에 대한 높은 수준의 정보를 정리한 것으로 다음과 같은 것들을 포함합니다.

- 프로젝트 목적
- 측정 가능한 프로젝트 목표들과 관련 성공 기준

- 높은 수준의 요구사항
- 높은 수준의 프로젝트 서술, 범위, 핵심 전달물
- 전체적인 프로젝트 리스크
- 요약 이정표 계획
- 사전 승인된 재무 자원
- 핵심 이해관계자 리스트
- 프로젝트 승인 요건
- 프로젝트 종료 기준
- 배정된 프로젝트 관리자와 권한/책임 수준
- 프로젝트 승인서를 작성하는 사람의 이름과 권한

또 다른 출력으로는 가정 기록부(Assumption Log)가 있습니다. 전략과 운영에 관한 가정들과 제약들은 프로젝트가 시작되기 이전에 작성되는 비즈니스 사례에서 확인되어 프로젝트 승인서에 흘러들어 오는데, 이후 프로젝트가 진행되면서 활동과 과업에 관한 낮은 수준의 가정들과 제약들이 추가적으로 생성되게 됩니다. 이러한 모든 가정들과 제약들을 기록하기 위하여 가정 기록부가 사용됩니다.

## 2 프로젝트 관리 계획 개발하기

프로젝트 통합 관리의 두 번째 프로세스인 프로젝트 관리 계획 개발하기(Develop Project Management Plan)는 모든 계획 구성요소들을 정의하고 준비하고 조정해서 종합적인 프로젝트 관리 계획으로 통합하는 프로세스입니다.

이 프로세스의 핵심 효용은 모든 프로젝트 작업과 작업 수행 방법의 기초를 정의하는 종합 문서를 생산하는 것입니다. 여기에서 얘기하는 종합문서는 바로 프로젝트 관리 계획을 말합니다.

이 프로세스에서 사용할 수 있는 도구와 기법으로는 전문가 판단, 데이터 수집(브레인스토밍, 체크리스트, 포커스 그룹, 인터뷰), 대인 및 팀 기술, 회의 등이 있습니다. 프로젝트 승인서 개발하기에서도 나왔던 일반적인 기법들 입니다. 다만 데이터 수집에서는 브레인스토밍, 포커스 그룹, 인터뷰 등과 함께 체크리스트(Checklist)를 사용할 수 있습니다. 자체적인 경험을 바탕으로 수립된 것이든, 아니면 해당 산업에서 사용되는 것이든 많은 회사들은 표준화된 체크리스트를 가지고 있습니다. 프로젝트 관리자가 계획을 개발하는 데 이용할 수 있는 체크리스트가 있거나, 필요한 모든 정보가 프로젝트 관리 계획에 포함되어 있음을 확인할 수 있는 체크리스트가 있다면 도움이 될 것입니다. 그리고 회의에서는 프로젝트의 목적을 공유하고, 프로젝트에 대하여 팀이 전념할 수 있도록 하며, 이해관계자의 역할과 책임에 대하여 설명하기 위하여 프로젝트 킥오프(Kick-off, 개시) 회의를 개최하게 됩니다. 일반적으로 이러한 모임은 계획이 끝나고 실행이 시작될 때쯤 하게 됩니다. 하지만 프로젝트의 특성에 따라서 킥오프 회의를 여는 시점이 달라질 수도 있습니다. 작은 프로젝트에서는 계획과 실행을 함께 하는 하나의 팀만이 있기 때문에 프로젝트 개시 이후에 바로 킥오프 회의를 개최하게 됩니다. 이와 달리 큰 프로젝트에서는 프로젝트 관리 팀이 계획의 대부분을 수행하게 되며, 그 나머지 프로젝트 팀은 이런 계획이 수립된 다음에 작업에 투입되므로, 계획이 끝나고 개발이 시작될 시점에 킥오프 회의가 개최됩니다.

이 프로세스의 구체적인 자료흐름도는 그림 3-4와 같습니다. I1으로부터 프로젝트 승인서를 받고, C3 등으로부터 구성요소 계획들과 기준선들을 받아서 프로젝트 관리 계획을 생성하여 프로젝트 관리 계획 저장소에 추가합니다.

이 프로세스의 입력으로는 프로젝트 승인서, 구성요소 계획들, 기준선들 등이 있습니다. 구성요소 계획들과 기준선들은 프로젝트 관리 계획에 포함되는 것들입니다. 구성요소 계획들은 부속 관리 계획들과 이 프로세스에서 개발된 계획들을 포함합니다.

이 프로세스의 출력으로는 프로젝트 관리 계획이 있습니다.

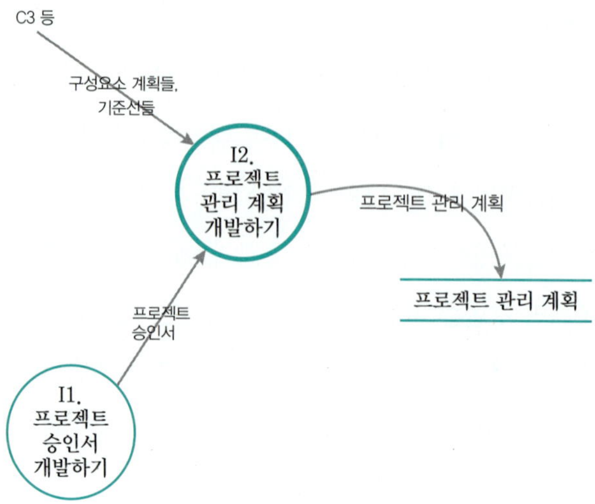


그림 3-4 프로젝트 관리 계획 개발하기의 자료흐름도

프로젝트 관리 계획(Project Management Plan)은 프로젝트가 실행되고, 감시되고, 통제되고, 종료되는 방법을 규정합니다. 그 내용은 응용 영역이나 프로젝트의 복잡도에 따라서 다릅니다. 각 구성요소 계획은 구체적인 프로젝트에 따라서 요구되는 수준으로 기술되어야 하며, 프로젝트 관리 계획은 지속적으로 변화하는 프로젝트 환경에 대응할 수 있을 정도로 강건하고(Robust) 민첩해야(Agile) 합니다. 프로젝트가 진행됨에 따라서 이러한 민첩성(Agility)이 보다 정확한 정보를 보장하게 됩니다.

프로젝트 관리 계획은 기준선들을 제시하여야 하는데, 적어도 범위, 시간, 비용에 있어서 참조할만한 기준선(Baseline)을 제시하여 프로젝트가 실행된 정도를 측정하고 비교해서 관리될 수 있도록 해야 합니다. 기준선들이 규정되기 전까지 프로젝트 관리 계획은 필요한 만큼 자유롭게 갱신될 수 있지만, 일단 기준선들이 제시되고 나면 I6. 통합 변경 통제 수행하기 프로세스를 통해서만 변경이 가능합니다. 프로그램이나 포트폴리오 하에서 운용되는 프로젝트는 프로그램이나 포트폴리오 관리 계획과 일관성이 있는 프로젝트 관리 계획을 개발해야 하겠습니다.

이러한 프로젝트 관리 계획의 주요 내용으로는 다음과 같은 구성요소들이 있습니다.

- **부속 관리 계획들:** 범위 관리 계획, 요구사항 관리 계획, 일정 관리 계획, 비용 관리 계획, 품질 관리 계획, 자원 관리 계획, 의사소통 관리 계획, 리스크 관리 계획, 조달 관리 계획, 이해관계자 참여 계획 등 다른 프로세스의 출력으로 생성된 관리 계획들
- **기준선들:** 범위 기준선, 일정 기준선, 비용 기준선 등
- **추가적인 구성요소들:** 변경 요청을 인가하고 수용하는 방식을 기술하는 변화 관리 계획, 프로젝트 항목들에 관한 정보가 기록되고 변경되는 방식을 기술하는 형상 관리 계획, 프로젝트 개시부터 종료까지 거치게 될 단계들을 기술하는 프로젝트 수명 주기, 제품, 서비스, 결과물의 개발 모형을 서술하는 개발 접근법, 프로젝트 진척도를 검토할 시점을 확인하는 관리 검토 등 이 프로세스에서 개발된 구성요소들

프로젝트 관리 계획이 프로젝트 관리의 주요 문서 중 하나이지만, 프로젝트 관리 계획의 일부가 아닌 다른 프로젝트 문서들도 프로젝트 관리에 사용됩니다. 활동 리스트, 활동 속성, 가정 기록부, 비용 추정치, 기간 추정치 등 다양한 문서들은 프로젝트를 효과적으로 관리하기 위해서 필요합니다.

지금까지 학습한 내용을 정리하면 다음과 같습니다.

- **프로젝트 통합 관리(Project Integration Management):** 프로젝트 관리를 전반적으로 계획하고 통제하는 지식 영역
- **프로젝트 승인서(Project Charter):** 요청하는 조직과 수행하는 조직 간의 파트너 관계를 수립하기 위한 문서
- **프로제트 승인서 개발하기(Develop Project Charter):** 프로젝트 승인서를 개발해서 조직 책임자들의 사인을 받아 프로젝트를 실행할 수 있게 만드는 프로세스이자, 조직의 자원을 프로젝트 활동에 사용할 권한을 프로젝트 관리자에게 부여

하는 프로세스

- **프로젝트 관리 계획 개발하기(Develop Project Management Plan)**: 모든 계획 구성 요소들을 정의하고 준비하고 조정해서 종합적인 프로젝트 관리 계획으로 통합하는 프로세스

## 3 프로젝트 작업 지시 및 관리하기

프로젝트 관리 계획을 만들고 난 후에 이루어지는 작업 중의 하나가 프로젝트 통합 관리의 세 번째 프로세스인 프로젝트 작업 지시 및 관리하기(Direct and Manage Project Work)입니다. 이 프로세스는 프로젝트 관리 계획에 정의된 작업을 이끌어 수행하고, 승인된 변경을 구현하는 프로세스입니다. 프로젝트 관리자는 프로젝트 관리 팀과 함께 계획된 프로젝트 활동의 실행을 지시하고, 다양한 기술적·조직적 접점을 관리해야 합니다. 프로젝트 실행 중에는 작업 성과 데이터가 수집되고, 이렇게 수집된 데이터는 분석을 위한 통제 프로세스로 전달되게 됩니다. 작업 성과 데이터를 분석해 보면 프로젝트 성과에 대한 적절한 세부 사항을 얻을 수 있을 뿐만 아니라, 미래의 작업 성과를 개선하기 위한 교훈을 학습해서 사용할 수도 있습니다.

이 프로세스의 핵심 효용은 프로젝트 작업과 전달물들을 전체적으로 관리하여 프로젝트 성공 확률을 향상시키는 것입니다. 이 프로세스는 프로젝트의 모든 과정에 걸쳐서 수행되는데, 가용 자원이 배정되고, 자원의 효율적 사용이 관리되고, 작업 성과 데이터를 분석해서 나온 계획 변경이 수행됩니다.

이 프로세스에서 사용할 수 있는 도구와 기법으로는 전문가 판단, 회의, 프로젝트 관리 정보시스템 등이 있습니다. 전문가 판단과 회의는 앞에서 살펴보았으므로, 여기서는 프로젝트 관리 정보시스템에 대하여 알아보기로 하겠습니다.

프로젝트 관리 정보시스템(Project Management Information System, PMIS)은 일

정계획, 비용, 성과 등 프로젝트 관리를 지원하는 자동화된 도구들을 제공하는 시스템입니다.

이 프로세스의 자료흐름도는 그림 3-5와 같습니다. I3 프로세스에서는 프로젝트 관리 계획을 입력으로 받아서 프로젝트 작업 지시 및 관리하기를 실행하게 되며, 그 과정에서 변경이 필요할 경우에는 I6에 변경 요청을 하게 되고, 이후에 승인된 변경 요청을 받게 되면 실제로 변경이 이루어지게 됩니다. 이러한 변경으로 인해서 프로젝트 관리 계획의 갱신이 필요하면 프로젝트 관리 계획에 이를 반영하게 됩니다. 그리고 전달물들을 I4, I6뿐만 아니라 다른 지식 영역의 Q3에, 작업 성과 데이터를 SC5, SC6, SD6, CO4, Q3, RE6, CC3, RI7, P3, SH4 등 다른 지식 영역의 프로세스들에 전달합니다.

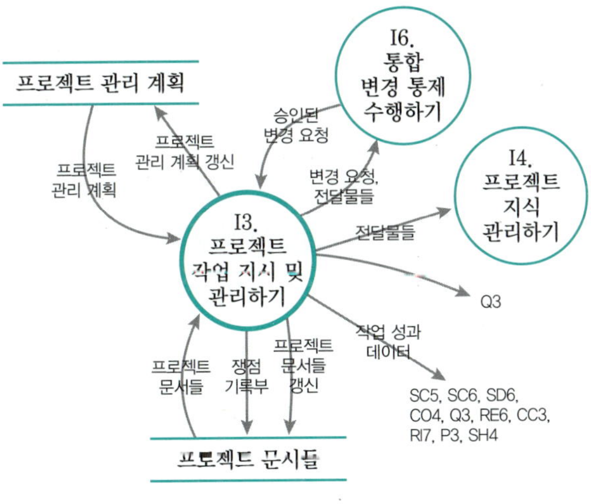


그림 3-5 프로젝트 작업 지시 및 관리하기의 자료흐름도

이 프로세스의 입력으로는 프로젝트 관리 계획과 프로젝트 문서들, 승인된 변경 요청이 있습니다. 프로젝트 관리 계획은 I2에서 살펴보았고, 이 프로세스에서 주로 사용되는 프로젝트 문서들로는 변경 기록부, 학습된 교훈 등록부, 이정표 리스트, 프로젝트 의사소통, 프로젝트 일정, 요구사항 추적가능성 표, 리스크 등록부, 리스크 보고서 등이 있습니다. 이들 각각에 대해서는 각각을 출력으로 생성하는 프로세스에서

자세히 설명하도록 하겠습니다. 승인된 변경 요청(Approved Change Request)은 프로젝트 관리자 또는 변경통제위원회(Change Control Board, CCB)에 의해서 검토되어 승인된 변경 요청을 말합니다.

이 프로세스의 출력으로는 전달물들, 작업 성과 데이터, 쟁점 기록부, 변경 요청, 프로젝트 관리 계획 갱신, 프로젝트 문서들 갱신이 있습니다.

전달물들(Deliverables)은 프로젝트, 단계, 프로세스를 완료하기 위하여 생산이 요구되는 유일하게 확인 가능한 제품, 결과물, 서비스 수행 능력 등을 지칭합니다. 어떤 전달물의 첫 버전이 완성되고 나면 변경 통제가 적용되어야 하며, 이후 만들어진 다수의 버전에 대한 통제는 형상 관리 도구와 절차에 의해서 지원됩니다.

작업 성과 데이터(Work Performance Data)는 프로젝트 작업을 수행하기 위하여 활동들이 실행되는 동안에 확인된, 가공되지 않은 관찰과 측정 데이터를 말합니다. 이러한 데이터의 사례로는 완료된 작업, 핵심 성과 지표(Key Performance Indicator, KPI), 기술적 성과 측정치, 일정상 활동들의 실제 시작일과 종료일, 전달물들의 상태, 일정 진척도, 변경요청 수, 결함 수, 실제 발생된 비용 등이 있습니다.

쟁점 기록부(Issue Log)는 모든 프로젝트 쟁점들이 기록되고 추적되는 프로젝트 문서입니다. 한 프로젝트의 수명 주기에 걸쳐서 프로젝트 관리자는 갑자기 어떤 문제나 갈등, 공백, 일치하지 않는 사항들과 마주하게 됩니다. 이런 쟁점들이 프로젝트 성과에 영향을 미치지 않도록 프로젝트 관리자는 어떤 조치를 취할 뿐만 아니라, 해결될 때까지 추적/관리해야 합니다. 이를 위해서 쟁점 유형, 쟁점을 제기한 사람, 쟁점이 제기된 시점, 설명, 우선순위, 쟁점에 배정된 사람, 목표 해결일, 상태, 최종 해법 등을 쟁점 기록부에 정리하는 것입니다. 쟁점은 프로젝트가 진행되는 동안 언제든 발생할 수 있지만, 쟁점 기록부는 이 프로세스에서 처음으로 생성되며, 이후 통제 및 감시 활동들의 결과에 따라서 갱신됩니다.

변경 요청(Change Request)은 문서, 전달물, 기준선 등을 수정할 것을 제안하는 공식 요청입니다. 쟁점이 발견되었을 때 변경 요청이 제출될 수 있으며, 프로젝트에 대한 부정적 영향을 미연에 방지하기 위해 꼭 필요한 예방적이고 교정적인 행위들을 포괄하기도 합니다. 이러한 변경 요청은 프로젝트 내부뿐만 아니라 외부에서도 시작될 수 있습니다.

이러한 변경 요청으로는 크게 네 가지가 있습니다. 교정 활동(Corrective Action)은 프로젝트 작업 성과를 프로젝트 관리 계획과 재조정하는 의도적 활동입니다. 프로젝트 작업 성과가 프로젝트 관리 계획과 맞지 않는 사항이 있을 때 교정하는 활동입니다. 예방 활동(Preventive Action)은 미래의 프로젝트 작업 성과가 프로젝트 관리 계획과 일치되도록 보장하는 의도적 활동입니다. 미래의 결과에 대해 염려가 되는 부분이 있을 때 이를 예방하기 위한 활동입니다. 그리고 결점 수리(Defect Repair)는 부적합한 제품 또는 제품 요소를 수정하는 의도적 활동입니다. 갱신(Update)은 추가되거나 수정된 아이디어와 내용을 반영하기 위하여 공식적으로 통제되는 프로젝트 문서나 계획 등을 변경하는 것을 의미합니다.

프로젝트 관리 계획 갱신은 각종 계획 및 기준선의 변경으로 인하여 프로젝트 관리 계획을 갱신하는 것으로, 프로젝트 관리 계획이 모든 구성요소들을 포함합니다. 프로젝트 문서들 갱신은 이 프로세스를 수행한 결과 변경되어야 할 프로젝트 문서들을 갱신하는 것으로, 활동 리스트, 가정 기록부, 학습된 교훈 등록부, 요구사항 기록 문서, 리스크 등록부, 이해관계자 등록부 등을 포함합니다. 이러한 갱신은 프로젝트 변경 통제 프로세스에 변경 요청을 해서 승인받는 과정을 거치게 됩니다.

## 4 프로젝트 지식 관리하기

프로젝트 통합 관리의 네 번째 프로세스인 프로젝트 지식 관리하기(Manage Project Knowledge)는 기존 지식 사용과 새로운 지식 생성을 통해서 조직 목표를 달성하고, 조직 학습에 기여하기 위한 프로세스입니다.

이 프로세스의 핵심 효용은 기존 조직 지식이 프로젝트 결과물들을 생성하거나 개선하는 데 이용되고, 이 프로젝트에서 생성된 지식이 미래의 프로젝트나 단계를 지원할 수 있도록 하는 데 있습니다. 지식은 보통 단어, 그림, 숫자를 사용해서 즉시 표현될 수 있는 명시적 지식(Explicit Knowledge)과 개인적이며 표현하기 어려운 암묵적 지식(Tacit Knowledge)으로 구분되는데, 지식 관리는 기존의 명시적/암묵적 지식을 재사용하고 새로운 지식을 생성하기 위한 것입니다. 여기에 필요한 핵심 활동으로는 지식 공유와 지식 통합이 있습니다.

지식 관리에 대해 일반적으로 오해하기 쉬운 점은 지식 관리가 단순히 지식을 문서화하는 것만을 의미한다거나 미래 프로젝트들에서 사용하기 위하여 프로젝트 종료 시점에 학습된 교훈을 획득하는 것만을 의미한다고 생각하는 것입니다. 표현된 명시적 지식만이 이런 방식으로 공유될 수 있지만, 표현된 명시적 지식은 사용 문맥이 결여되어 있고 다양한 해석이 가능해서 항상 올바로 이해되거나 적용되지 못합니다. 암묵적 지식은 이러한 문맥을 가지고 있지만 표현하기가 매우 어렵습니다. 그래서 개별 전문가의 마음이나 사회적 그룹 속에 내재하고 있어서 대화와 같은 상호작용을 통해서 공유될 수 있습니다.

조직의 관점에서 보면, 지식 관리는 프로젝트 팀과 이해관계자들의 기법, 경험, 전문지식이 주어진 프로젝트 이전과 진행 중에 사용되었음을 확인하는 것입니다. 지식이 사람들 마음 속에 내재하고 있고, 사람들이 알고 있는 지식을 공유하도록 강제할 수 없기 때문에, 지식 관리의 가장 중요한 부분은 신뢰의 분위기를 만들어서 사람들이 지식을 공유하는 데 동기를 부여받게 만드는 것입니다. 사람들이 자신이 알고 있는 것을 공유하고자 하거나 다른 사람이 알고 있는 것에 관심을 가질 동기가 부여되지 않는다면, 가장 훌륭한 지식 관리 도구와 기법도 작동하지 않을 것입니다.

이 프로세스에서 사용할 수 있는 도구와 기법들로는 전문가 판단, 지식 관리, 정보 관리, 대인관계 및 팀 기술 등이 있습니다. 여기서는 지식 관리와 정보 관리에 대해서 알아보도록 하겠습니다.

지식 관리(Knowledge Management)는 프로젝트 팀과 이해관계자들의 기법, 경험, 전문지식이 주어진 프로젝트 이전과 이후, 그리고 진행 중에 사용됨을 보장하는 것입니다.

정보 관리(Information Management)에서는 정보 관리 도구들을 이용하여 사람들을 정보로 연결하며, 교훈 작성자와의 연결 버튼을 교훈 옆에 배치하는 경우와 같이 상호작용 요소를 추가함으로써 사람들과의 정보 연결을 향상시킬 수 있습니다.

이 프로세스의 자료흐름도는 그림 3-6과 같습니다. I3로부터 받은 전달물들과 함께, 프로젝트 관리 계획과 프로젝트 문서들을 이용해서, 학습된 교훈 등록부와 프로젝트 관리 계획 갱신을 생성합니다.

입력으로는 전달물들, 프로젝트 관리 계획, 프로젝트 문서들이 있습니다. 이 프로세스에서는 프로젝트 관리 계획의 모든 구성요소가 사용됩니다. 이 프로세스에서 주로 사용되는 프로젝트 문서들로는 학습된 교훈 등록부, 프로젝트 팀 배정, 자원 분해구조, 이해관계자 등록부 등이 있습니다.

출력으로 학습된 교훈 등록부, 프로젝트 관리 계획 갱신 등이 있습니다.

학습된 교훈 등록부(Lessons Learned Register)는 학습 상황의 범주와 설명을 포함하며, 그것의 영향, 권고, 제안된 행위, 도전, 문제점, 파악된 리스크와 기회 등에 대해서 추가로 기록할 수 있습니다. 프로젝트 초기에 이 프로세스에서 생성된 학습된 교훈 등록부는 이후 프로젝트가 진행되면서 많은 프로세스들에서 입력으로 사용되며 출력으로 갱신됩니다. 이 작업에 참여하는 개인이나 팀은 학습된 교훈을 포착하는 데 있어서도 개입하게 됩니다. 프로젝트나 단계가 종료되면 이러한 정보는 학습된 교훈 저장소라고 불리는 조직 프로세스 자산으로 이전됩니다.

프로젝트 관리 계획 갱신은 프로젝트 관리 계획의 모든 구성요소들을 포함합니다.

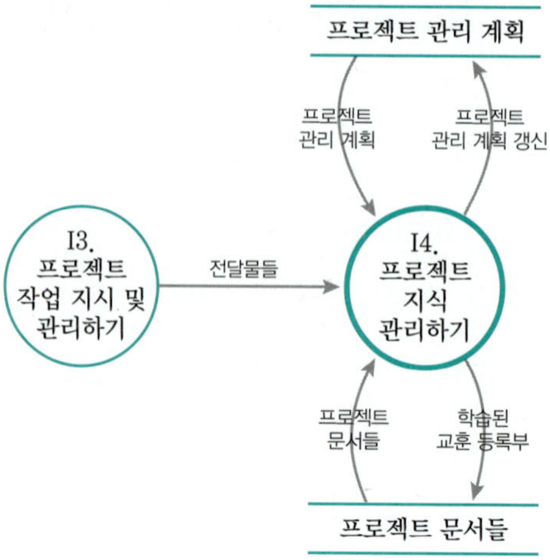


그림 3-6 프로젝트 지식 관리하기의 자료흐름도

## 5 프로젝트 작업 감시 및 통제하기

프로젝트 통합 관리의 다섯 번째 프로세스인 프로젝트 작업 감시 및 통제하기(Monitor and Control Project Work)는 프로젝트 관리 계획에 정의된 성과 목표를 만족시키기 위하여 작업 진행을 추적·검토·보고하는 프로세스입니다. 이 프로세스는 프로젝트 전반에 걸쳐서 수행됩니다. 여기에서 감시(Monitoring)는 프로세스를 개선하기 위하여 측정치와 추세를 수집하고, 측정하고 평가하는 것입니다. 지속적인 감시는 프로젝트의 건강함에 대해 프로젝트 관리 팀이 통찰을 가질 수 있도록 하며, 특별한 관심이 필요한 부분들을 확인할 수 있도록 해줍니다. 통제(Control)는 교정 활동과 예방 활동을 결정하고, 취해진 활동이 성과 쟁점을 해결했는지를 결정하기 위하여 활동 계획을 재수립하거나 추적하는 것을 포함합니다.

이 프로세스에서 담당하는 주요 업무는 다음과 같습니다.

- 프로젝트 관리 계획 대비 실제 성과를 비교하기
- 교정 활동이나 예방 활동이 필요한지를 결정하기 위하여 주기적으로 성과를 평가하고, 필요한 것으로 권고하기
- 각각의 프로젝트 리스크를 확인하기
- 프로젝트의 제품과 관련된 문서화에 관한 정확하고 시기적절한 정보 기반을 유지하기
- 상태 보고, 진척도 측정, 예측을 지원하기 위한 정보 제공하기
- 현재의 비용과 현재의 일정 정보를 갱신하기 위한 예측치를 제공하기
- 승인된 변경이 구현되는 일들을 감시하기
- 프로젝트가 어떤 프로그램의 일부분인 경우, 프로젝트 진척도와 상태에 대해 프로그램 관리 부서에 적절하게 보고하기
- 프로젝트가 비즈니스 요구사항과 정렬되어 있음을 확인하기

이 프로세스의 핵심 효용은 이해관계자가 프로젝트의 현황을 이해하고, 성과에서의 쟁점을 해결하기 위해 취해진 조치들을 인식하고, 비용과 일정 예측치를 가지고 미래의 프로젝트 상태를 가시화해볼 수 있도록 하는 것입니다.

이 프로세스에서 사용할 수 있는 도구와 기법으로는 전문가 판단, 회의, 데이터 분석(대안 분석, 비용–편익 분석, 획득 가치 분석, 근본 원인 분석, 변동 분석, 추세 분석), 의사결정(투표 등) 등이 있습니다. 여기서는 데이터 분석에 대하여 간략히 알아보도록 하겠습니다.

대안 분석(Alternatives Analysis)은 편차가 발생했을 때 어떤 교정/예방 행위들을 선택할 것인지를 검토하는 데 사용됩니다.

비용–편익 분석(Cost-Benefit Analysis)은 편차가 발생했을 때 비용 관점에서 최선의 교정 활동을 결정하는 데 도움을 줍니다.

획득 가치 분석(Earned Value Analysis)은 범위, 일정 및 비용 성과에 대한 통합적

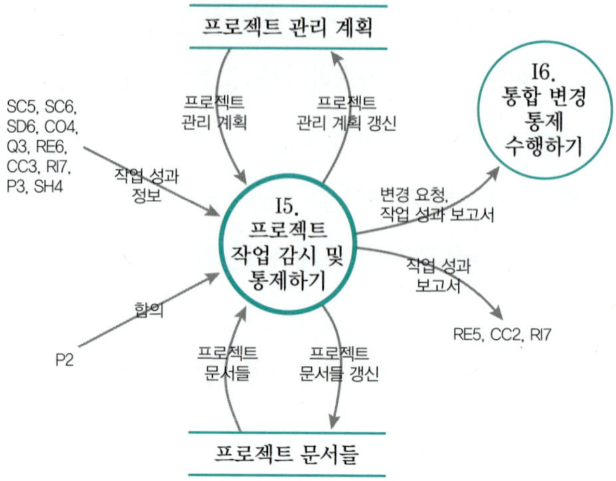


그림 3-7 프로젝트 작업 감시 및 통제하기의 자료흐름도

관점을 제공하는 획득 가치에 대한 분석입니다.

근본 원인 분석(Root Cause Analysis)는 주어진 문제의 주된 이유를 확인하는 데 집중하는 분석입니다. 편차의 이유를 확인하거나 프로젝트 관리자가 집중해야 할 분야를 확인하는 데 이용될 수 있습니다.

변동 분석(Variance Analysis)은 계획 성과와 실제 성과 간의 차이(변동)를 검토하는 분석입니다. 추세 분석(Trend Analysis)은 과거의 결과를 바탕으로 미래의 성과를 예측하는 분석입니다. 추세 분석의 결과는 예방 활동을 권고하는 데 이용될 수 있습니다.

이 프로세스의 자료흐름도는 그림 3-7과 같습니다. 프로젝트 관리 계획과 프로젝트 문서들, 그리고 작업 성과 정보와 합의를 입력으로 받아들여, 변경요청과 작업 성과 보고서를 생성하고, 프로젝트 관리 계획과 프로젝트 문서들을 갱신하게 됩니다. 작업 성과 정보는 SC5, SC6, SD6, CO4, Q3, RE6, CC3, RI7, P3, SH4로부터, 합의는 P2로부터 받게 됩니다. 변경 요청이나 작업 성과 보고서를 생성하여 I6로 보내줍니다. 그리고 작업 성과 보고서는 RE5, CC2, RI7 등 다른 지식 영역의 프로세스들로도 보내줍니다.

입력으로는 프로젝트 관리 계획, 프로젝트 문서들, 작업 성과 정보, 합의가 있습니다. 이 프로세스에서는 프로젝트 관리 계획의 모든 구성요소들이 사용됩니다. 이 프로세스에서 주로 사용되는 프로젝트 문서들로는 가정 기록부, 추정치 기준, 비용 추정치, 쟁점 기록부, 학습된 교훈 등록부, 이정표 리스트, 품질 보고서, 리스크 등록부, 리스크 보고서, 일정 예측치 등이 있습니다. 작업 성과 정보(Project Performance Information)는 작업을 실행하면서 얻어진 작업 성과 데이터를 프로젝트 관리 계획, 프로젝트 문서들, 프로젝트 변수들과 비교하여 프로젝트가 어떻게 수행되고 있는지를 알려주는 정보입니다. 조달에서의 합의는 약정과 조건을 비롯하여 판매자가 수행하거나 제공할 것에 대하여 구매자가 규정하는 내용도 포함될 수 있습니다.

출력으로는 변경 요청, 작업 성과 보고서, 프로젝트 관리 계획 갱신, 프로젝트 문서들 갱신 등이 있습니다.

변경 요청은 계획된 결과와 실제 결과를 비교하여, 프로젝트 범위, 제품 범위, 품질 요구사항 등을 확장·조정·감축하도록 하는 요청으로, 새로운 요구사항의 수집과 문서화를 필요로 할 수 있으며, 프로젝트 관리 계획 등 다른 부분에도 영향을 미치게 됩니다. 변경 요청은 검토와 정렬을 위해서 I6를 통해서 처리됩니다. 작업 성과 보고서는 인식할 수 있거나 의사결정 할 수 있도록, 작업 성과 정보를 기록·저장·분배하여 물리적으로 또는 전자적으로 표현한 것입니다.

작업 성과 보고서(Work Performance Report) 사례로서 상태 보고서와 신척노 보고서를 들 수 있습니다.

I6를 통해서 확인된 변경 사항들은 프로젝트 관리 계획과 프로젝트 문서들에 영향을 미칠 수 있습니다. 프로젝트 관리 계획 갱신은 모든 포르젝트 관리 계획 구성요소들을 포함합니다. 프로젝트 문서들 갱신은 비용 예측치, 쟁점 기록부, 학습된 교훈 등록부, 리스크 등록부, 일정 예측치 등을 포함합니다.

지금까지 학습한 내용을 정리하면 다음과 같습니다.

- **프로젝트 작업 지시 및 관리하기(Direct and Manage Project Work)**: 프로젝트 관리 계획에 정의된 작업을 이끌어 수행하고, 승인된 변경을 구현하는 프로세스
- **프로젝트 지식 관리하기(Manage Project Knowledge)**: 기존 지식 사용과 새로운 지식 생성을 통해서 조직 목표를 달성하고, 조직 학습에 기여하기 위한 프로세스
- **프로젝트 작업 감시 및 통제하기(Monitor and Control Project Work)**: 프로젝트 관리 계획에 정의된 성과 목표를 만족시키기 위하여 작업 진행을 추적·검토·보고하는 프로세스

## 6 통합 변경 통제 수행하기

프로젝트 통합 관리의 여섯 번째 프로세스인 통합 변경 통제 수행하기(Perform Integrated Change Control)는 모든 변경 요청을 검토하여 변경을 승인하고, 전달물들, 프로젝트 문서들, 프로젝트 관리 계획에 대한 변경을 관리하며, 이러한 의사결정을 소통하는 프로세스입니다. 프로젝트가 착수되어 완료될 때까지 수행되며, 프로젝트 관리자의 궁극적 책무 중 하나입니다. 변경 요청은 프로젝트 관리 계획이나 프로젝트 문서들뿐만 아니라 프로젝트 범위와 제품 범위에 영향을 미칠 수 있습니다. 변경은 프로젝트에 참여하는 어떤 이해관계자에 의해서도 요청될 수 있으며, 프로젝트 수명 주기의 어떤 시점에서도 발생할 수 있습니다. 변경 통제의 수준은 응용 분야, 프로젝트의 복잡도, 계약 요구사항, 프로젝트가 수행되는 환경 등에 의존합니다.

기준선이 수립되기 이전에는 변경이 이 프로세스에 의해서 공식적으로 통제될 필요는 없습니다. 하지만 일단 기준선이 수립되고 나면, 변경 요청은 이 프로세스를 통해서 이루어져야 합니다. 그리고 변경이 구두로 시작되었더라도 문서 양식으로 기록되어 변경 관리 시스템 또는 형상 관리 시스템에 입력되어야 합니다. 변경 관리 시스템은 변경 관리를 담당하는 시스템이고, 형상 관리 시스템은 형상 관리를 담당하는 시

스템일 텐데요, 형상 관리는 자주 듣지 못한 주제일 것입니다. 여기서 형상 관리(Configuration Management)는 형상/형태를 이루는 요소들의 기능적 특성이나 물리적 특성을 문서화하고, 이들 특성의 변경을 관리하는 것입니다.

필요한 경우 변경통제위원회(Change Control Board, CCB)를 두어 변경에 대한 검토, 평가, 승인, 연기, 거절 등의 책임을 맡고, 이와 같은 결정을 기록하고 공유하고 소통해야 하겠습니다. CCB의 승인을 받은 변경 요청 중 일부는 고객과 스폰서의 관심사와 밀접하게 관련되어 있어서 고객이나 스폰서의 승인이 요구됩니다.

변경 승인 전에 일정이나 비용에 대한 영향에 대하여 추정이 요구될 수 있습니다. 변경 요청이 프로젝트 기준선에 어떤 영향을 미칠 때마다 공식적인 통합 변경 통제 프로세스가 항상 필요합니다. 모든 문서화된 변경 요청은 책임이 있는 개인(일반적으로 프로젝트 스폰서 또는 프로젝트 관리자)에 의해서 승인되거나 연기되거나 거절되어야 합니다. 이러한 책임이 있는 개인은 프로젝트 관리 계획이나 조직 절차에 의해서 확인됩니다.

이 프로세스의 핵심 효용은 전체적인 고려 없이 이루어지는 변경으로 인해서 발생하는 프로젝트 리스크를 감소시키고, 통합된 형태로 이루어지는 문서화된 변경이 가능하다는 것입니다. 전체적인 프로젝트 목표나 계획에 대한 고려 없이 변경이 이루어지면 어떤 일이 발생할까요? 한 곳에서 바뀌면 연관된 곳에서도 변경이 이루어져야 하는데, 그렇지 못하면 문제가 발생하겠죠. 시간에 쫓기다 보면 기록을 남기지 못하고 변경이 이루어지는 경우도 있습니다. 개인적으로도 기억하지 못할 수 있고, 조직 구성원이 바뀌면서 이전에 이루어진 변경을 전혀 파악할 수 없는 경우도 있겠습니다. 이와 달리 전체적인 프로젝트 리스크를 고려하면서 통합적인 방식으로 문서화된 변경을 가능하게 해준다는 점에 이 프로세스의 핵심 효용이 있습니다.

이 프로세스에서 사용할 수 있는 도구와 기법으로는 전문가 판단, 데이터 분석(대안 분석, 비용-편익 분석 등), 의사결정(투표, 독재적 의사결정, 다기준 의사결정 등), 회의, 변경 통제 도구 등이 있습니다. 여기서는 변경 통제 도구에 대해서 알아보도록 하겠습니다.

변경 통제 도구(Change Control Tool)는 형상 관리와 변경 관리를 편리하게 하기 위하여 사용되는 수동이나 자동 도구를 지칭합니다. 형상 관리는 전달물과 프로세스를 명세서로 만드는 것에 중점을 두는 반면에, 변경 관리는 프로젝트 문서들, 기준선 등에 대한 변경을 확인하고, 문서화하고, 승인하고, 거절하는 것에 중점을 둡니다. 변경 통제 도구의 선택은 이해관계자의 필요에 바탕을 두어야 하며, 형상 항목 식별하기, 형상 항목 상태 기록 및 보고하기, 형상 항목 검증 및 감사 수행하기 등의 형상 관리 활동들을 지원해야 합니다. 또한 변경을 식별하고, 변경을 문서화하여 변경 요청을 만들고, 변경에 대해 결정하고, 변경을 추적하는 등이 변경 관리 활동들을 지원해야 합니다. 변경 요청과 의사결정 내용에 대해서도 관리가 지원되어야 하며, 의사결정 내용을 적절한 이해관계자에게 배포하거나, CCB 구성원에 대한 의사소통 지원도 고려되어야 합니다.

이 프로세스의 자료흐름도는 그림 3-8과 같습니다. 프로젝트 관리 계획과 프로젝트 문서들, 변경 요청, 그리고 작업 성과 보고서를 바탕으로, 승인된 변경요청을 생성하고, 프로젝트 관리 계획과 프로젝트 문서들을 갱신하게 됩니다. 변경 요청은 I3, I5

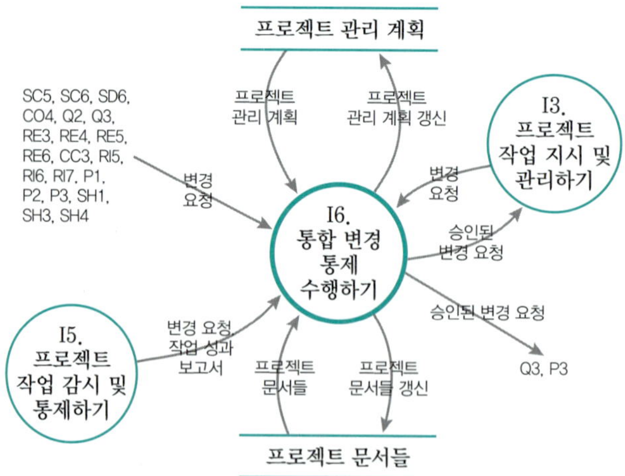


그림 3-8 통합 변경 통제 수행하기의 자료흐름도

뿐만 아니라 다른 지식 영역의 SC5, SC6, SD6, CO4, Q2, Q3, RE3, RE4, RE5, RE6,

CC3, RI5, RI6, RI7, P1, P2, P3, SH1, SH3, SH4로부터도 받게 됩니다. I5로부터는 작업 성과 보고서도 받습니다. 그리고 변경 요청에 대한 심사를 해서 승인된 변경 요청을 I3에 알려줍니다. 다른 지식 영역의 Q3, P3에도 승인된 변경 요청을 알려줍니다.

이 프로세스의 입력으로는 프로젝트 관리 계획과 프로젝트 문서들, 변경 요청, 그리고 작업 성과 보고서가 있습니다. 이 프로세스에서 주로 사용되는 프로젝트 관리 계획으로는 변경 관리 계획, 형상 관리 계획, 범위 기준선, 일정 기준선, 비용 기준선 등이 있습니다. 이 프로세스에서 주로 사용되는 프로젝트 문서들로는 추정치 근거, 요구사항 추적가능성 표, 리스크 보고서 등이 있습니다.

이 프로세스의 출력으로는 승인된 변경 요청, 프로젝트 관리 계획 갱신, 프로젝트 문서들 갱신이 있습니다.

승인된 변경 요청은 I3를 통해서 구현되게 되며, 연기되거나 거절된 변경 요청은 변경을 요청한 개인이나 그룹에게 통지됩니다. 모든 변경 요청에 대한 처리 사항은 변경 기록부에 기록됩니다. 공식적으로 통제되는 프로젝트 관리 계획의 모든 구성요소들은 이 프로세스의 결과에 따라서 변경(프로젝트 관리 계획 갱신)될 수 있습니다. 당연한 얘기지만, 과거의 성과는 변경되지 않으며, 변경 시점 이후의 기준선만 변경될 수 있습니다.

프로젝트 문서들 갱신은 변경 기록부 등을 포함합니다.

## 7 프로젝트 또는 단계 종료하기

프로젝트 통합 관리의 마지막 프로세스인 프로젝트 또는 단계 종료하기(Close Project or Phase)는 공식적으로 프로젝트 또는 단계를 완료하기 위하여 모든 활동들을 마감하는 프로세스입니다. 프로젝트 관리자는 프로젝트 또는 단계를 종료할 때 모든 프로젝트 작업들이 완료되었고, 프로젝트의 목표가 달성되었음을 보장하기 위하여 프로젝트 관리 계획을 검토해야 합니다. 이 프로세스에서는 프로젝트가 완료되지 못

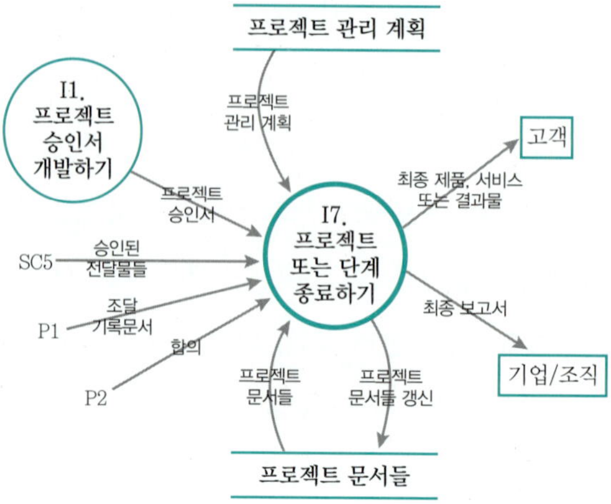


그림 3-9 프로젝트 또는 단계 종료하기의 자료흐름도

하고 끝났을 때의 이유를 조사하고 문서화하는 절차를 수립하기도 해야 합니다.

이 프로세스의 핵심 효용은 프로젝트 또는 단계 정보가 보관되고, 계획된 작업이 완료되고, 팀 자원을 해제하여 새로운 노력을 추구할 수 있도록 하는 것입니다.

이 프로세스에서 사용할 수 있는 도구와 기법으로는 전문가 판단, 데이터 분석(문서 분석, 회귀 분석, 추세 분석, 변동 분석 등), 회의 등이 있습니다.

이 프로세스의 자료흐름도는 그림 3-9와 같습니다. 프로젝트 관리 계획과 프로젝트 문서들, 프로젝트 승인서, 승인된 전달물들, 조달 기록문서, 합의를 받아서, 프로젝트 문서들을 갱신하고, 최종 제품, 서비스, 또는 결과물을 고객에게 이전하게 됩니다. 프로젝트 승인서는 I3로부터, 승인된 전달물들은 SC5로부터, 조달 기록문서는 P1으로부터, 합의는 P2로부터 받습니다.

이 프로세스의 입력으로는 프로젝트 관리 계획과 프로젝트 문서들, 프로젝트 승인서, 승인된 전달물들, 조달 기록문서, 합의가 있습니다. 승인된 전달물들(Accepted Deliverables)은 승인된 제품 명세서, 인도수령증(Delivery Receipt), 작업 성과 문서 등을 포함하며, 다단계 프로젝트 또는 취소된 프로젝트에 대한 부분/중간 전달물들이 포함될 수도 있습니다. 공식적인 조달의 종료를 위한 요구사항은 계약의 약정과 조건에 정의되어 있기 때문에, 합의가 입력으로 필요합니다. 또한 학습된 교훈이나 계약자 평가를 위해 모든 조달 기록문서가 수집되어 정리되어야 합니다.

출력으로는 프로젝트 문서들 갱신, 최종 제품, 서비스, 또는 결과물, 최종 보고서가 있습니다. 모든 프로젝트 문서들은 프로젝트 종료의 결과로서 최종 버전으로 갱신되고 표시될 수 있습니다. 특별한 관심이 필요한 프로젝트 문서로는 학습된 교훈 등록부인데, 이것은 프로젝트 또는 단계 종료에 관한 최종 정보를 포함해서 마무리되어야 합니다. 프로젝트에서 생성된 최종 제품, 서비스 또는 결과물을 고객에게 이전하여 고객이 이를 작동시키고 유지하는 것을 말합니다. 최종 보고서는 프로젝트 성과에 대한 요약을 제공하며, 다음과 같은 정보를 포함합니다.

- 프로젝트 또는 단계에 관한 요약 수준의 설명
- 범위 목표, 범위 평가 기준, 그리고 완료됨의 증거
- 품질 목표, 프로젝트와 제품의 품질 평가 기준, 확인과 근거
- 비용 목표, 수용 가능한 비용 범위, 실제 비용, 변동의 근거
- 최종 제품, 서비스 또는 결과물에 대한 타당성 정보 요약

지금까지의 학습한 내용을 정리하면 다음과 같습니다.

**핵심정리**

- 통합 변경 통제 수행하기(Perform Integrated Change Control): 모든 변경 요청을 검토하여 변경을 승인하고, 전달물들, 프로젝트 문서들, 프로젝트 관리 계획에 대한 변경을 관리하며, 이러한 의사결정을 소통하는 프로세스
- 프로젝트 또는 단계 종료하기(Close Project or Phase): 공식적으로 프로젝트 또는 단계를 완료하기 위하여 모든 활동들을 마감하는 프로세스

## 생각해보기

다음 내용은 톰 디 마르코의 "데드라인"에 나오는 이야기입니다. 프로젝트 관리와 관련해서 변화 관리를 위해서 필요한 것이 무엇인지를 생각해보시기 바랍니다.

(공장을 건설할 장소에서 화강암 암석이 발견되자 현장 관리자인 모폴카는 건설 지연에 대한 염려로 안절부절한다. 공장 부지를 서쪽으로 약간 옮기자는 톰킨스의 주장에도 계획을 바꿀 수 없다며 다음과 같이 주장한다.)

"제가 계획을 바꿔버리면, 많은 시간을 허비해서 결국 차질이 생기게 됩니다. 그리고 그렇게 차질이 생기면, 다 제 잘못이 되잖습니까. 왜냐하면 제가 공장을 옮기기로 결정했으니까요. 모르시겠습니까? 하지만 지금 이 상태로 간다면, 만약 늦어지더라도 제 잘못이 전혀 아닌 게 되죠. 이해해 주시길 바랍니다. 국장님께서 이해하시는 것이 정말로 중요하거든요. 그리고 누군가가 새로운 공장 부지를 좋아하지 않는다고 생각해 보십시오. 그럼 그게 누구 책임이겠습니까? 제 책임이 될 겁니다."

(약 30피트 정도 서쪽으로 옮기면 공장 기초가 바로 화강암 위에 올라설 것이고, 그러면 기초를 전혀 세우지 않아도 된다는 톰킨스의 제안에도 모폴카는 계획에 어긋나는 일이라며 항변하자, 톰킨스는 자신이 책임지겠다며 이제 자신 밑에서 일하는 것이고, 자신을 위해서 좋은 공장 하나 짓는다고 생각하라고 설득한다. 벌겋게 달아오른 얼굴로 사무실에 돌아온 톰킨스는 왈도에게 왜 모폴카가 공포에 떨고 있는지를 물어보면서, 변화에 대하여 설명한다.)

"사람들은 안전하다고 느끼지 않는 한 변화를 수용하지 않아. 변경은 프로젝트를 성공시키기 위해서 필수적이야. 그리고 안전성이 부족하면 사람들은 위험을 감수하려고 하지 않지. 위험을 피하게 되면 위험과 연관되어 있는 이점도 놓치기 때문에 치명적이야."

## 연습문제

**1.** 다음 중에서 통합 관리 프로세스가 아닌 것은?

① Develop Project Charter
② Develop Project Management Plan
③ Direct and Manage Project Work
④ Collect Requirements

**2.** 프로젝트 승인서에 대한 설명으로 잘못된 것은?

① 프로젝트 승인서는 프로젝트를 공식적으로 출발시킴
② 프로젝트 승인서가 개발되는 동안에 프로젝트 관리자는 선정될 필요가 없음
③ 프로젝트 승인서가 프로젝트 관리자에게 프로젝트를 계획하고 실행할 권한을 부여함
④ 프로젝트 승인서를 작성하는 것은 프로젝트가 조직의 전략 및 기존 작업들과 정렬되어 있음을 검증하는 작업임

**3.** 프로젝트 관리 계획의 주요 내용이 아닌 것은?

① 부속 관리 계획들
② 기준선들
③ 비즈니스 사례
④ 추가적인 구성요소

**4.** 프로세스, 단계, 프로젝트를 완료하기 위하여 생산이 요구되는 유일하게 확인 가능한 제품, 결과물, 서비스 수행 능력 등을 무엇이라고 하는가?

① 전달물(Deliverable)
② 프로젝트 관리 계획(Project Management Plan)
③ 감시(Monitoring)
④ 정보(Information)

**5.** 변경 요청과 관련된 활동 중에서 프로젝트 작업 성과를 프로젝트 관리 계획과 재조정하는 의도적 활동은?

① 결점 수리
② 예방 활동
③ 교정 활동
④ 작업 감시

## 연습문제

**6.** 비교 기준으로서 사용되는 문서로서, 공식적인 변경 통제 절차를 통해서만 변경될 수 있는 것을 무엇이라고 하는가?

① 기준선　② 프로젝트 관리 계획
③ 전달물　④ 예방 활동

**7.** 합의를 위해서 작성된 것들 중에서 최종적인 계약이 이루어지기 전에 대략적인 사항(의향)을 문서화한 것은 무엇인가?

① MOU　② LOI
③ SLA　④ 이메일

**8.** 프로젝트 승인서 개발하기의 입력인 합의와 관련된 설명으로 잘못된 것은?

① 프로젝트에 대한 최초의 의도를 정의하는 데 사용됨
② 계약, MOU, SLA, LOI, 이메일 등의 다양한 형태로 작성됨
③ 거래를 시작하기 전에 양 당사자의 기본적인 이해를 담기 위해 작성되는 문서인 MOU가 사용될 수 있음
④ MOU의 내용은 구속력을 가짐

**9.** 프로젝트 승인서의 주요 내용이 아닌 것은?

① 프로젝트 목적　② 형상관리 계획
③ 높은 수준의 요구사항　④ 측정 가능한 프로젝트 목표들

**10.** 변경에 대한 검토, 평가, 승인, 연기, 거절 책임을 맡고, 이와 같은 결정을 기록하고 소통하는 위원회를 무엇이라고 하는가?

① CCB　② CM
③ PMO　④ SLA

**정답** 1. ④　2. ②　3. ③　4. ①　5. ③　6. ①　7. ②　8. ④　9. ②　10. ①

CHAPTER

# 4

# 프로젝트 범위 관리

## 학습 목차



## 학습 목표

- 프로젝트 범위 관리에 대하여 전체적으로 이해하고, 각각의 범위 관리 프로세스에 대하여 상세히 파악할 수 있습니다.

## 0 프로젝트 범위 관리 개요

이번 장에서는 프로젝트 범위 관리에 대하여 알아보겠습니다. 범위는 영어로 Scope인데요, 우리 모두가 친숙한 단어가 아닐까 합니다. 중간 고사, 기말 고사에서 시험 문제가 출제되는 대상이 되는 시험 범위 같은 것이 범위의 좋은 사례가 되겠습니다. 프로젝트는 크고 복잡하기 때문에 범위를 잘 정의하고 관리하는 것이 필요합니다. 특히 프로젝트를 시작하면서부터 그 범위가 어디까지인가를 명확히 정의하는 것이 중요합니다. 프로젝트에서 범위라고 하면 어떤 제품을 만들어야 하는가 하는 것과 함께, 그 제품을 만들 때 해야 할 일이 무엇인가 하는 것도 포함됩니다. 이렇게 범위를 잘 정의해놓으면, 프로젝트를 진행하면서 해야 할 일을 찾아서 수행할 때 도움이 되고, 프로젝트를 종료할 때도 해야 할 일을 다 했는지를 따져볼 때도 도움이 되겠습니다. 프로젝트 통합 관리 다음으로 프로젝트 범위 관리가 등장하게 되는데, 그 이유는 전체적으로 프로젝트를 관리하는 데 도움이 되기 때문이라고 할 수 있습니다.

이번 장의 학습목표는 프로젝트 범위 관리에 대하여 전체적으로 이해하고, 각각의 범위 관리 프로세스에 대하여 상세히 파악하는 것입니다. 프로젝트 범위 관리에는 범위 관리 계획하기, 요구사항 수집하기, 범위 정의하기, WBS 생성하기, 범위 검증하기, 범위 통제하기, 이렇게 여섯 개의 프로세스가 있습니다. WBS는 앞으로 자주 접하게 될 용어인데요, Work Breakdown Structure의 약어입니다. 작업 분해 구조를 의미하는데요, 작업을 분해해서 구조화시켜 놓은 것을 말합니다. 큰 작업이 있다면 작은 작업들로 나눠서 진행해야 하겠는데, 이렇게 나눠서 구조화된 것을 말합니다. 이렇게 6개의 프로세스들을 차례대로 설명하기 전에 프로젝트 범위 관리 개요에 대하여 여기에서 다루도록 하겠습니다.

프로젝트 범위 관리(Project Scope Management)는 프로젝트를 성공적으로 완료하기 위해서 필요한 모든 작업만을 프로젝트가 포함하도록 보장하기 위한 지식 영역입니다. 프로젝트 범위를 관리한다는 것은 무엇을 포함하고 무엇을 포함하지 않는

가를 정의하고 통제하는 것과 주로 관련이 있습니다. 구체적으로 프로젝트에서 범위(Scope)의 의미는 두 가지 인데요, 하나는 제품 범위(Product Scope)이고, 또 다른 하나는 프로젝트 범위(Project Scope)입니다. 제품 범위는 제품, 서비스 또는 결과물의 특성이나 기능을 말하며, 프로젝트 범위는 규정된 특성이나 기능을 갖춘 제품, 서비스 또는 결과물을 개발하여 전달하기 위해 수행되는 작업을 말합니다. 프로젝트 범위가 제품 범위를 포함하는 것으로 보는 경우도 있습니다.

프로젝트 범위의 완성은 프로젝트 관리 계획에 대해서 측정되며, 제품 범위의 완성은 제품 요구사항에 대해서 측정됩니다. 완료된 프로젝트 전달물에 대한 수락을 공식화하는 프로세스는 범위 검증하기입니다.

요구사항은 항상 프로젝트 관리에서 관심사였는데, 환경이 보다 복잡해짐에 따라서 요구사항 활동들을 정의/관리/통제하여 경쟁 우위를 차지할 방법을 인식하기 시작하고 있습니다. 이러한 비즈니스 분석은 프로젝트가 개시되기 이전에 또는 프로젝트 관리자가 배정되기 이전에 시작될 수 있습니다. 이해관계자의 요구사항을 끌어내고, 문서화하고, 관리하는 것이 바로 프로젝트 범위 관리에서 진행됩니다. 비즈니스 분석 전문가들과의 협업을 통해서 다음과 같은 사항들을 수행하게 됩니다. 프로젝트 관리자와 비즈니스 분석가의 관계는 협력적인 동반자가 되어야 프로젝트가 성공할 가능성이 높습니다.

(1) 해결해야 할 문제를 결정하고, 비즈니스 요구사항을 결정함
(2) 이러한 요구사항을 만족시킬 대안을 확인하고 추천함
(3) 이해관계자의 요구사항을 끌어내고, 문서화하고, 관리함
(4) 제품, 서비스, 또는 최종 결과물의 성공적 구현을 촉진함

각각의 프로젝트가 특별하므로 프로젝트 관리자는 프로젝트 범위 관리 프로세스들을 적용하는 방법을 적절히 재단할 필요가 있습니다. 이 때 고려할 사항으로는 (1)

지식이나 요구사항 관리, (2) 검증 및 통제 정책, 절차, 지침, (3) 프로젝트 수명주기 접근법, (4) 요구사항의 안정성, (5) 감사와 통치 정책, 절차, 지침 등이 있습니다.

2장에서도 프로세스들을 간략히 살펴본 바가 있습니다만, 이번 장이 범위 관리 지식 영역을 집중적으로 다루는 장이므로, 이들을 조금 더 자세하게 들여다보도록 하겠습니다. SC1은 Plan Scope Management, 즉 범위 관리 계획하기입니다. 이 프로세스의 약칭인 SC1에서 SC는 Scope에서 따온 약어입니다. SC2는 Collect Requirements (요구사항 수집하기), SC3는 Define Scope(범위 정의하기), SC4는 Create WBS(WBS 생성하기), SC5는 Validate Scope(범위 검증하기), SC6는 Control Scope(범위 통제하기)가 되겠습니다. SC1, SC2, SC3, SC4, 이렇게 4개가 계획 그룹에 속하고, 나머지 2개는 감시 및 통제 그룹에 속합니다. 계획에서 범위를 정의하고 감시 및 통제에서 활용하는 것으로 이해하시면 되겠습니다.

| 지식 영역 | 프로세스 그룹 | | | | |
|---|---|---|---|---|---|
| | 개시 | 계획 | 실행 | 감시 및 통제 | 종료 |
| 범위 관리 | – | SC1, SC2, SC3, SC4 | – | SC5, SC6 | – |

SC1: Plan Scope Management(범위 관리 계획하기)
SC2: Collect Requirements(요구사항 수집하기)
SC3: Define Scope(범위 정의하기)
SC4: Create WBS(WBS 생성하기)
SC5: Validate Scope(범위 검증하기)
SC6: Control Scope(범위 통제하기)

그림 4-1 프로젝트 범위 관리 지식 영역의 프로세스들

이들 여섯 개의 프로세스들을 좀 더 잘 이해하기 위하여 자료흐름도를 그려봤습니다. 이번 장부터는 자료흐름도가 제시되는 방법을 변경하고자 합니다. 3장에서는 지식 영역 수준에서 자료흐름도를 먼저 제시하고, 다시 각 프로세스별로 자세한 자료흐름도를 소개하였는데요, 이러다 보니 내용이 많아지고 산만해진 측면이 있었습니다.

이번 장부터는 지식 영역 수준에서만 모든 프로세스들 간의 종합적인 자료흐름도를 소개하도록 하겠습니다. 개별 프로세스에서 자료흐름도가 필요할 경우에는 이 내용으로 돌아와서 검토해주시면, 전체적인 맥락에서 해당 프로세스를 용이하게 파악할 수 있겠습니다.

SC1이 범위 관리를 계획하는 프로세스인데요, I1으로부터 프로젝트 승인서를, 프로젝트 관리 계획 저장소로부터 프로젝트 관리 계획을 받아들여서, 요구사항 관리 계획과 범위 관리 계획, 이렇게 2가지 계획을 만들어 프로젝트 관리 계획 저장소에 추가합니다. SC2 요구사항 수집하기에서는 I1으로부터 프로젝트 승인서를, 프로젝트 관리 계획 저장소로부터 프로젝트 관리 계획을, 비즈니스 문서들 저장소로부터 비즈니스 사례를, P2로부터 합의를, 프로젝트 문서들 저장소로부터 프로젝트 문서들을 받아들여서 요구사항 기록문서와 요구사항 추적가능성 표를 생성하고, 이를 프로젝트 문서들 저장소에 추가합니다. 그리고 SC3 범위 정의하기에서는 프로젝트 승인서, 프로젝트 관리 계획, 프로젝트 문서들을 받아들여서 범위를 정의하여 프로젝트 범위 기술서를 만들고, 이것을 프로젝트 문서들 저장소에 추가합니다. SC4 WBS 생성하기에서는 프로젝트 관리 계획과 프로젝트 문서들을 받아서 범위 기준선을 생성하고, 이를 프로젝트 관리 계획 저장소에 추가합니다. SC5 범위 검증하기에서는 프로젝트 관리 계획과 프로젝트 문서들뿐만 아니라 확인된 전달물들, 작업 성과 데이터를 받아서 범위를 검증하는 작업이 진행됩니다. Q3로부터 받은 확인된 전달물들이 범위에서 정의된 것과 일치하는지를 고객 또는 스폰서와 함께 검증해서, 승인된 전달물들을 I7로 보내줍니다. 그리고 I3로부터 받은 작업 성과 데이터를 취합하여 작업 성과 정보를 만들어 I5로 보내줍니다. 필요한 경우 변경 요청을 I6에 보내줍니다. SC6 범위 통제하기에서는 프로젝트 관리 계획, 프로젝트 문서들을 받아서 범위를 통제하게 됩니다. SC5에서와 같이, I3에서 받은 작업 성과 데이터를 취합하여 작업 성과 정보를 만들어 I5로 보내주고, 필요한 경우 변경 요청을 I6로 보내줍니다. 이상의 여섯 프로세스들의 처리 과정에서 프로젝트 관리 계획이나 프로젝트 문서들에 변경된 요소가 있다면 각각의 저장소에 이를 갱신합니다.

프로젝트 수명주기는 예측 접근법(Predictive Approach)과 적응 접근법(Adaptive Approach)의 양 극단 사이에 존재하는 것으로 볼 수 있습니다. 예측 접근법에서는 프로젝트 전달물들이 프로젝트 초기부터 정해지며, 범위에 대한 변경은 점진적으로 관리됩니다. 반면에 적응 접근법에서는 전달물들이 여러 번의 반복(Iteration)을 통해서 개발되며, 각 반복에서는 상세한 범위가 정의되어 승인됩니다. 요구사항이 빠르게 변화하는 환경에서는 프로젝트 초기에 범위를 합의해서 정의하는 것이 큰 의미가 없습니다. 적응 접근법을 사용하는 프로젝트의 경우 높은 수준의 변경에 대한 대처와 지속적인 이해관계자 참여가 가능합니다. 적응 접근법을 채택한 프로젝트의 전체 범위는 수행될 요구사항과 작업들로 분해되며, 이러한 요구사항과 작업들을 제품 잔무(Product Backlog)라고 부르기도 합니다. 각 반복 초기에 프로젝트 팀은 제품 잔무 리

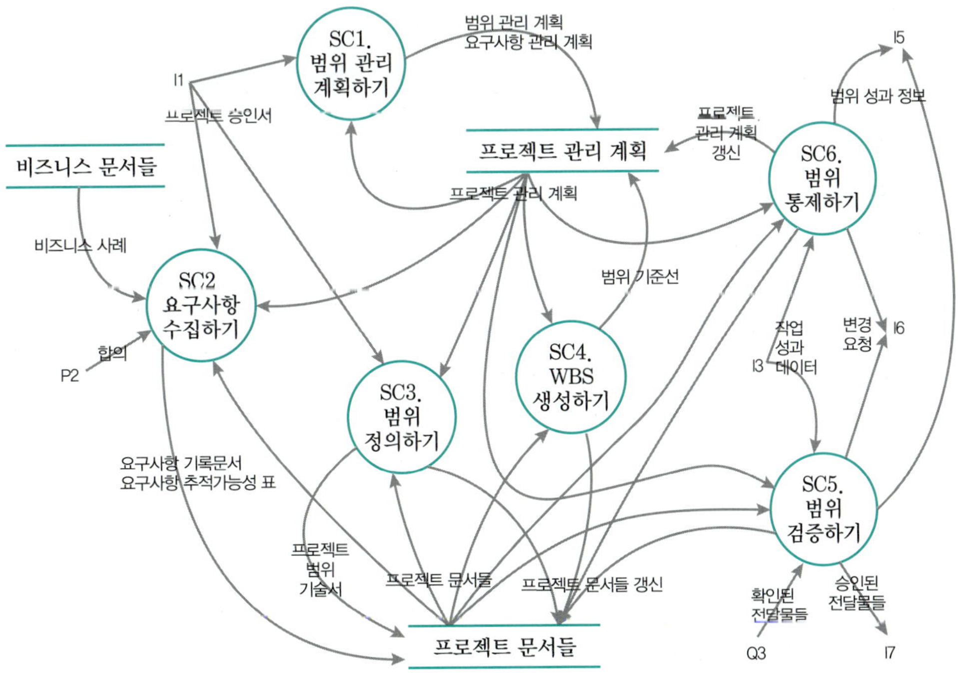


그림 4-2 프로젝트 범위 관리 자료흐름도

스트에서 우선순위가 가장 높은 것들을 몇 개나 개발해서 전달할 것인지를 결정하게 됩니다. 각 반복에서는 SC2(요구사항 수집하기), SC3(범위 정의하기), SC4(WBS 생성하기), 이렇게 3개의 프로세스들이 수행됩니다. 반면에 예측 접근법을 사용하는 프로젝트에서는 이러한 프로세스들이 프로젝트 초기에 수행되며, 이후에는 I6(통합 변경 통제 수행하기)를 사용해서 필요에 따라서 변경을 수행하게 됩니다.

적응 수명주기에서는 스폰서와 고객 대표들이 지속적으로 프로젝트에 참여하여 생성된 전달물들에 대한 피드백을 제공하게 됩니다. 이를 통해서 프로젝트 잔무가 자신들의 요구사항을 반영하고 있음을 보장받게 됩니다. 이를 위해서 SC5(범위 검증하기)와 SC6(범위 통제하기)가 매 반복마다 수행됩니다. 반면에 예측 접근법을 사용하는 프로젝트에서는 SC5(범위 검증하기)가 각 전달물마다 또는 단계 검토에서 이루어집니다. 그리고 SC6(범위 통제하기)는 계속 진행이 됩니다.

예측 수명주기를 가진 프로젝트에서 범위 기준선은 승인된 버전의 프로젝트 범위 기술서(Project Scope Statement), WBS(Work Breakdown Structure), WBS와 연관된 WBS 사전을 지칭합니다. 기준선은 공식적인 변경 통제 절차를 통해서만 변경될 수 있으며, 비교를 위한 기초로서 사용됩니다. 반면에 적응 수명주기를 가진 프로젝트에서는 현재 요구사항을 반영하는 제품 잔무를 범위 기준선으로 이용하게 됩니다.

## 1 범위 관리 계획하기

프로젝트 범위 관리의 첫 번째 프로세스인 범위 관리 계획하기(Plan Scope Management)는 프로젝트 범위와 제품 범위가 정의되고, 검증되고, 통제되는 방법을 기술하는 범위 관리 계획을 생성하는 프로세스가 되겠습니다.

이 프로세스의 핵심 효용은 범위가 프로젝트 전 과정을 통해서 어떻게 관리될 것인지에 대한 안내와 지시를 하는 데 있습니다.

이 프로세스에서 사용할 수 있는 도구와 기법으로는 전문가 판단, 데이터 분석(대안 분석)과 회의가 있습니다. 여기서는 전문가 판단과 대안 분석에 대하여 간단히 알아보도록 하겠습니다.

전문가 판단(Expert Judgment)으로 과거의 유사한 프로젝트나 해당 산업, 전문 분야, 응용 영역 등에 대한 지식을 가진 전문가들의 도움을 받을 수 있습니다. 대안 분석(Alternatives Analysis)과 같은 데이터 분석도 필요합니다. 대안 분석으로 요구사항을 수집하고, 프로젝트와 제품 범위를 상세화하고, 범위를 검증하고, 범위를 통제하는 다양한 방법(대안)들을 평가해 볼 수 있습니다.

이 프로세스의 입력으로는 프로젝트 승인서, 프로젝트 관리 계획 등이 있습니다. 이 프로세스에서 주로 사용되는 프로젝트 관리 계획으로는 품질 관리 계획, 프로젝트 수명 주기 기술서, 개발 접근법 등이 있습니다.

이 프로세스의 출력으로는 범위 관리 계획과 요구사항 관리 계획이 있습니다. 범위 관리 계획(Scope Management Plan)은 프로젝트 범위가 정의되고, 개발되고, 감시되고, 검증되고, 통제되는 방법을 기술하는 문서로서, 프로젝트 관리 계획의 한 요소입니다. 범위 관리 계획을 개발하는 일은 프로젝트 승인서, 조직 프로세스 자산들, 기업 환경 요소들에 포함된 정보를 분석하면서 시작됩니다. 주요 내용은 다음과 같습니다.

- 상세한 프로젝트 범위 기술서를 준비하는 과정
- 상세한 프로젝트 범위 기술서로부터 WBS 생성을 가능하게 하는 과정
- 범위 기준선이 승인되고 유지되는 방법을 수립하는 과정
- 완료된 프로젝트 전달물이 공식적으로 승인되는 방법을 기술하는 과정

또 다른 출력인 요구사항 관리 계획(Requirements Management Plan)은 프로젝트와 제품에 관한 요구사항이 분석되어 문서화되고 관리되는 방법을 기술하는 문서

로서, 프로젝트 관리 계획의 한 요소입니다. 주요 내용으로는 다음과 같은 것들이 있습니다.

- 요구사항 관련 활동이 계획되고 추적되고 보고되는 방법
- 제품에 대한 변경이 개시되는 방법, 변경의 영향을 분석하는 방법, 변경에 대한 추적 및 보고 방법 등과 같은 변경 관리 활동
- 요구사항 우선 순위 설정 방법
- 사용될 제품 측정지표와 그 근거
- 추적가능성 표에 포착될 요구사항 속성을 반영하는 추적가능성 구조

지금까지 학습한 내용을 정리하면 다음과 같습니다.

- **프로젝트 범위 관리(Project Scope Management)**: 프로젝트를 성공적으로 완료하기 위해서 필요한 모든 작업만을 프로젝트가 포함하도록 보장하기 위한 지식 영역
- **범위 관리 계획하기(Plan Scope Management)**: 프로젝트 범위와 제품 범위가 정의되고, 검증되고, 통제되는 방법을 기술하는 범위 관리 계획을 생성하는 프로세스
- **범위 관리 계획(Scope Management Plan)**: 프로젝트 범위와 제품 범위가 정의되고, 검증되고, 통제되는 방법을 기술하는 문서
- **요구사항 관리 계획(Requirements Management Plan)**: 프로젝트와 제품에 관한 요구사항이 분석되어 문서화되고 관리되는 방법을 기술하는 문서

## 2 요구사항 수집하기

프로젝트 범위 관리의 두 번째 프로세스인 요구사항 수집하기(Collect Requirements)는 프로젝트 목표를 달성하기 위한 이해관계자의 필요사항과 요구사항을 결정하고 문서화하며 관리하는 프로세스입니다. 이러한 필요사항을 발견하고 요구사항으로 구체화하는 과정에 적극적으로 이해관계자가 참여하는 것이 프로젝트 성공에 중요합니다. 이해관계자가 필요한 사항을 잘 포착해내야 합니다. 하지만 이해관계자는 자신이 무엇을 원하는지를 정확히 제시하지 못하는 경우도 있으며, 여러 이해관계자 간에 일치되는 사항을 규정하기 어려운 경우도 많습니다. 필요사항을 발견하고 분해해서 프로젝트와 프로세스 요구사항으로 만드는 과정에서 이해관계자가 적극적으로 참여하는가에 따라, 그리고 제품, 서비스, 결과물의 요구사항을 결정하고 문서화하고 관리하는 데 들이는 관심의 정도에 따라서 프로젝트 성공이 큰 영향을 받습니다. 요구사항은 충분히 분석·정리되어 범위 기준선에 반영되어야 하며, WBS(Work Breakdown Structure)의 기초가 됩니다. 비용/일정/품질 계획과 조달 또한 이러한 요구사항에 기반을 둡니다.

추출해서 구체화된 요구사항들에는 여러 종류가 있습니다. 먼저 비즈니스 요구사항은 비즈니스 쟁점/기회, 프로젝트가 수행되는 이유 등과 같이 조직의 높은 수준의 필요사항을 전반적으로 기술한 것입니다. 이해관계자 요구사항은 이해관계자 또는 이해관계자 그룹의 필요사항을 기술한 것입니다. 그리고 솔루션 요구사항은 비즈니스 요구사항과 이해관계자 요구사항을 만족시킬 제품, 서비스 또는 결과물의 기능, 특징 등을 기술한 것입니다. 전환 요구사항은 데이터 변환 요구사항이나 훈련 요구사항 등과 같이 현재 상태에서 미래 상태로 전환하는 데 필요한 일시적 능력을 기술한 것입니다. 프로젝트 요구사항은 프로젝트가 만족시킬 필요가 있는 활동, 프로세스, 조건 등을 기술한 것입니다. 그리고 품질 요구사항은 프로젝트 전달물의 성공적 완료를 검증하는 조건이나 기준을 기술한 것입니다.

이 프로세스의 핵심 효용은 제품 범위와 프로젝트 범위를 정의하고 관리하는 기초를 제공하는 데 있습니다.

이 프로세스에서 사용할 수 있는 도구와 기법으로는 여러 가지가 있습니다. 전문가 판단, 데이터 수집(브레인스토밍, 인터뷰, 포커스 그룹, 설문지 조사, 벤치마킹), 데이터 분석(문서 분석), 의사결정(투표, 독재적 의사결정, 다기준 의사결정 분석), 데이터 표현(친화도, 마인드 매핑), 대인 및 팀 기술(명목 그룹 기법, 관찰/대화, 촉진), 업무배경도, 프로토타이핑 등이 포함됩니다.

전문가 판단(Expert Judgment)에서는 비즈니스 분석, 요구사항 도출, 요구사항 분석, 요구사항 문서화, 유사한 과거 프로젝트에서의 요구사항, 도표 작성 기법, 갈등 관리 등에 관한 전문가 지식을 고려해야 합니다.

설문지 조사(Questionnaires and Surveys)는 다수로부터 정보를 신속하게 수집하기 위해서 설계된 질문들을 기록된 형태로 만들어서 조사하고 분석하는 기법입니다.

벤치마킹(Benchmarking)은 실제의 또는 계획된 제품, 프로세스, 관행을 비교할 만한 조직의 것들과 비교하여 개선을 위한 아이디어를 생성하고, 성과를 측정할 기초를 마련하기 위한 기법입니다.

문서 분석(Document Analysis)은 기존 문서들을 분석하여 요구사항에 적합한 정보를 확인함으로써 요구사항을 도출하기 위하여 사용됩니다.

의사결정에서는 만장일치, 과반의결, 다수결과 같은 투표(Voting), 그룹을 위한 의사결정을 한 개인이 담당하는 독재적 의사결정(Autocratic Decision Making), 둘 이상의 평가요소를 가지고 평가하는 다기준 의사결정 분석(Multicriteria Decision Analysis) 등의 다양한 그룹 의사결정 기법이 사용될 수 있습니다.

친화도(Affinity Diagram)는 다수의 아이디어들을 소수의 그룹들로 분류함으로써 검토하고 분석하는 작업을 용이하게 만들 수 있습니다.

마인드 매핑(Mind Mapping)은 어떤 주제에 대하여 생각하면서 정신이 움직이는 과정을 주의 깊게 관찰하여 마음속에 떠다니는 여러 가지 단어, 이미지 등을 종이 위에 계속 연결하여 써 나가는 기법입니다. 예를 들어 '범위'에 대한 다양한 아이디어를 얻고자 한다면 종이 중앙에 '범위'를 기입하고, 그 주변에 직선을 연결해서 '시험', '경계' 등 연상되는 단어들을 기입합니다. 그리고 '시험', '생각' 등 각각에 대해서 마찬가지로 연관된 단어들을 연상하여 추가적으로 연결하는 과정을 반복하는 것입니다. '시험'에 대해서는 '입사', '자격증' 등을, '경계'에 대해서는 '보초', '망원경' 등을 추가적으로 연결할 수 있을 것입니다.

명목 그룹 기법(Nominal Group Technique)은 투표 과정을 브레인스토밍과 결합해서 가장 유용한 아이디어에 대한 순서를 결정함으로써 추가적인 브레인스토밍이나 우선순위를 결정하는 데 도움을 줍니다. 구조화된 브레인스토밍인 명목 그룹 기법은 다음과 같은 4단계로 구성됩니다.

- 1단계: 질문이나 문제가 그룹에 제시되면, 참가자는 조용히 아이디어를 생성해서 종이에 기록함
- 2단계: 진행자는 차트에 모든 아이디어들을 기록함
- 3단계: 기록된 각각의 아이디어에 대하여 모든 구성원이 명확히 이해할 때까지 토론함
- 4단계: 아이디어에 우선순위를 정할 수 있도록 구성원 각자 개인적으로 투표함

관찰/대화(Observation/Conversation)도 유용한 도구가 될 수 있습니다. 관찰은 직무를 수행하는 개인을 살펴보고 처리 방법이나 과정을 파악하는 것인데요, 요구사항을 기술하는 데 어려움이 있거나 거절하는 경우에 유용하게 사용할 수 있겠습니다. 일반적으로 관찰자가 작업을 수행하는 비즈니스 전문가를 외부에서 관찰하게 되지만, 참여하는 관찰자로서 직접 참여하여 실제로 경험해보는 것도 숨어있는 요구사항을 밝혀내는 데 도움이 됩니다.

촉진(Facilitation)은 핵심 이해관계자들을 함께 모아 제품 요구사항을 정의하는

데 집중하는 회의와 함께 사용됩니다. 잘 촉진된 회의는 이해관계자들의 차이를 조화시켜서 여러 기능에 걸친 요구사항들을 신속하게 결정할 수 있게 만듭니다. 신뢰를 구축하고, 관계를 발전시키고, 참여자간 의사소통을 개선하여, 이해관계자들 간의 의견일치로 이끌 가능성을 높입니다.

업무배경도(Context Diagram)는 대상 시스템을 하나의 프로세스로 표현한 최상위 자료흐름도이며, 시스템과 외부 개체들의 상호작용을 보여줍니다.

기대되는 제품을 실제로 생산하기 전에 작동하는 프로토타입(Prototype)을 만들어서 요구사항에 대한 피드백을 조기에 얻는 기법인 프로토타이핑(Prototyping)도 유용합니다. 프로토타입은 이해관계자들이 추상적인 요구사항만을 가지고 토론하는 데 그치지 않고, 최종 제품의 모델을 가지고 실험할 수 있도록 해줍니다. 고객이나 사용자가 제품이나 정보시스템을 개선하고자 하나, 원하는 것을 특정하지 못하는 경우도 많기 때문에, 주요 기능만을 구현한 프로토타입을 만들어서 고객이나 사용자의 의견을 물어보면 구체적인 의견을 얻을 수 있게 됩니다. 실제보다 작은 크기로 만들어본 제품, 컴퓨터로 구현한 2D/3D 모형, 제품 디자인 평가를 위하여 만들어지는 실물 크기의 정적 모형인 목업(Mock-up), 일련의 이미지를 사용해서 과정을 보여주는 스토리보드도 프로토타입의 일종입니다. 프로토타이핑은 반복적인 과정을 통해서 점진적인 상세화가 가능하도록 지원합니다. 시나리오를 그림으로 옮긴 봉준호 감독의 스토리보드/콘티도 프로토타이핑의 힘을 보여줍니다.

이 프로세스의 입력으로는 프로젝트 승인서, 프로젝트 관리 계획, 프로젝트 문서들, 비즈니스 문서들, 합의 등이 있습니다. 이 프로세스에서 주로 사용되는 프로젝트 관리 계획으로는 범위 관리 계획, 요구사항 관리 계획, 이해관계자 참여 계획 등이 있으며, 주로 사용되는 프로젝트 문서들로는 가정 기록부, 합의된 교훈 등록부, 이해관계자 등록부 등이 있으며, 주로 사용되는 비즈니스 문서들로는 비즈니스 사례 등이 있습니다.

이 프로세스의 출력으로는 요구사항 기록문서와 요구사항 추적가능성 표가 있습니다.

먼저 요구사항 기록문서(Requirements Documentation)는 개별 요구사항이 프로젝트에 대한 비즈니스 필요사항을 어떻게 만족시키는가를 기술합니다. 요구사항은 추상적인 수준에서 시작해서 점진적으로 구체화되며, 이해관계자, 우선순위 등에 따라서 요구사항이 나열된 단순한 문서로부터, 요약, 세부사항, 첨부까지 포함하는 복잡한 문서까지 다양한 형식을 사용합니다. 요구사항 추적가능성 표(Requirements Traceability Matrix)는 제품 요구사항의 출처를 이를 만족시키는 전달물로 연결하는 표입니다. 프로젝트 전 과정에서 요구사항을 추적하는 수단이며, 프로젝트 범위에 대한 수정을 관리하기 위한 구조체를 제공합니다. 요구사항 기록문서에서 승인된 요구사항이 프로젝트 종료 시점에 실현됨을 보장하는 데 도움을 줍니다. 각 요구사항과 관련된 핵심 속성들을 이 표에 기입할 수 있습니다. 전형적으로 유일한 식별자, 요구사항 서술, 포함 근거, 소유자, 출처, 우선순위, 버전, 현재 상태, 상태일 등이 있습니다.

## 3 범위 정의하기

프로젝트 범위 관리의 세 번째 프로세스인 범위 정의하기(Define Scope)는 프로젝트와 제품에 대한 상세한 기술을 개발하는 프로세스입니다. 요구사항 수집하기에서 확인된 모든 요구사항이 프로젝트에 포함되는 것이 아니기 때문에, 요구사항 기록문서로부터 최종적인 프로젝트 요구사항을 이 프로세스에서 선택하게 됩니다. 그리고 상세한 프로젝트 범위 기술서는 프로젝트를 개시할 때 정리된 주요 전달물들, 가정들, 제약들을 바탕으로 준비됩니다. 프로젝트를 계획할 동안에 프로젝트 범위는 더욱 구체성을 가지고 정의되고 기술됩니다. 이 프로세스는 매우 반복적일 수 있습니다.

이 프로세스의 핵심 효용은 제품, 서비스, 결과물들의 경계와 허용 기준을 기술하는 것입니다.

이 프로세스에서 사용할 수 있는 도구와 기법으로는 전문가 판단, 데이터 분석(대안 분석), 의사결정(다기준 의사결정 분석), 대인 및 팀 기술(촉진), 제품 분석 등이 있습니다. 여기서는 제품 분석에 대해서만 알아보도록 하겠습니다.

제품 분석(Product Analysis)은 제품과 서비스를 정의하기 위하여 제품이나 서비스에 대해 질문하는 것과 함께, 그 특성을 기술하는 답안을 만들어보는 것을 포함합니다. 각 응용 영역에는 제품/서비스에 대한 높은 수준의 서술을 의미 있는 전달물로 변환하는 하나 이상의 승인된 방법이 있습니다. 높은 수준에서의 요구사항이 포착되어 최종 제품을 설계하는 데 필요한 상세 수준으로 분해됩니다. 제품 분석 기법의 사례로는 제품 분해, 시스템 분석, 요구사항 분석, 가치 분석 등이 있습니다.

이 프로세스의 입력으로는 프로젝트 승인서, 프로젝트 관리 계획, 프로젝트 문서들 등이 있습니다. 이 프로세스에서 주로 사용되는 프로젝트 관리 계획으로는 범위 관리 계획이 있으며, 주로 사용되는 프로젝트 문서들로는 가정 기록부, 요구사항 기록문서, 리스크 등록부 등이 있습니다.

이 프로세스의 출력으로는 프로젝트 범위 기술서와 프로젝트 문서들 갱신이 있습니다. 프로젝트 범위 기술서(Project Scope Statement)는 프로젝트 범위, 주요 전달물, 가정, 제약 등을 기술한 문서입니다. 프로젝트 범위와 제품 범위를 포함하는 전체적인 범위를 문서화하며, 프로젝트의 전달물들을 상세하게 서술합니다. 또한 프로젝트 범위에 대한 이해관계자들의 공통된 이해를 제공하며, 이해관계자들의 기대를 관리하는데 도움이 될 수 있도록 범위에서 제외된 사항들을 명시적으로 포함하기도 합니다. 나중에 혹시 비슷한 것을 다시 첨부하고자 할 경우도 있으므로 제외된 사항도 포함해 놓는 것이 꼭 필요합니다. 그리고 프로젝트 팀이 보다 상세한 계획을 작성할 수 있도록 하며, 프로젝트 실행 중에 프로젝트 팀의 작업을 안내하며, 변경 요청이나 추가 작업이 프로젝트 범위를 벗어난 것인지를 평가할 수 있는 기준선을 제공합니다. 프로젝트 승인서와 프로젝트 범위 기술서는 어느 정도 중복된 내용을 포함하고 있으나, 상세한 정도가 크게 다릅니다. 프로젝트 승인서는 높은 수준의 개략적이고 추상적인 정보를 기술하는 반면에, 프로젝트 범위 기술서는 낮은 수준의 매우 상세한 정보를 기술합니다.

프로젝트 범위 기술서의 주요 내용으로는 제품 범위 서술, 승인 기준, 전달물, 프로젝트 제외사항 등이 있습니다. 제품 범위 서술은 프로젝트 승인서와 요구사항 기록문서에 정의된 제품, 서비스 또는 결과물의 특징을 점진적으로 상세화한 것입니다. 승인 기준은 전달물이 승인되기 전에 만족시켜야 할 조건입니다. 전달물은 프로젝트, 단계, 또는 프로세스를 마치기 위하여 생성이 요구되는 유일하고 확인 가능한 제품, 결과물, 또는 서비스를 수행할 능력입니다. 프로젝트 관리 보고서나 기록문서와 같은 보조적인 결과물도 전달물에 포함됩니다. 프로젝트 제외사항은 프로젝트에서 제외되는 사항들을 식별하기 위한 것인데, 이해관계자의 기대를 관리하는 데 도움을 줍니다.

프로젝트 문서들 갱신은 가정 기록부, 요구사항 기록문서, 요구사항 추적가능성표, 이해관계자 등록부 등을 포함합니다.

## 4 WBS 생성하기

프로젝트 범위 관리의 네 번째 프로세스인 WBS 생성하기(Create WBS)는 프로젝트 전달물과 프로젝트 작업을 더 작고 관리 가능한 요소로 분할하는 프로세스입니다.

이 프로세스의 핵심 효용은 전달되어야 할 것의 틀을 제공하는 것입니다.

이 프로세스에서 사용할 수 있는 도구와 기법으로는 전문가 판단와 분해가 있습니다. 여기서는 분해에 대해서만 간략히 알아보도록 하겠습니다.

분해(Decomposition)는 프로젝트 범위와 전달물들을 관리 가능한 더 작은 부분으로 분할하는 데 사용되는 기법입니다.

이 프로세스의 입력으로는 프로젝트 관리 계획, 프로젝트 문서들 등이 있습니다. 이 프로세스에서 주로 사용되는 프로젝트 관리 계획으로는 프로젝트 범위 기술서로부터 WBS를 생성하는 방법을 포함하는 범위 관리 계획 등이 있으며, 주로 사용되는 프로젝트 문서들로는 프로젝트 범위 기술서, 요구사항 기록문서 등이 있습니다.

이 프로세스의 출력으로는 범위 기준선과 프로젝트 문서들 갱신이 있습니다.

범위 기준선(Scope Baseline)은 승인된 버전의 범위 관련 문서들의 집합입니다. 공식적인 변경 통제 절차를 통해서만 변경이 가능하며, 비교를 위한 기준으로서 사용됩니다. 프로젝트 관리 계획의 한 요소로서, 프로젝트 범위 기술서, WBS, WBS의 각 요소에 대한 세부 정보를 제공하는 WBS 사전(WBS Dictionary)등을 포함합니다. WBS 사전은 WBS의 각 요소에 대한 세부 정보를 제공하는 문서이며, WBS를 지원하기 위한 문서입니다.

프로젝트 문서들 갱신은 가정 기록부, 요구사항 기록문서 등을 포함합니다.

WBS에 대해서 보다 자세히 알아보도록 하겠습니다. WBS(Work Breakdown Structure)는 프로젝트 목표를 달성하고 요구 전달물들을 생성하기 위하여 수행될 모든 범위의 작업을 계층적으로 분해하여 정의한 것입니다. 또한 이것은 현재의 프로젝트 범위 기술서에 규정된 작업을 표현하는 것입니다. 여기서 분해의 수준은 프로젝트를 효과적으로 관리하는 데 필요한 통제의 정도에 따라서 결정해야 됩니다. 왜 그런가 하면, 분해가 많이 될수록 계획·관리·통제 능력이 향상되지만, 과도한 분해는 비생산적인 관리 노력, 비효율적인 자원 사용, 작업 수행 효율 감소, 여러 수준에서 데이터를 수집해서 통합해야 하는 어려움 등을 초래할 수 있기 때문입니다. 그러니까 적절한 관리 노력을 고려해서 분해를 해야 한다는 것입니다. 너무 잘게 분해하면 쓸데없는 관리 노력이 많이 들어가고, 너무 성기게 하면 관리 통제 능력이 향상되지 않게 됩니다. 그러므로 적절한 수준으로 분해해야 하겠습니다.

그런데요, 먼 미래에 성취될 요소의 경우 분해하는 것이 가능하지 않을 수도 있습니다. 프로젝트 관리 팀은 일반적으로 이런 요소에 대해 합의가 되어 WBS 세부사항이 개발될 수 있을 때까지 기다리게 되는데, 이런 기법을 롤링 웨이브(Rolling Wave) 계획법이라고 부르기도 합니다.

다양한 방법으로 WBS 구조를 생성할 수 있는데요, 대표적인 방법들을 살펴보겠습니다. 먼저 프로젝트 수명 주기의 각 단계를 두 번째 분해 수준으로 사용하고, 전달물들을 세 번째 수준으로 사용하는 구조화 방법이 가능합니다. 그림 4-3의 사례에서는 1단계에 정보시스템 개발 프로젝트 X 전체를 배치하고, 2단계에서 정보시스템 개발 수명주기에 따라서 분석, 설계, 구현으로 나누고, 수명주기 분석 단계의 결과물인 A, B, C를 분석 아래에, 수명주기 설계 단계의 결과물인 D, E, F를 설계 아래에, 수명주기 구현 단계의 결과물인 G, H를 구현 아래에 배치하고 있습니다.

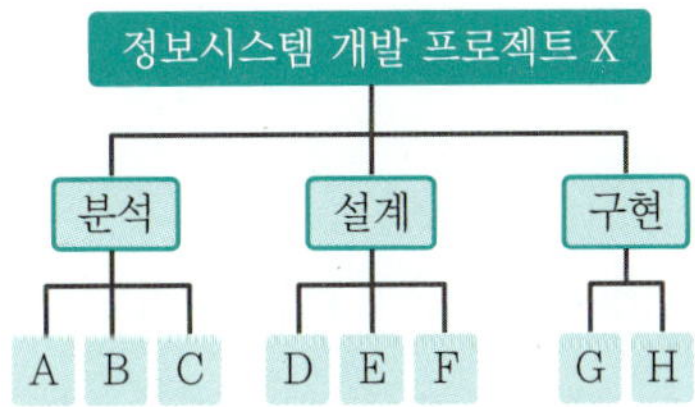


그림 4-3 WBS 구조화 방법 사례 1

주요 전달물들을 두 번째 분해 수준으로 사용하는 구조화 방법도 가능합니다. 그림 4-4의 사례에서는 건설 프로젝트 Y를 주요 전달물인 L과 M으로 우선 나누고, 주요 전달물인 L을 L1, L2, L3로 다시 분해하고 있습니다. 이것 말고도 다양한 방법이 가능합니다. 프로젝트 외부의 조직에 의해서 개발되는 구성요소들을 WBS 최하위 요소로 배치하되, 각 외부 조직이 해당 구성요소에 대한 WBS를 계약된 작업의 일부로서 작성하는 것도 가능합니다. 조직만의 가이드라인을 이용하거나 WBS 템플릿 같은 것을 이용할 수도 있겠습니다. 여러분만의 독창적인 방법을 찾을 수 있다면 그것을 사용해도 되겠습니다.

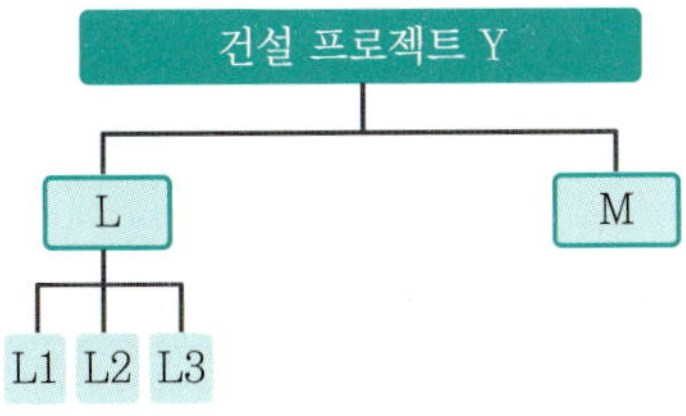


그림 4-4 WBS 구조화 방법 사례 2

WBS의 작업 패키지(Work Package)는 WBS의 최하위 수준의 요소로서, 비용과 기간을 추정하고 관리할 수 있는 단위입니다. 작업 패키지의 상세화 수준은 프로젝트의 규모와 복잡성에 따라서 변할 수 있습니다. 각 작업 패키지는 하나의 통제 계정에 배정되며, 비용, 일정, 자원 정보를 계층적으로 통합하기 위한 유일한 식별자가 해당 계정 코드로부터 수립됩니다. 각 통제 계정은 하나 이상의 작업 패키지를 포함하나, 각 작업 패키지는 하나의 통제 계정에만 배정됩니다. 이러한 통제 계정은 범위, 예산, 실제 비용, 일정 등이 통합되어 성과 측정을 위해서 사용되는 관리 통제 지점이라고 할 수 있습니다.

그리고 작업 패키지에는 100% 규칙이 적용됩니다. 이것은 가장 낮은 수준에서의 모든 작업들이 높은 수준으로 올라가면서, 아무것도 빠지지 않아야 하고, 어떤 추가 작업도 수행되지 않아야 한다는 규칙이 되겠습니다.

WBS를 표현하는 방법은 다양한데요, WBS는 조직도(Organizational Chart), 아웃라인(Outline), 또는 계층 구조를 나타낼 수 있는 어떤 방법으로도 표현 가능합니다. 아래 그림은 건설 프로젝트 Y를 조직도와 아웃라인으로 표현한 것입니다. 아웃라인 형태는 계층 구조에 따라서 한 단계씩 내려갈 때마다 오른쪽으로 일정 간격만큼 들여쓰기 하는 방식입니다.

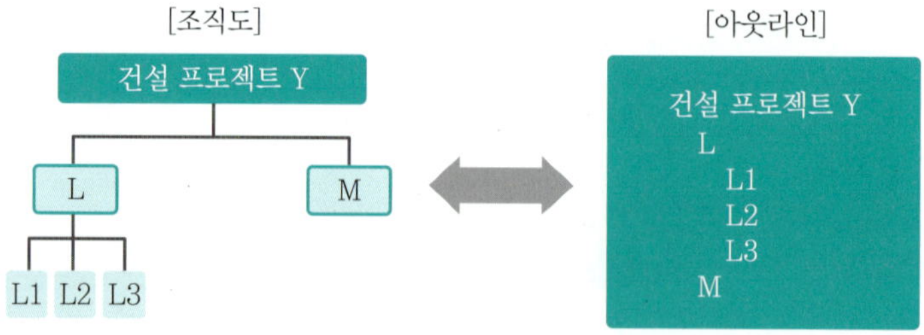


그림 4-5 WBS 표현 방법

지금까지 학습한 내용을 정리하면 다음과 같습니다.

- **요구사항 수집하기(Collect Requirements)**: 프로젝트 목표를 달성하기 위한 이해관계자의 필요와 요구사항을 결정하고 문서화하며 관리하는 프로세스
- **요구사항 기록문서(Requirements Documentation)**: 개별 요구사항이 프로젝트에 대한 비즈니스 필요사항을 어떻게 만족시키는가를 기술한 문서
- **범위 정의하기(Define Scope)**: 프로젝트와 제품에 대한 상세한 기술을 개발하는 프로세스
- **프로젝트 범위 기술서(Project Scope Statement)**: 프로젝트 범위, 주요 전달물, 가정, 제약 등을 기술한 문서로서, 프로젝트 범위에 대한 이해관계자들의 공통된 이해를 제공함
- **WBS 생성하기(Create WBS)**: 프로젝트 전달물과 프로젝트 작업을 더 작고 관리 가능한 요소로 분할하는 프로세스
- **WBS(Work Breakdown Structure)**: 프로젝트 목표를 달성하고 요구 전달물들을 생성하기 위하여 수행될 모든 범위의 작업을 계층적으로 분해하여 정의한 것

## 5 범위 검증하기

프로젝트 범위 관리의 다섯 번째 프로세스인 범위 검증하기(Validate Scope)는 완료된 프로젝트 전달물들의 승인을 공식화하는 프로세스입니다. 이 프로세스에서는 Q3(품질 통제하기)로부터 받은 확인된 전달물들을 고객 또는 스폰서가 검토해서 만족스럽게 완성되었고 공식적인 승인을 받았음을 보장하게 됩니다. 범위 검증하기가 주로 전달물들의 승인과 관련이 있는 반면에, 품질 통제하기는 전달물들의 정확함과 전달물들에 대해 규정된 품질 요구사항을 만족시킴과 관련이 있다는 점에서 차이가 있

습니다. 품질 통제하기가 범위 검증하기보다 앞서서 수행되는 것이 일반적이지만, 동시에 수행되는 것도 가능합니다.

이 프로세스의 핵심 효용은 승인 과정에 대해 객관성을 부여하고, 최종 제품, 서비스 또는 결과물의 승인 가능성을 향상시킨다는 데 있습니다. 이 프로세스는 프로젝트 전반에 걸쳐서 필요할 때마다 반복적으로 수행됩니다. 승인 과정에 대해서 객관성을 부여해서 명확하게 해놓을 경우, 이런 과정을 거치면 승인을 받는다는 사실을 알게 되고, 전체적인 승인 가능성이 높아지게 됩니다.

이 프로세스에서 사용할 수 있는 도구와 기법으로는 검사와 의사결정(투표)이 있습니다. 여기서는 검사에 대해서만 간략히 알아보도록 하겠습니다.

검사(Inspection)는 작업과 전달물들이 요구사항과 승인 기준을 만족하는지 여부를 측정하고, 조사하고, 검증하는 등의 활동들입니다. 때때로 검사는 검토(Review), 제품 검토(Product Review), 검토회(Walkthrough) 등으로 불리는데, 응용 영역에 따라서 각각 특정한 의미를 가집니다.

이 프로세스의 입력으로는 프로젝트 관리 계획, 프로젝트 문서들, 작업 성과 데이터, 확인된 전달물들 등이 있습니다. 이 프로세스에서 주로 사용되는 프로젝트 관리 계획으로는 범위 관리 계획, 요구사항 관리 계획, 범위 기준선 등이 있습니다. 이 프로세스에서 주로 사용되는 프로젝트 문서들로는 학습된 교훈 등록부, 품질 보고서, 요구사항 기록문서, 요구사항 추적가능성 표 등이 있습니다.

이 프로세스의 출력으로는 승인된 전달물들, 변경 요청, 작업 성과 정보, 프로젝트 문서들 갱신이 있습니다.

승인된 전달물들(Accepted Deliverables)은 승인 기준을 만족하여 고객 또는 스폰서에 의해서 공식적으로 승인된 전달물들을 말합니다. 공식적으로 승인을 받지 못한 완료된 결과물에 대해서는 그 이유와 함께 문서를 작성하게 되는데, 이 때 결점 수리(Defect Repair)를 위한 변경 요청이 필요할 수 있습니다. 승인을 받지 못한 이유가 여러 가지가 있을 것인데, 그 중에서 결점이 있어서 수리가 필요하면 결점 수리를 위한 변경 요청이 필요하겠죠.

작업 성과 정보(Work Performance Information)는 전달물들이 승인되었는지 여부나 이유와 같은 프로젝트 진척도에 대한 정보입니다.

프로젝트 문서들 갱신은 이 프로세스를 수행한 결과로서 갱신되는 문서들을 말하는데요, 학습된 교훈 등록부, 요구사항 기록문서, 요구사항 추적가능성 표 등을 포함합니다.

## 6 범위 통제하기

프로젝트 범위 관리의 여섯 번째 프로세스인 범위 통제하기(Control Scope)는 프로젝트와 제품 범위의 상태를 감시하고 범위 기준선에 대한 변경을 관리하는 프로세스입니다. 이 프로세스는 프로젝트 전반에 걸쳐서 실행됩니다. 프로젝트 범위를 통제하는 것은 모든 변경 요청과 권고된 교정 또는 예방 활동들이 I6(통합 변경 통제 수행하기)에서 처리되도록 보장하기 위한 것입니다. 또한 범위 통제하기는 실제로 일어나서 다른 통제 프로세스들과 통합된 변경을 관리기 위해서도 사용됩니다. 제품이나 프로젝트 범위에 대해 통제받지 않고 시간, 비용, 자원에 대한 조정 없이 슬금 슬금 확장하는 것(Scope Creep)을 조심해야 합니다. 모든 프로젝트에서 변경은 불가피하기 때문에, 어떤 형태로든 변경 통제 프로세스가 반드시 필요합니다.

이 프로세스의 핵심 효용은 범위 기준선이 프로젝트 전반에 걸쳐서 유지되도록 하는 것입니다.

이 프로세스에서 사용할 수 있는 도구와 기법으로는 데이터 분석(변동 분석, 추세 분석)이 있습니다.

변동 분석(Variation Analysis)은 기준선과 실제 성과 간 차이를 비교하고, 변동이 한계치 이내인지 또는 교정 활동이나 예방 활동이 적절한 것인지를 결정하는 기법입니다.

추세 분석(Trend Analysis)은 시간상에서 프로젝트 성과를 점검해서 성과가 개선되고 있는지 아니면 악화되고 있는지를 결정하는 기법입니다.

이 프로세스의 입력으로는 프로젝트 관리 계획, 프로젝트 문서들, 작업 성과 데이터 등이 있습니다. 이 프로세스에서 주로 사용되는 프로젝트 관리 계획으로는 범위 관리 계획, 요구사항 관리 계획, 범위 기준선, 변경 관리 계획, 형상 관리 계획, 성과 측정 기준선 등이 있으며, 주로 사용되는 프로젝트 문서들로는 학습된 교훈 등록부, 요구사항 기록문서, 요구사항 추적가능성 표 등이 있습니다.

이 프로세스의 출력으로는 작업 성과 정보, 변경 요청, 프로젝트 관리 계획 갱신, 프로젝트 문서들 갱신이 있습니다. 작업 성과 정보와 변경 요청은 이전에 설명된 내용입니다.

프로젝트 관리 계획 갱신은 범위 관리 계획, 범위 기준선, 일정 기준선, 비용 기준선, 성과 측정 기준선 등을 포함하며, 프로젝트 문서 갱신은 학습된 교훈 등록부, 요구사항 기록문서, 요구사항 추적가능성 표 등을 포함합니다.

지금까지 학습한 내용을 정리하면 다음과 같습니다.

### 핵심정리

- 범위 검증하기(Validate Scope): 완료된 프로젝트 전달물들의 승인을 공식화하는 프로세스
- 범위 통제하기(Control Scope): 프로젝트와 제품 범위의 상태를 감시하고 범위 기준선에 대한 변경을 관리하는 프로세스

## 생각해보기

다음 내용은 톰 디 마르코의 "데드라인"에 나오는 이야기입니다. 프로젝트 관리와 관련해서 명세서의 애매함과 복잡함이 의미하는 것이 무엇인지를 생각해보시기 바랍니다.

(벨린다 말고는 아무도 그 명세서가 잘못 작성된 것을 알아차리지 못한 것을 알게 된 톰킨스는 왜 사람들이 그 명세서가 시스템을 상세히 설명하고 있다고 믿었고, 그 명세서를 이해하지 못했는데도 그것이 명세서 문제가 아니라 자신들의 문제라고 믿은 것인지를 벨린다에게 묻게 된다. 벨린다의 설명을 들어보자.)

"우리는 모두 자신의 판단 역량에 대해 약간은 의문을 가지고 있다고 생각해요. 난 우리가 이렇게 이상한 특징이 있는 생물체라고 생각해 봤어요. 우리들은 저마다 스스로 다른 사람과 비교해 볼 때 평균 미만의 지능을 가지고 있다고 여기고는, 더 노력해서 그 점을 보충해야 한다고 믿는 거죠. 우리가 그 명세서처럼 끔찍하게 복잡한 명세서를 읽으면서도 몰래 가지고 있는 의구심은 그것을 읽는 다른 모든 사람들은 그것을 전부 다 이해하고 있다고 생각하는 거죠. 자, 이제 상관이 와서 물어봐요. 그럼 당황하게 되죠. 뭐라고 하겠어요? 감춰야죠. 그럼 이렇게 말하죠. '아, 그런대로 괜찮습니다, 부장님. 복잡하기는 하지만요.' 난 이걸 오래 전에 알았어요. 아무도 그 명세서가 거지 같다고 당신한테 말해주진 않을 거예요. 그 문서가 명확하지 않다고 투덜대긴 하겠지만, 당신이 정말 알아야 할 것은 얘기해주지 않죠. 그렇다면 명세서를 작성한 사람들은 왜 그렇게 애매하게 만들었을까요. 불확실함은 해결되지 않는 마찰을 의미하죠. 시스템을 가지고 이해관계가 있는 사람들이 협상하죠. 사용자, 개발자, 운영자, 관리자 같은 사람들이죠. 가끔 그들은 서로 동의하지 않죠. 마찰이 생기는 거예요. 예를 들면 어떤 집단은 시스템 운영자가 직접 초기 변수를 통제했으면 했는데, 다른 어떤 집단은 중앙에서 통제하기를 바란다고 생각해보세요. 그런 명세서는 애매할 수밖에 없어요. 애매하지 않는 문장은 다른 나머지 집단에게는 위험신호가 되겠죠. 마찰을 해결하는 대신 애매모호한 걸로 도배하는 그런 일은 항상 일어나요. 그래서 전 불분명한 부분을 발견하게 되면 혹시 마찰이 있었나 하고 캐내고 다니죠."

## 연 습 문 제

**1.** 프로젝트 범위 기준선에 포함되는 승인된 문서가 아닌 것은?

① 프로젝트 범위 기술서 ② WBS
③ 연관된 WBS 사전 ④ 요구사항 관리 계획

**2.** 개별 요구사항이 비즈니스 필요사항을 어떻게 만족시키는가를 기술한 문서는?

① 요구사항 기록문서 ② 요구사항 추적가능성 표
③ 범위 관리 계획 ④ 프로젝트 범위 기술서

**3.** WBS의 최하위 수준의 요소로서, 비용과 기간을 예측하고 관리할 수 있는 단위인 것은?

① 작업 ② 작업 패키지
③ 전달물 ④ 범위 기준선

**4.** 구체화된 요구사항 중에서 비즈니스 요구사항과 이해관계자 요구사항을 만족시킬 제품, 서비스 또는 결과물의 기능, 특징 등을 기술한 것은?

① 프로젝트 요구사항 ② 전환 요구사항
③ 솔루션 요구사항 ④ 품질 요구사항

**5.** WBS에 대한 설명으로 잘못된 것은?

① 프로젝트 목표를 달성하고 요구 전달물들을 생성하기 위하여 수행될 모든 범위의 작업을 계층적으로 분할한 것
② WBS에서 작업이란 활동 그 자체가 아니라 활동의 결과물인 제품이나 전달물을 지칭함
③ 분해가 많이 될수록 좋은 WBS임
④ 다양한 방법으로 WBS 구조를 생성할 수 있음

**6.** 프로젝트 범위 기술서에 대한 설명으로 잘못된 것은?

① 프로젝트 범위에 대한 이해관계자들의 공통된 이해를 제공함

② 이해관계자들의 기대를 관리하는데 도움이 될 수 있도록 범위에서 제외된 사항들을 명시적으로 포함하기도 함

③ 프로젝트 팀이 보다 상세한 계획을 작성할 수 있도록 하며, 프로젝트 실행 중에 프로젝트 팀의 작업을 안내함

④ 프로젝트 범위 기술서보다 프로젝트 승인서가 더 상세함

**7.** 요구사항 수집하기에서 사용되는 도구와 기법 중 하나로, 실제의 또는 계획된 제품, 프로세스, 관행을 비교할만한 조직의 것들과 비교하여 개선을 위한 아이디어를 찾는 기법을 무엇이라고 하는가?

① 벤치마킹 ② 프로토타이핑

③ 설문조사 ④ 브레인스토밍

**8.** 범위 관리 계획의 주요 내용이 아닌 것은?

① 상세한 프로젝트 범위 기술서를 준비하는 과정

② 상세한 프로젝트 범위 기술서로부터 WBS 생성을 가능하게 하는 과정

③ WBS가 승인되고 유지되는 방법을 수립하는 과정

④ 사용될 제품 측정기준과 그 근거

**9.** 다음 중에서 프로젝트 범위 관리 프로세스가 아닌 것은?

① Plan Scope Management(범위 관리 계획하기)

② Define Phase(단계 정의하기)

③ Create WBS(WBS 생성하기)

④ Validate Scope(범위 검증하기)

## 연 습 문 제

**10.** 프로젝트 범위 관리에 대한 설명으로 잘못된 것은?

① 프로젝트 범위의 완성은 프로젝트 승인서에 대해서 측정됨

② 제품 범위는 제품, 서비스 또는 결과물의 특성이나 기능을 말함

③ 프로젝트 범위는 규정된 특성이나 기능을 갖춘 제품, 서비스 또는 결과물을 개발하여 전달하기 위해 수행되는 작업을 말함

④ 프로젝트의 범위 기준선으로는 프로젝트 범위 기술서, WBS, 연관된 WBS 사전이 있음

**정답** 1. ④ 2. ① 3. ② 4. ③ 5. ③ 6. ④ 7. ① 8. ④ 9. ② 10. ①

CHAPTER

# 5

# 프로젝트 일정 관리 I

학습 목차



학습 목표

- 프로젝트 일정 관리에 대하여 전체적으로 이해하고, 일정을 개발하기 위한 준비 단계로서 필요한 프로세스들에 대하여 구체적으로 파악할 수 있다.

## 0 프로젝트 일정 관리 개요

이번 주제는 프로젝트 일정 관리(Project Schedule Management)인데요, 다뤄야 할 양이 많아서 2개의 장으로 나눠서 알아보도록 하겠습니다. 그 중에서 첫 번째 내용이 되겠습니다. 그래서 이번 장에서는 프로젝트 일정 관리에 대해서 전체적으로 설명을 드리고, 여섯 개 프로세스들 중에서 일정을 개발하기 위한 준비 단계로서 필요한 프로세스들인 일정 관리 계획하기, 활동 정의하기, 활동 순서세우기, 활동 기간 추정하기, 이렇게 네 가지를 다루도록 하겠습니다.

프로젝트 일정 관리는 프로젝트가 적절한 시간에 완료되도록 관리하는 지식 영역입니다. 프로젝트 일정을 만드는 것은 프로젝트 범위에서 정의된 제품, 서비스, 결과물을 언제 어떻게 전달할 것인지를 표현하는 상세 계획을 만드는 것입니다. 이러한 상세 계획은 의사소통의 도구, 이해관계자의 기대를 관리하는 도구이자, 성과 보고를 위한 기초로서 사용됩니다. 최종적으로 승인된 프로젝트 일정은 일정 통제하기에서 사용되는 기준선이 됩니다.

프로젝트 관리 팀은 중대 경로법(Critical Path Method)이나 민첩 접근법(Agile Approach)과 같은 일정 계획 방법을 먼저 선택하게 됩니다. 그리고 활동, 계획일, 기간, 자원, 의존관계, 제약과 같은 프로젝트 데이터를 일정 계획 도구에 입력해서 일정 모델을 생성합니다. 가능하다면 상세한 프로젝트 일정은 프로젝트 전반에 걸쳐서 유연하게 유지해서, 새로 얻게 된 지식, 리스크에 대한 추가적인 이해, 부가가치 활동을 반영하기 위한 조정이 가능하도록 해야 합니다.

빠른 속도로 치열하게 경쟁하는 글로벌 시장에서 불확실성과 예측 불가능성이 매우 높으며, 프로젝트 범위를 장기적이고 안정적으로 정의하는 것을 어렵게 만듭니다. 이런 환경의 변화하는 요구사항에 대처하기 위해서는 개발 실천사례(Practice)의 효과적인 선택과 맞춤을 위한 문맥 틀(Contextual Framework)을 갖추는 것이 더욱 중요해지고 있습니다. 적응하는 계획을 수립하고자 하는 경우, 일단 작업이 시작되고 나면 우선순위가 변할 수 있고, 이런 새로운 지식을 기존 계획에 반영할 수 있어야 한다는 점을 인정한다는 점에서 일반적인 계획과 차이가 있습니다.

프로젝트 일정 계획 작성 방법의 실천사례로서 새롭게 떠오르는 접근법으로는 잔무(Backlog)를 가지고 있는 반복적 일정 계획과 주문형(On-demand) 일정 계획이 있습니다. 잔무를 가지고 있는 반복적 일정 계획 접근법은 적응 수명주기를 기반으로 한 롤링 웨이브(Rolling Wave, 출렁이는 물결) 계획 기법의 일종이며, 개발 수명주기 전반에 걸쳐서 변화를 기꺼이 받아들인다는 장점이 있습니다. 주문형 일정 계획 접근법은 진행 중인 작업을 한정하기 위해서 제약 이론과 끌어당김에 의한 일정 계획 개념에 근거하고 있습니다. 기존의 일정에 의존하지 않는 대신에, 자원 활용이 가능해지면 즉시 실행될 수 있는 작업들의 줄이나 잔고에서 작업을 끌어 온다는 특징이 있습니다.

각각의 프로젝트는 독특하므로, 프로젝트 관리자는 일정 관리 프로세스들이 적용되는 방법을 적절히 조정할 필요가 있습니다. 이러한 맞춤을 위해서 고려해야 할 사항으로는 수명주기 접근법, 자원 가용성, 프로젝트 차원(프로젝트의 복잡성, 기술적 불확실성, 제품의 참신성 등), 기술 지원 등이 있습니다.

프로젝트 일정 관리에는 그림 5-1과 같이 여섯 개의 프로세스들이 있습니다. 이 그림은 2장에서도 간략히 살펴본 바가 있습니다만, 이번 장이 일정 관리 지식 영역을 집중적으로 다루는 장이므로, 이들을 자세하게 들여다보도록 하겠습니다.

SD1은 Plan Schedule Management, 즉 일정 관리 계획하기입니다. 여기서 스케줄(Schedule)은 어떤 시간에 무엇을 할 것인지를 계획한 일정이 되겠습니다. 이 프로세스의 약칭인 SD1에서 SD는 Schedule에서 따온 약어입니다. SD2는 Define Activities(활동 정의하기)인데요, 일정을 작성하기 위해서 먼저 해야 할 것이 어떤 활동들이 있는지를 찾아내는 프로세스입니다. SD3는 Sequence Activities(활동 순서세우기)인데요, 활동들 간의 우선순위를 찾아내는 프로세스입니다. SD4는 Estimate Activity Durations(활동 기간 추정하기)인데요, 활동에 필요한 기간을 추정하기 위한 프로세스입니다. SD5는 Develop Schedule(일정 개발하기), SD6은 Control Schedule(일정 통제하기)가 되겠습니다. SD1, SD2, SD3, SD4, SD5, 이렇게 다섯 개가 계획 그룹에 속하고, 나머지 한 개인 SD6만 감시 및 통제 그룹에 속합니다. 계획에서 범위를 정의하고 감시 및 통제에서 활용한다는 것으로 이해하시면 되겠습니다. 이번 장에서는 SD1에서 SD4까지 네 가지를 다루도록 하겠습니다.

| 지식 영역 | 프로세스 그룹 | | | | |
|---|---|---|---|---|---|
| | 개시 | 계획 | 실행 | 감시 및 통제 | 종료 |
| 일정 관리 | – | SD1, SD2, SD3, SD4, SD5 | – | SD6 | – |

SD1: Plan Schedule Management(일정 관리 계획하기)
SD2: Define Activities(활동 정의하기)
SD3: Sequence Activities(활동 순서세우기)
SD4: Estimate Activity Durations(활동 기간 추정하기)
SD5: Develop Schedule(일정 개발하기)
SD6: Control Schedule(일정 통제하기)

그림 5-1 프로젝트 일정 관리 지식 영역의 프로세스들

이들 여섯 개의 프로세스들을 좀 더 잘 이해하기 위하여 자료흐름도를 그려봤습니다. 조금 복잡하게 느껴지죠. SD1에서 프로젝트 승인서와 프로젝트 관리 계획을 바탕으로 일정 관리 계획을 만들어 일정 관리 계획 저장소에 추가하게 됩니다. SD2에서는 활동을 정의하게 되는데, 프로젝트 관리 계획을 입력으로 해서, 활동 리스트, 활동 속성, 마일스톤 리스트를 생성하여 프로젝트 문서들 저장소에 추가합니다. 필요한 경우 I6에 변경 요청을 하게 됩니다. SD3에서는 활동의 순서를 세우게 되는데요, 프로젝트 관리 계획과 프로젝트 문서들을 바탕으로 프로젝트 일정 네트워크 도표를 만들어 프로젝트 문서들 저장소에 추가합니다. SD4에서는 프로젝트 관리 계획과 프로젝트 문서들을 입력으로 받아서 기간 추정치와 추정치 근거를 생성하여 프로젝트 문서들 저장소에 추가합니다. 이상의 네 프로세스들의 처리 과정에서 프로젝트 관리 계획이나 프로젝트 문서들에 변경된 요소가 있다면 각각의 저장소에 이를 갱신합니다.

SD1, SD2, SD3, SD4에서 생성되는 모든 출력은 SD5에서 프로젝트 일정을 생성하는데 이용되게 됩니다. 이렇게 생성된 일정을 가지고 SD6에서 일정 통제하기가 진행되게 됩니다. 이번 장에서는 일정을 개발하기 직전까지, 즉 SD1, SD2, SD3, SD4를 다루도록 하겠습니다. SD5와 SD6에 대한 상세한 내용은 다음 장을 참고하시기 바랍니다.

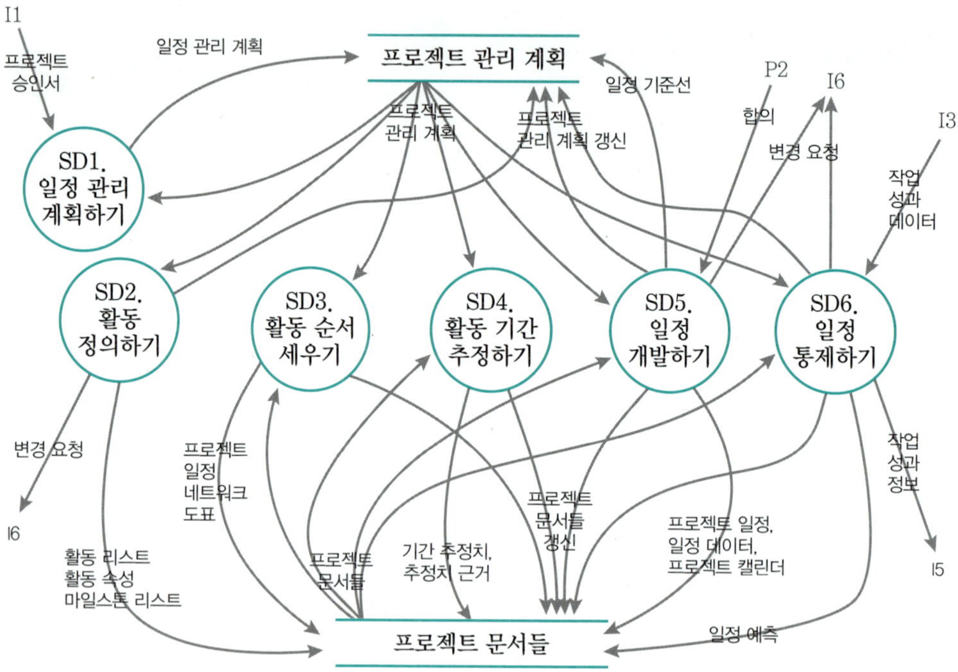


그림 5-2 프로젝트 시간 관리 자료흐름도

작은 규모의 프로젝트에서는 SD2, SD3, SD4, SD5가 단단하게 결합된 하나의 프로세스로 인식되고, 단기간에 한 사람에 의해서 처리되기도 하나, 각각은 다른 도구와 기법을 필요로 하기 때문에 여기서는 다른 요소로 표현됩니다. 그리고 SD5에서 이루어지는 프로젝트 일정의 개발은 SD2, SD3, SD4로부터의 출력을 사용해서 일정 작성 도구로 일정 모델을 작성하는 것입니다. 일정과 일정 모델은 약간의 차이가 있습니다. 여기서 모델은 실체를 흉내 내서 일부만을 재현한 것으로, 예를 들어 패션 모델은 고객 대신에 옷을 입어서 평가해볼 수 있도록 도와주는 사람을 말합니다. 우리말로 모형이라고 부릅니다. 최종적으로 생성되어야 할 것은 일정이고, 일정의 핵심적인 특징을 간추려서 만든 것이 일정 모델입니다. 일정을 만들어내기 위해서는 일정 모델을 통해서 점진적으로 상세한 일정을 만드는 과정을 거치게 됩니다. 그래서 일정 모델을 만드는 것이 중요합니다.

## 1 일정 관리 계획하기

프로젝트 일정 관리의 첫 번째 프로세스인 일정 관리 계획하기(Plan Schedule Management)는 프로젝트 일정을 계획·개발·관리·실행·통제하기 위한 정책·절차·문서화 등을 수립하는 프로세스입니다.

이 프로세스의 핵심 효용은 프로젝트 전반에 걸쳐서 프로젝트 일정이 관리되는 방법에 관한 안내와 지시를 제공하는 데 있습니다.

이 프로세스에서 사용할 수 있는 도구와 기법으로는 전문가 판단, 회의, 그리고 데이터 분석(대안 분석)이 있습니다. 여기서는 대안 분석에 대해서만 알아보도록 하겠습니다.

이 프로세스에서 대안 분석은 여러 가지 방법들을 어떻게 결합해서 사용할 것인가, 일정은 얼마나 자세하게 작성할 것인가, 얼마나 자주 검토하고 갱신할 것인가 등에 대한 결정을 포함합니다. 일정을 관리하기 위해서 필요한 상세함의 수준과 관리하는데 필요한 시간 간의 적절한 균형이 필요하겠습니다.

이 프로세스의 입력으로는 프로젝트 승인서와 프로젝트 관리 계획 등이 있습니다. 주로 사용되는 프로젝트 관리 계획으로는 범위 관리 계획과 개발 접근법 등이 있습니다.

이 프로세스의 출력으로는 일정 관리 계획(Schedule Management Plan)이 있습니다. 이것은 일정을 개발하고, 감시하고, 통제하기 위해 필요한 활동과 기준을 수립하는 문서로서, 프로젝트 관리 계획의 한 요소입니다. 주요 내용은 다음과 같습니다.

- 프로젝트 일정 모델 개발에서 사용될 방법론과 도구
- 민첩 접근법을 이용할 경우, 배포나 반복을 위한 시간 주기(Time Box) 설정: 목표가 달성될 때까지 작업을 수행한 후 시간을 평가하는 것이 아니라, 시간 주기가 되면 일단 작업을 중단하고 성취한 결과를 평가하는 방식
- 현실적인 활동 기간 추정치를 결정하는 데 사용될 수용 가능한 범위와 만일의 사태에 대비한 고려
- 각 자원에 대한 측정 단위
- 프로젝트 실행 시 프로젝트 일정 모델 유지(갱신) 절차
- 일정 성과를 감시할 때 사용될 합의된 허용 변동량을 나타내기 위해서 규정되는 변동(통제) 한계치(Threshold)
- 일정 성과 측정 규칙
- 일정 보고 형식과 빈도
- 프로젝트 관리 계획의 틀을 제공하는 WBS를 통한 절차적 연계

지금까지 학습한 내용을 정리하면 다음과 같습니다.

**핵심정리**

- 프로젝트 일정 관리(Project Schedule Management): 프로젝트가 적절한 시간에 완료되도록 관리하는 지식 영역으로, 여섯 개의 프로세스로 구성됨
- 일정 관리 계획하기(Plan Schedule Management): 프로젝트 일정을 계획·개발·관리·실행·통제하기 위한 정책·절차·문서화 등을 수립하는 프로세스
- 일정 관리 계획(Schedule Management Plan): 일정을 개발하고, 감시하고, 통제하기 위해 필요한 활동과 기준을 수립하는 문서로서, 프로젝트 관리 계획의 한 요소임

## 2 활동 정의하기

프로젝트 일정 관리의 두 번째 프로세스인 활동 정의하기(Define Activities)는 프로젝트 전달물들을 생성하기 위해서 수행되는 특정 활동들을 확인하고 문서화하는 프로세스입니다.

이 프로세스의 핵심 효용은 작업 패키지를 일정 활동들로 분해하여, 작업에 대한 예측·일정 작성·실행·감시·통제를 수행하기 위한 기초를 제공한다는 것입니다.

이 프로세스에서 사용할 수 있는 도구와 기법으로는 전문가 판단, 분해, 롤링 웨이브 계획 기법, 회의 등이 있습니다. 여기서는 롤링 웨이브 계획 기법에 대해서만 간략히 알아보겠습니다.

롤링 웨이브(Rolling Wave) 계획 기법은 가까운 작업은 구체적인 수준에서 계획하고, 먼 작업은 추상적인 수준에서 계획하되, 추가 정보가 입수됨에 따라서 계획을 반복적으로 갱신하는 기법입니다. 밀려오는(굴러가는) 파도를 생각해보면 되겠습니다.

이 프로세스의 입력으로는 프로젝트 관리 계획 등이 있습니다. 주로 사용되는 프로젝트 관리 계획으로는 범위 관리 계획과 범위 기준선 등이 있습니다.

출력으로는 활동 리스트, 활동 속성, 마일스톤 리스트, 변경 요청, 프로젝트 관리 계획 갱신이 있습니다.

먼저 활동 리스트(Activity List)는 프로젝트에서 요구되는 모든 활동들을 포괄하는 통합 리스트로서, 각 활동에 대하여 식별자(Identifier)와 작업 범위 등을 둡니다. 롤링 웨이브 계획 기법을 사용하는 경우라면 활동 리스트는 프로젝트가 진행됨에 따라서 주기적으로 갱신됩니다.

활동 속성(Activity Attributes)은 활동에 대한 서술을 확장하기 위한 것으로, 일정 개발뿐만 아니라, 계획된 활동들을 선택하고 정렬하는 데 활용됩니다. 시간이 지남에 따라서 각 활동의 속성은 진화합니다. 프로젝트 초기에는 WBS 식별자(Identifier), 활동 이름 같은 것들을 포함하지만, 종료 시에는 선행 활동, 후행 활동, 논리적 관계, 자원 요구사항, 부과된 날짜, 제약, 가정 등을 포함하게 됩니다. 활동의 작업 실행 장소, 활동이 배정된 프로젝트 캘린더, 노력의 유형 등을 식별하는 데 활용될 수도 있습니다.

마일스톤 리스트(Milestone List)는 모든 마일스톤을 식별하여 열거한 것으로, 계약에 의해서 요구된 것과 같이 강제적인지, 과거 정보를 바탕으로 하는 것과 같이 조건적인지를 구분해서 기술합니다. 여기서 마일스톤(Milestone)이란 원래 그림 5-3처럼 목적지까지의 거리를 마일로 표시한 돌을 가리키는데, 프로젝트에서는 중요한 지점이나 사건을 말합니다. 우리말로 하면 이정표가 되겠습니다. 일반적으로 마일스톤은 활동과 유사하게 동일한 구조와 속성을 가지고 있으나, 기간이 0인 것이 다른 점입니다.

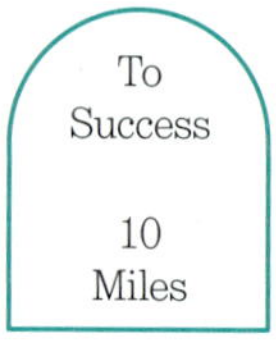


그림 5-3 마일스톤

변경 요청은 기존의 기준선들에 없던 새로운 작업이 드러날 경우 I6(통합 변경 통제 수행하기)를 통해서 검토와 처리를 요청하는 것입니다.

프로젝트 관리 계획 갱신은 일정 기준선, 비용 기준선 등을 포함합니다.

## 3 활동 순서세우기

프로젝트 시간 관리의 3번째 프로세스인 활동 순서세우기(Sequence Activities)는 프로젝트 활동들 간의 관계를 확인하고 문서화하는 프로세스입니다. 첫 번째 활동과 마지막 활동을 제외한 모든 활동은 하나 이상의 선행 활동 및 하나 이상의 후행 활동과 논리적 관계를 가지게 됩니다. 현실적인 프로젝트 일정을 만들 수 있도록 논리적 관계가 잘 설계되어야 합니다.

이 프로세스의 핵심 효용은 프로젝트와 관련된 모든 제약이 주어진 상황에서 최대의 효율을 얻기 위해 작업의 논리적인 순서를 정의하는 데 있습니다.

이 프로세스에서 사용할 수 있는 도구와 기법으로는 우선순위 도표화 방법, 의존관계 결정과 통합, 리드와 래그, 프로젝트 관리 정보시스템 등이 있습니다.

우선순위 도표화 방법(Precedence Diagramming Method, PDM)은 논리적 관계로 연결된 활동들을 도표로 표현한 일정 모델로 생성하는 데 사용할 수 있는 기법입니다. 여기서 사용되는 도표란 네트워크로 표현하는 방법이 주로 사용됩니다. 네트워크는 일정한 노드(Node)들과 함께 이 노드들 중 두 노드를 연결하는 아크(Arc)들로 구성된 것을 말합니다. 이와 같이 네트워크로 프로젝트 일정을 표현하는 방법은 크게 2가지가 있습니다. 하나는 AON(Activity on Node) 표현 방법이고, 다른 하나는 AOA(Activity on Arc) 표현 방법입니다. AON 표현 방법에서는 노드에 활동을 표시하게 되는데, 예를 들어서 활동 A가 활동 B보다 우선한다면, 그림 5-4와 같이 활동 A를 사각형 형태의 노드로, 활동 B를 또 다른 사각형 형태의 노드로 표현하고, 이 둘을 하나의 아크로 연결하게 됩니다. 이 때 아크는 활동 A에서 활동 B로 향하는 방향을 가지고 있어서, 활동 A가 활동 B를 선행함을 표시하게 됩니다. 반면에 AOA 표현 방법에서는 아크에 활동을 표시하게 되는데, 위의 예를 표현하면 아래 그림과 같이 세 개의 노드를 작은 원으로 표시하고 첫 번째 작은 원에서 두 번째 작은 원을 연결하는

(a) AON 표현 방법

(b) AOA 표현 방법

그림 5-4 우선 순위 도표화 방법

아크 위에 활동 A를 표시합니다. 마찬가지로 두 번째 작은 원에서 세 번째 작은 원을 연결하는 아크 위에 활동 B를 배치하게 됩니다. 이렇게 해서 활동 A가 활동 B를 선행함을 표현하게 됩니다.

의존관계 결정 및 통합(Dependency Determination and Integration)은 PDM에서 사용되는 의존관계(Dependency)의 유형과 속성을 결정하고 통합하는 것입니다. 의존관계는 우선순위를 기반으로 4가지 유형으로 분류됩니다. 첫 번째로 Finish-to-Start(FS)는 선행 활동이 종료될 때까지 후행 활동이 시작할 수 없는 가장 일반적으로 사용되는 의존관계입니다. 예를 들면 경주가 끝날 때까지 시상식은 열릴 수 없는 경우입니다. 두 번째로 Finish-to-Finish(FF)는 선행 활동이 종료될 때까지 후행 활동이 종료될 수 없는 의존관계입니다. 예를 들면 문서 편집은 문서 작성이 종료될 때까지 종료될 수 없는 경우입니다. 세 번째로 Start-to-Start(SS)는 선행 활동이 시작될 때까지 후행 활동이 시작될 수 없는 의존관계입니다. 예를 들면 콘크리트를 평평하게 하는 작업은 콘크리트를 붓는 작업이 시작될 때까지 시작될 수 없는 경우입니다. 네 번째로 Start-to-Finish(SF)는 선행 활동이 시작될 때까지 후행 활동이 종료될 수 없는 의존관계이며, 거의 사용되지 않습니다. 예를 들면 1번 경비 조는 2번 경비 조가 시작하기 전에 끝낼 수 없는 경우입니다. 2번 경비 조가 시작하기 전에 1번 경비 조가 끝내면 경비의 공백이 생길 수 있기 때문에 이런 의존관계를 사용할 경우도 있을 것입니다.

두 활동은 동시에 두 개 이상의 의존관계를 가질 수 있습니다만, 권장되지 않기 때문에 가장 영향력이 큰 것 하나를 선택해야 합니다. 폐회로(Closed Loop) 형태의 반복적인 의존관계 또한 권장되지 않습니다.

의존관계는 강제적(Mandatory), 임의적(Discretionary), 내부적(Internal), 외부적(External)이라는 4가지 속성으로 그 특성이 구분됩니다. 강제적/임의적 의존관계는 의존관계가 의무적인 것인지, 아니면 임의적인 것인지 표현합니다. 강제적 의존관계는 법이나 계약에 의해서 요구되거나, 작업의 특성상 내재하는 의존관계로서, 경성 논리(Hard Logic)라고도 부릅니다. 강제적 의존관계는 물리적 한계를 포함하는 경우가 많습니다. 반면에 임의적 의존관계는 수용 가능한 다른 순서가 있음에도 불구하고, 응용 분야의 모범 실천사례 지식, 프로젝트의 일반적이지 않은 특성 등으로부터 수립된 바람직한 순서에 기반한 의존관계입니다. 임의적으로 생성되고, 이후에 일정 작성 선택사항에 제약을 가할 수도 있으므로, 충분히 문서화되어야 합니다. 패스트 트래킹(Fast Tracking) 기법을 적용할 때는 이런 유형의 의존관계는 수정이나 제거가 검토될 수 있습니다. 패스트 트래킹에 대해서는 잠시 후에 설명하도록 하겠습니다. 이러한 의존관계를 연성 논리(Soft Logic) 또는 선호 논리(Preferred/Preferential Logic)라고도 부릅니다.

외부적/내부적 의존관계는 의존관계가 프로젝트 외부의 의존관계인지 아니면 프로젝트 내부의 의존관계인지를 표현합니다. 외부적 의존관계는 프로젝트 활동과 프로젝트 외부 활동 간 의존관계이며, 보통 프로젝트 팀의 통제 밖에 존재합니다. 예를 들면 소프트웨어 개발 프로젝트에서 테스팅(Testing) 활동이 외부로부터의 하드웨어 배달에 의존하는 경우입니다. 반면에 내부적 의존관계는 프로젝트 활동 간 우선순위 의존관계로서 보통 프로젝트 팀의 통제 안에 있습니다. 예를 들면, 기계를 조립한 후에야 테스팅 할 수 있는 경우입니다.

리드와 래그(Leads and Lags)에서 리드(Leads)는 후행 활동이 선행 활동에 대하여 당겨질 수 있는 시간의 량을 말하며, 래그(Lags)는 후행 활동이 선행 활동에 대하여 연기될 수 있는 시간의 량을 말합니다. 리드의 예를 들면, 사무실 건물을 건축하는 프로젝트에서 조경은 미결사항 목록을 완료하기 15일 전에 시작할 수 있는 경우 그림 5-5의 (a)와 같이 FS-15로 표현할 수 있습니다. 래그의 예를 들면, 기술문서 작성(Technical Writing) 팀에서 문서를 작성하기 시작한 뒤 15일 이후로 문서의 초본을 편집할 수 있는 경우 그림 5-5의 (b)와 같이 SS+15로 표현할 수 있습니다. 활동의 기간 추정치에 리드와 래그를 포함해서는 안 되며, 활동에 관한 여러 가지 가정들은 문서화되어야 합니다.

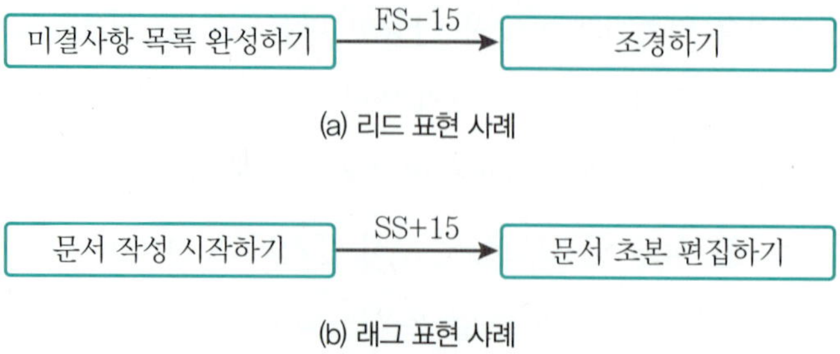


그림 5−5 리드와 래그 표현 사례

프로젝트 관리 정보시스템(Project Management Information System, PMIS)는 일정 계획 소프트웨어와 같이 활동들의 순서를 계획, 구성, 조정할 수 있고, 논리적 관계를 규정하고, 리드와 래그를 반영할 수 있는 정보시스템을 지칭합니다.

이 프로세스의 입력으로는 프로젝트 관리 계획, 프로젝트 문서들 등이 있습니다. 주로 사용되는 프로젝트 관리 계획으로는 일정 관리 계획과 범위 기준선 등이 있습니다. 주로 사용되는 프로젝트 문서들로는 활동 리스트, 활동 속성, 가정 기록부, 마일스톤 리스트 등이 있습니다.

이 프로세스의 출력으로는 프로젝트 일정 네트워크 도표와 프로젝트 문서들 갱신이 있습니다.

프로젝트 일정 네트워크 도표(Project Schedule Network Diagram)는 프로젝트 일정 활동들 간의 의존관계를 도표로 표현한 것입니다. 수작업 또는 소프트웨어를 이용

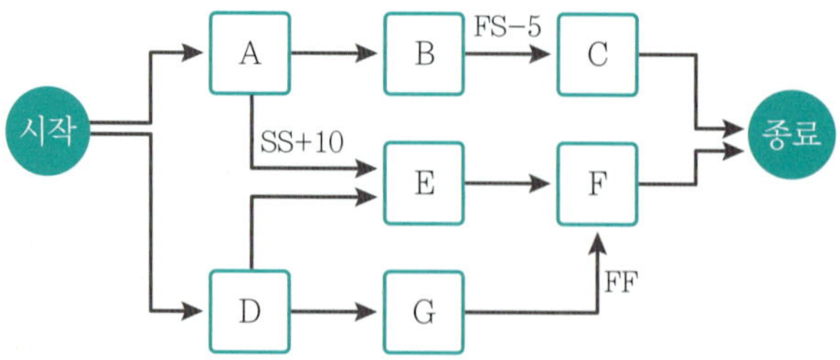


그림 5−6 프로젝트 일정 네트워크 사례

하여 작성할 수 있으며, 순서세우기에 대한 기본적인 접근법이나 특이한 활동 순서에 대한 충분한 서술이 필요한 경우에는 요약 서술이 첨부될 수 있습니다. 사례로서 다음과 같은 도표를 생각해볼 수 있습니다. 프로젝트가 시작해서 A와 D가 시작됩니다. 그리고 A가 끝나고 나면 B가 시작되고, D가 끝나고 나면 E와 G가 시작됩니다. E는 D가 끝나고 A가 시작된 후 10일 후에 시작됩니다. 여기서 래그가 사용되었습니다. B가 끝나기 5일 전에 C가 시작되는 리드도 사용되고 있습니다. E가 끝난 후에 F가 시작될 수 있으며, F는 G가 끝난 후에 끝날 수 있습니다. 마지막으로 C와 F가 끝이 나면 프로젝트가 종료됩니다. E나 F와 같이 여러 개의 선행 활동들을 가지고 있는 활동은 경로가 수렴됨을 표현하며, A나 D와 같이 여러 개의 후행 활동들을 가지고 있는 활동은 경로가 발산됨을 표현합니다. 이런 활동들은 다수의 다른 활동들에 영향을 주거나 받으므로 리스크가 더 높습니다.

프로젝트 문서들 갱신은 활동 리스트, 활동 속성, 가정 기록부, 마일스톤 리스트 등을 포함합니다.

지금까지 학습한 내용을 정리하면 다음과 같습니다.

**핵심정리**

- 활동 정의하기(Define Activities): 프로젝트 전달물을 생성하기 위해서 수행되는 특정 활동들을 확인하고 문서화하는 프로세스
- 활동 순서세우기(Sequence Activities): 프로젝트 활동들 간의 관계를 확인하고 문서화하는 프로세스
- 프로젝트 일정 네트워크 도표(Project schedule Network Diagram): 프로젝트 일정 활동들 간의 의존 관계를 도표로 표현한 것

## 4 활동 기간 추정하기

프로젝트 일정 관리의 네 번째 프로세스인 활동 기간 추정하기(Estimate Activity Durations)는 추정된 자원을 가지고 각 활동을 완료하는 데 필요한 작업 기간을 예측하는 프로세스입니다. 이러한 예측에서는 작업의 범위, 필요한 자원 유형이나 기술 수준, 추정 자원의 양, 자원 캘린더 등으로부터의 정보를 사용합니다. 이러한 예측에 영향을 미칠 수 있는 다른 요인으로는 일정 네트워크 분석 기법, 기간에 대한 제약 등이 있습니다. 기간 추정치는 입력 자료가 이용 가능해지고 그 품질이 개선됨에 따라서 점진적으로 상세화됩니다. 많은 경우 활동을 성취하는 데 있어서 이용 가능할 것으로 기대되는 자원의 양과 이러한 자원을 다루는 기술의 숙달됨이 활동 기간을 정하게 됩니다. 활동에 배정된 영향력이 큰 자원을 조정하면 기간에 영향을 미칠 수 있으나, 단순한 선형 관계는 아닙니다. 자원이 추가됨에 따라서 단위 자원 당 활동 기간이 단축되는 정도가 감소하는 수확 체감의 법칙에도 주의를 기울여야 하겠고, 극단적으로 너무 많은 자원을 투입하면 활동 기간이 증가할 수도 있다는 점에 유의해야 하겠습니다. 기술적 진보로 필요한 자원이나 기간을 변경할 수 있다는 점이나, 종료 예정 시점까지의 시간을 모두 사용하고자 하는 직원들의 특성(파킨슨의 법칙)에 유의해서 동기부여에도 관심을 가져야 하겠습니다.

이 프로세스의 핵심 효용은 각 활동을 완료하는 데 필요한 시간을 제공하는 데 있습니다.

이 프로세스에서 사용할 수 있는 도구와 기법으로는 전문가 판단, 유사 추정, 매개변수 추정, 3점 추정, 상향식 추정, 데이터 분석(대안 분석, 준비 분석), 의사결정(투표), 회의 등이 있습니다. 여기서는 유사 추정, 매개변수 추정, 3점 추정, 상향식 추정, 준비 분석에 대해서 알아보도록 하겠습니다.

유사 추정(Analogous Estimating)은 활동이나 프로젝트의 기간이나 비용을 추정할 때, 유사한 활동이나 유사한 프로젝트의 과거 데이터를 이용하여 총체적인 값을 추정하는 기법입니다. 추진하는 프로젝트에 대한 세밀한 정보가 부족할 때 이 기법이 자주 사용됩니다. 동일한 활동이나 프로젝트를 찾았다면, 그 기간을 그대로 사용하면 되겠습니다. 규모나 복잡도 등에서 알려진 차이점이 있는 경우라면, 이를 반영하여 조정할 수도 있습니다. 다른 기법에 비하여 일반적으로 시간과 비용이 절감되지만, 정확도는 떨어집니다. 과거 활동들이 외형상 뿐만 아니라 실제로도 추정하고자 하는 프로젝트와 유사하고, 추정하는 프로젝트 팀 구성원이 필요한 전문 지식을 가지고 있을 때, 이러한 유사 추정의 신뢰도가 높습니다.

매개변수 추정(Parametric Estimating)은 과거 데이터와 프로젝트 매개변수(Parameter)를 바탕으로 기간이나 비용을 알고리즘으로 계산하는 추정 기법입니다. 한 가지 알고리즘은 수행될 작업량과 단위 작업당 노동 시간을 곱해서 활동의 기간을 정량적으로 결정하는 것입니다. 여기서 매개변수는 수행될 작업량과 단위 작업당 노동 시간입니다. 예를 들어 1,000미터의 케이블을 설치하고자 하는데, 미터당 1/25시간이 소요된다면, 1,000 × 1/25 = 40시간이 소요됩니다. 한 가지 알고리즘을 소개해드린 것이고, 이것 말고도 다양한 알고리즘이 가능합니다. 이러한 알고리즘을 만들 때는 잘 축적된 과거 데이터를 기반으로 높은 수준의 정확도를 얻을 수 있도록 해야 하겠습니다.

3점 추정(Three-Point Estimating)은 1점 추정의 불확실성과 리스크를 개선하기 위하여 3점을 추정함으로써 추정치의 정확도를 개선하고자 하는 추정 기법입니다. 이 기법은 PERT(Program Evaluation and Review Technique)에서 유래된 것입니다. PERT는 미국 해군 미사일 개발 프로젝트의 전체 일정관리 및 통제를 위해서 개발된 기법입니다. PERT에서 활동 기간의 대략적인 범위를 정의할 때 사용되는 3점 추정치는 tM, tO, tP입니다. 여기서 tM은 가장 그럴 것 같은(Most Likely) 시간입니다. 그리고 tO는 낙관적인(Optimistic) 시간, tP는 비관적인(Pessimistic) 시간입니다. 여기서 낙관적인 시간은 작업 시간에 대한 것이므로 가장 작은 시간을, 비관적인 시간은 가장 긴 시간을 나타냅니다. 1점 추정에서는 tM만을 추정하지만, 3점 추정에서는 tM, tO, tP,

이렇게 세 값을 추정합니다. 그리고 이 세 값을 가지고 기대 기간 tE를 계산하게 되는데, 계산 공식은 가정된 분포에 따라서 다릅니다. 과거 데이터가 충분하지 않을 때는 삼각 분포를 사용하게 되는데, 이 때 tE 계산 공식으로 tE = (tO + tM + tP) / 3을 사용합니다. 가정된 분포를 바탕으로 기대 기간 주변의 불확실성 범위를 명확히 할 수 있습니다.

상향식 추정(Bottom-up Estimating)은 WBS의 하위 요소들에 대한 추정치들을 통합해서 프로젝트의 기간과 비용을 추정하는 기법입니다. 합리적인 수준의 신뢰도로 활동 기간을 예측할 수 없다면, 활동에서 필요한 작업을 보다 세부적으로 나누고, 각 세부 작업에 대해서 기간을 예측한 후, 이들을 더해서 활동 기간을 결정하는 것입니다.

또 다른 중요한 기법이 준비 분석(Reserve Analysis)입니다. 이것은 프로젝트에 필요한 비상 준비(Contingency Reserve)와 관리 준비(Management Reserve)의 양을 결정하는데 이용됩니다. 기간을 추정할 때는 비상 준비를 프로젝트 일정에 포함하여 일정의 불확실성에 대비해야 합니다. 우리가 일을 처리할 때 비상사태가 발생할 수 있다는 것을 알고 있는 경우가 있습니다. 이러한 비상에 대한 준비가 필요합니다. 확인되어 승인되고 대응책이 개발된 리스크에 대하여 배정된 추정 기간이 비상 준비입니다. 이것은 알려진 미지(Known-unknowns)와 관련된 것입니다. 발생할 수 있다는 것은 알려져 있지만 정확한 내용은 미지인 것입니다. 이 추정 기간을 구하는 방법으로는 활동 기간 추정치의 일정 퍼센트로 구한 값을 사용하거나, 몬테 카를로 시뮬레이션(Monte Carlo Simulation)과 같은 정량적 분석 방법으로 구한 값을 사용할 수 있습니다. 몬테 카를로는 프랑스 남쪽 리비에라 해안에 있는 모나코 왕국의 카지노/호텔 이름입니다. 도박은 확률적인 게임을 하는 것이라서 초창기 확률 이론이 도박에서 출발한 경우가 많은데, 여기서도 확률적으로 발행하는 사건들을 모의실험(Simulation)하는 기법을 표현하기 위해서 몬테 카를로 시뮬레이션이라고 명명한 것입니다. 불확실하게 발생하는 사건들을 모의실험해서 기간을 추정해볼 수 있습니다. 이러한 내용은 일정 기준선에 반영되게 됩니다. 또 다른 준비가 관리 준비입니다. 예측하지 못한 작업에 대해 준비하기 위하여 관리 통제 목적으로 배정된 추정 기간(또는 프로젝트 예산)을 말하며, 알려지지 않은 미지(Unknown-unknowns)와 관련된 것입니다. 이것은 일정 기준선에 반영되지 않습니다.

이 프로세스의 입력으로는 프로젝트 관리 계획(Project Management Plan), 프로젝트 문서들 등이 있습니다. 주로 사용되는 프로젝트 관리 계획으로는 일정 관리 계획과 범위기준선 등이 있습니다. 주로 사용되는 프로젝트 문서들로는 활동 리스트, 활동 속성, 가정 기록부, 학습된 교훈 등록부, 마일스톤 리스트, 프로젝트 팀 배정, 자원 분해 구조 등이 있습니다.

이 프로세스의 출력으로는 기간 추정치, 추정치 근거, 프로젝트 문서들 갱신이 있습니다.

기간 추정치(Duration Estimates)는 각 활동, 단계, 또는 프로젝트를 끝마치기 위하여 요구되는 기간에 대한 정량적 평가치입니다. 이러한 기간 추정치는 리드와 래그를 포함하지 않습니다. 그리고 기간 추정치는 가능한 변화 범위를 제시할 수도 있습니다. 예를 들어 주5일 근무 시의 8~12일을 2주±2일로 표현할 수 있습니다.

추정치 근거(Basis of Estimates)는 기간 추정치를 계산한 방법을 명확하고 완벽하게 이해할 수 있도록 지원하는 기록문서입니다.

프로젝트 문서들 갱신은 활동 속성, 가정 기록부, 학습된 교훈 등록부 등을 포함합니다.

지금까지 학습한 내용을 정리하면 다음과 같습니다.

**핵심정리**

- 활동 기간 추정하기(Estimate Activity Durations): 추정된 자원을 가지고 각 활동을 완료하는 데 필요한 작업 기간을 추정하는 프로세스
- 유사 추정(Analogous Estimating): 활동이나 프로젝트의 기간이나 비용을 추정할 때, 유사한 활동이나 유사한 프로젝트의 과거 데이터를 이용하여 총체적인 값을 추정하는 기법
- 매개변수 추정(Parametric Estimating): 과거 데이터와 프로젝트 매개변수(Parameter)를 바탕으로 기간이나 비용을 알고리즘을 사용해서 계산하는 추정 기법
- 3점 추정(Three-Point Estimating): 1점 추정의 불확실성과 리스크를 개선하기 위하여 3점을 추정함으로써 추정치의 정확도를 개선하고자 하는 추정 기법
- 비상사태 준비(Contingency Reserve): 확인되어 승인되고 대응책이 개발된 리스크에 대하여 배정된 추정 기간
- 관리 준비(Management Reserve): 예측하지 못한 작업에 대해 준비하기 위하여 관리 통제 목적으로 배정된 추정 기간(또는 프로젝트 예산)

## 생각해보기

다음 내용은 톰 디 마르코의 "데드라인"에 나오는 이야기입니다. 프로젝트 관리와 관련해서 투입인력의 수와 개발기간 간에는 어떤 관계가 있는지 생각해보시기 바랍니다. (10명의 사람들이 1년 동안 작업해야 완료할 수 있는 어떤 일을 20명의 사람들로 6개월 만에 끝내라는 상사의 요구에 어떻게 하겠느냐는 쟈미드 박사의 질문에 톰킨스는 말도 안 되는 소리라면서 일축합니다. 자미드 박사는 이에 기죽지 않고 10명의 팀이 한 일의 몇 %나 20명의 팀이 할 수 있겠느냐고 재차 질문하면서, 투입인력의 수와 개발기간 간의 선택 관계에 대한 모델 작성을 진행해갑니다. 톰킨스는 절반이나 1/4 정도 밖에 되지 않을 것이라며, 추가 투입 첫날은 유용한 일이라고는 한 가지도 하지 못하고 배우느라 다른 사람의 시간마저 허비하게 만들며, 이후에 조금씩 팀의 완전한 구성원이 되어 갈 것이라고 설명합니다.)

"투입인력의 수와 개발기간 간의 선택 관계는 관리자가 매일 걱정하는 문제입니다. 톰킨스 씨는 항상 그런 선택을 하시지 않습니까? 그런 경우 어떻게 하십니까? 직감에 따른다구요? 그 직감이 모델인 겁니다. 보시다시피, 톰킨스 씨는 이미 모델을 가지고 있기는 하지만, 지금은 완전히 내적인 것입니다. 그 직감이 너무 깊숙이 자리잡고 있기 때문에 보고 싶다고 들여다 볼 수 있는 것도 아닙니다. 그것을 세상 밖으로 끄집어내도록 해야죠."

## 연습문제

**1.** 가까운 작업은 구체적인 수준에서 계획하고, 먼 작업은 추상적인 수준에서 계획하되, 추가 정보가 입수됨에 따라서 계획을 반복적으로 갱신하는 기법을 무엇이라고 하는가?

① 분해 기법 ② CPM
③ 상향식 추정 기법 ④ 롤링 웨이브 기법

**2.** 프로젝트 일정 활동들 간의 의존관계를 도표로 표현한 것을 무엇이라고 하는가?

① 프로젝트 일정 네트워크 도표 ② 리드와 래그
③ 우선 순위 도표화 방법 ④ 마일스톤 리스트

**3.** 유사추정에 대한 설명으로 잘못된 것은?

① 활동이나 프로젝트의 기간 등을 추정할 때, 유사한 활동이나 유사한 프로젝트의 과거 데이터를 이용하여 총체적인 값을 추정하는 기법
② 규모나 복잡도 등에서 알려진 차이점이 있는 경우 이를 반영하여 조정할 수 있음
③ 다른 기법에 비하여 일반적으로 시간과 비용의 절감되지만, 더 정확함
④ 추정하는 프로젝트 팀 구성원이 필요한 전문 지식을 가지고 있을 때, 유사 추정의 신뢰도가 높음

**4.** 확인되어 승인되고 대응책이 개발된 리스크에 대하여 배정된 추정 기간을 무엇이라고 하는가?

① Unknown-unkonwns ② 비상 준비
③ 알려지지 않은 미지 ④ 관리 준비

**5.** 3점 추정에 대한 설명으로 잘못된 것은?

① 1점 추정의 불확실성과 리스크를 개선하기 위하여 3점을 추정함으로써 추정치의 정확도를 개선하고자 하는 추정 기법

② 1점 추정에 의한 활동 기간 추정치의 정확도는 3점 추정으로 추정의 불확실성과 리스크를 고려함으로써 개선될 수 있음

③ PERT(Program and Evaluation Review Technique)에서 유래된 기법임

④ PERT에서 활동 기간의 대략적인 범위를 정의할 때 사용되는 3가지 추정치는 임의로 결정됨

**6.** 1번 경비 조는 2번 경비 조가 시작하기 전에 끝낼 수 없는 경우와 같이 선행 활동이 시작될 때까지 후행 활동이 종료될 수 없는 우선순위는 무엇인가?

① Start-to-Finish ② Finish-to-Finish

③ Start-to-Start ④ Finish-to-Start

**7.** 임의적 의존관계에 대한 설명으로 잘못된 것은?

① 수용 가능한 다른 순서가 있음에도 불구하고, 응용 분야의 실제 경험 지식 등으로부터 수립된 바람직한 순서에 기반한 의존관계

② 임의적으로 생성되고, 이후에 일정 작성 선택사항에 제약을 가할 수도 있으므로, 충분히 문서화되어야 함

③ 법이나 계약에 의해서 요구되거나 작업의 특성상 내재하는 의존관계

④ 연성 논리, 선호 논리라고도 부름

**8.** 프로젝트 일정 관리 프로세스들 중에서 일정 관리 계획을 입력으로 사용하지 않는 것은?

① 일정 관리 계획하기 ② 활동 정의하기

③ 활동 순서세우기 ④ 활동 기간 추정하기

## 연습문제

**9.** 프로젝트에서 중요한 지점이나 사건을 지칭하는 용어는 무엇인가?

① 활동 ② 마일스톤

③ 일정 ④ 자원 캘린더

**10.** 후행 활동이 선행 활동에 대하여 연기될 수 있는 시간의 양을 무엇이라고 하는가?

① 리드 ② 연성 논리

③ 래그 ④ 낙관적 시간

정답 11. ④ 2. ① 3. ③ 4. ② 5. ④ 6. ① 7. ③ 8. ① 9. ② 10. ③

CHAPTER

# 6

# 프로젝트 일정 관리 II

## 학습 목차



## 학습 목표

- 준비된 내용을 바탕으로 일정을 개발하고 통제하는 프로세스에 대하여 구체적으로 파악할 수 있다.

## 0 프로젝트 일정 관리 개요

5장에 이어서 프로젝트 일정 관리에 관한 나머지 내용이 되겠습니다. 프로젝트 일정 관리의 여섯 개 프로세스들 중에서 일정을 개발하기 위한 준비 단계로서 필요한 프로세스들 네 가지를 이전 장에서 설명드렸고, 이번 장에서는 계획 그룹에 속하는 SD5(일정 개발하기)와 감시 및 통제 그룹에 속하는 SD6(일정 통제하기)에 대해서 알아보도록 하겠습니다.

이들 2가지 프로세스들을 전체적인 맥락에서 이해하기 위하여 이전 장에서 다루었던 자료흐름도를 다시 그려보았습니다. SD5에서는 프로젝트 관리 계획, 프로젝트 문서들, 합의를 바탕으로 프로젝트 일정, 일정 데이터, 프로젝트 캘린더, 일정 기준선을 생성합니다. 프로젝트 일정, 일정 데이터, 프로젝트 캘린더는 프로젝트 문서들 저장소에 추가하고, 일정 기준선은 프로젝트 일정 계획 저장소에 추가합니다. 변경이 필

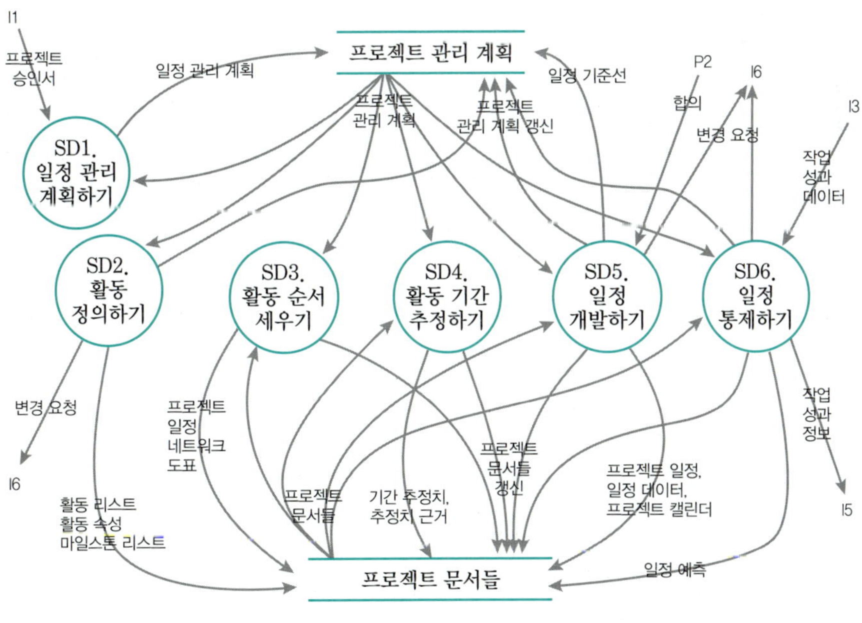


그림 6-1 프로젝트 일정 관리 자료흐름도

요하면 변경 요청을 I6에 하며, SD6에서는 프로젝트 관리 계획, 프로젝트 문서들, 작업 성과 데이터를 바탕으로 일정 예측, 작업 성과 정보가 생성됩니다. 일정 예측치는 프로젝트 문서들 저장소에 추가되며, 작업 성과 정보는 프로젝트 통합 관리의 I5로 보내주고, 필요하면 변경 요청을 I6에 합니다. 이상의 두 프로세스들의 처리 과정에서 프로젝트 관리 계획이나 프로젝트 문서들에 변경된 요소가 있다면 각각의 저장소에 이를 갱신합니다.

## 1 일정 개발하기

프로젝트 일정 관리의 다섯 번째 프로세스인 일정 개발하기(Develop Schedule)는 프로젝트의 실행, 감시, 통제를 위한 일정 모델을 생성하기 위하여 활동 순서, 기간, 자원 요구사항, 일정 제약 등을 분석하는 프로세스입니다. 프로젝트 일정 모델은 프로젝트 활동과 마일스톤의 시작일과 종료일을 결정하는 데 이용됩니다. 그리고 승인 가능한 프로젝트 일정을 개발하는 것은 반복적인 과정이며, 진척도를 추적할 기준선으로 사용될 승인된 프로젝트 일정을 수립하기 위한 프로젝트 일정 모델을 생성하기 위해서 기간 추정치, 자원 추정치, 일정 준비를 검토하고 개정해야 합니다. 또한 작업이 진행되면서 실제 일정을 지탱하기 위해서는, 프로젝트 일정 모델을 개정하고 관리하는 것이 프로젝트 전 기간에 걸쳐서 계속되어야 합니다. 각 활동의 시작일과 종료일이 결정되고 나면, 활동에 배정된 프로젝트 직원으로 하여금 작업 캘린더나 다른 프로젝트의 활동들과 충돌이 없는지를 검토하게 하는 것이 보통입니다.

이 프로세스의 핵심 효용은 각 활동의 계획된 시작일과 종료일이 설정된 일정 모델을 산출하는 데 있습니다.

이 프로세스에서 사용 가능한 도구와 기법으로는 일정 네트워크 분석, 중대 경로 방법, 자원 최적화, 데이터 분석(가정에 의한 시나리오 분석과 시뮬레이션), 리드와 래

그, 일정 압축, 프로젝트 관리 정보시스템, 민첩한 배포 계획 등이 있습니다.

먼저 일정 네트워크 분석(Schedule Network Analysis)은 프로젝트 일정 모델을 생성하는 기법으로, 임계 경로 방법, 자원 최적화 등 여러 가지 다른 기법들을 사용해서 실행 가능한 일정 모델이 개발될 때까지 반복되는 과정입니다. 중대 경로 방법은 약칭으로 CPM이라고 부르는데 Critical Path Method의 약어입니다. 최소 프로젝트 기간을 결정하는 가장 긴 경로(중대 경로, 임계 경로, Critical Path)를 확인하고, 일정 모델 안에서 논리적인 네트워크 경로 상 유연함의 정도를 결정하는 데 사용하는 방법이며, 자원은 언제나 이용 가능하다고 가정합니다. 중대 경로 방법에 대해서는 다음 절에서 사세한 설명을 드리도록 하겠습니다.

자원 최적화(Resource Optimization)는 주어진 자원을 가장 적합하게 사용하기 위한 기법으로 자원 평준화와 자원 다듬질이 대표적입니다. 자원 평준화(Resource Levelling)는 이용 가능한 공급 자원을 가지고 수요에 대한 균형을 맞추기 위하여 자원 제약을 기반으로 시작일과 종료일을 조정하는 기법입니다. 그림 6-2와 같은 사례를 가시고 설명드리겠습니다. 이 그림의 위쪽 다이어그램에서 보면 시작과 동시에 A활동과 B활동이 시작된 뒤 모두 완료되면 C활동이 시작되고, 이후에 C활동이 완료되면 전체적으로 종료되게 됩니다. 그런데 A에서는 갑과 을이 각각 8시간씩 일을 하고, B에

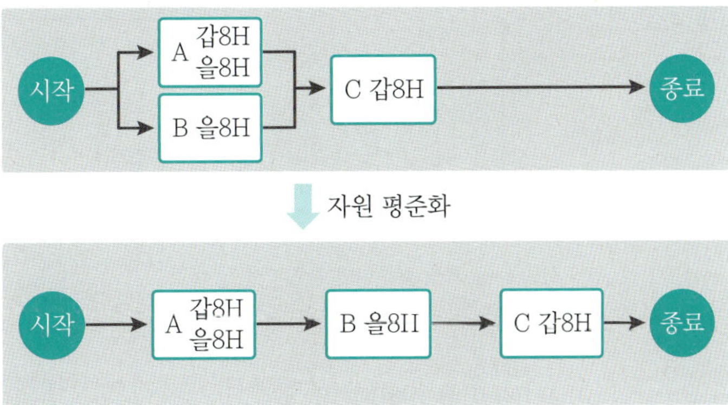


그림 6-2 자원 평준화 사례

서는 을이 8시간 일합니다. 두 활동 A와 B를 하루에 동시에 작업을 한다고 보면 을은 A와 B에서 모두 작업을 해야 하므로, 16시간 일하는 문제가 발생하게 됩니다. 이를 해결하기 위해 자원 평준화를 이용할 수 있는데, 아래쪽 다이어그램과 같이 B활동을 A활동 이후에 배치하게 되면 을이 중복되는 문제가 제거됩니다. 따라서 한 사람이 하루당 8시간 일할 수 있다는 제약에 맞춰서 갑과 을이 투입되게 되는 것입니다.

자원 다듬질(Resource Smoothing)은 자원에 대한 요구사항이 사전에 정의된 한계치를 넘지 않으면서 매끈하게 되도록 일정 모델의 활동들을 조정하는 기법입니다. 자원 평준화에서는 임계 경로가 변하게 되는 반면에, 자원 다듬질에서는 임계경로가 변경되지 않습니다. 아래 그림은 자원 평준화와 자원 다듬질을 비교한 그림입니다. 일별로 작업시간을 정리한 그래프들이 3개 등장하는데, 맨 왼쪽의 것을 보면 일간 작업시간의 변동이 매우 크고, 일간 8시간 한계치를 넘어서는 경우도 있습니다. 자원 평준화를 통해서 하루에 8시간을 넘지 않도록 하게 되면 가운데 것과 같이 조정되게 됩니다. 하지만 여전히 일간 작업시간의 변동이 있습니다. 이를 개선하기 위하서 자원 다듬질을 하게 되면 오른쪽 것과 같은 결과를 얻게 됩니다.

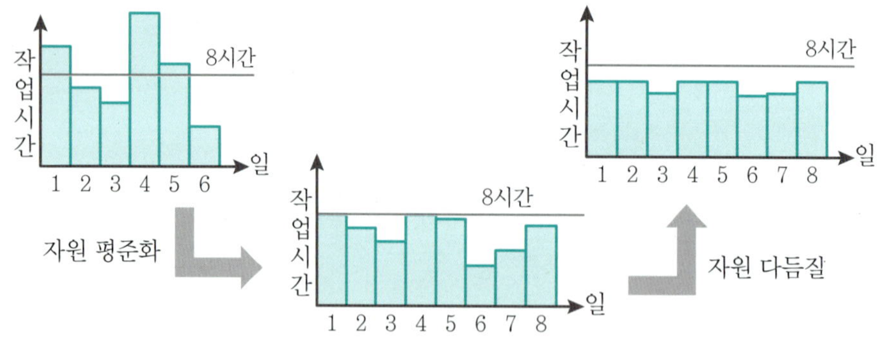


그림 6-3 자원 평준화와 자원 다듬질 비교

가정에 의한 시나리오(What-if Scenario) 분석에서 시나리오는 영화를 만들기 위하여 쓴 각본 또는 미래에 일어날 수 있는 일을 묘사한 것입니다. 그러므로 가정에 의한 시나리오 분석은 시나리오에서 가정한 상황이 일어난다면 어떻게 될 것인지를 분석하는 기법입니다. 사례로서 주요 부품의 배달이 지연되는 시나리오라든가 파업과 같은 외부 요소를 도입한 시나리오 등을 들 수 있습니다.

시뮬레이션(Simulation)에서는 개개의 프로젝트 리스크를 비롯한 불확실한 요인들이 프로젝트 목표 달성에 미치는 영향을 평가하기 위하여 결합된 효과를 분석할 수 있는 모델이 구축됩니다. 가장 일반적인 시뮬레이션 기법으로 몬테 카를로 시뮬레이션(Monte Carlo Simulation)이 있습니다. 이 기법이 확률적인 사건들을 가지고 모의실험을 한다는 점에서, 유럽의 대표적인 도박장인 모나코의 카지노/호텔 이름으로 명명한 것입니나. 몬테 칼클로 시뮬레이션이 등장하기 이전에는 확정적인 사실들을 결합해서 모의실험하는 것이 일반적이었는데, 몬테 칼클로 시뮬레시션이 이런 한계를 개선하게 된 것입니다. 이 기법을 프로젝트 관리에 응용할 때는 불확실성을 고려하기 위하여 3점 추정치로부터 수립된 확률 분포를 사용하여 다양한 기간의 활동들을 구성하여 다수의 프로젝트 기간을 검토하게 됩니다. 그림 6-4와 같은 사례를 가지고 설명을 드리겠습니다. 여기서 A, B, C 활동 각각에는 3점 추정치가 주어져 있습니다. 따라서 각 활동의 기간을 확률 분포에 따라서 발생시켜서 프로젝트 기간을 계산해볼 수 있습니다. 여기서는 6.8, 8.5, 3.1을 각 활동의 기간으로 발생시킨 경우를 보여줍니다. 몬테 카틀로 시뮬레이션에서는 이런 과정을 여러 번 반복해서 평균적인 프로젝트 기간을 분석해볼 수 있습니다.

일정 개발을 위해서 사용할 수 있는 또 다른 기법으로 일정 압축(Schedule Compression)이 있습니다. 일정 제약, 부과된 날짜, 또는 다른 일정 목표를 만족시키기 위하여, 프로젝트 범위를 축소하지 않고 일정 기간을 단축하는 데 사용되는 기법입니다. 여기에는 크래싱과 패스트 트래킹이 있습니다. 크래싱(Crashing)은 임계 경로상의 활동들에 자원을 추가해서 가장 적은 추가비용으로 일정 기간을 단축하는 기법입니다. 패스트 트래킹(Fast Tracking)은 보통 순차적으로 수행되는 활동들을 부분적으로나마 병렬적으로 수행해서 시간을 단축하는 기법입니다.

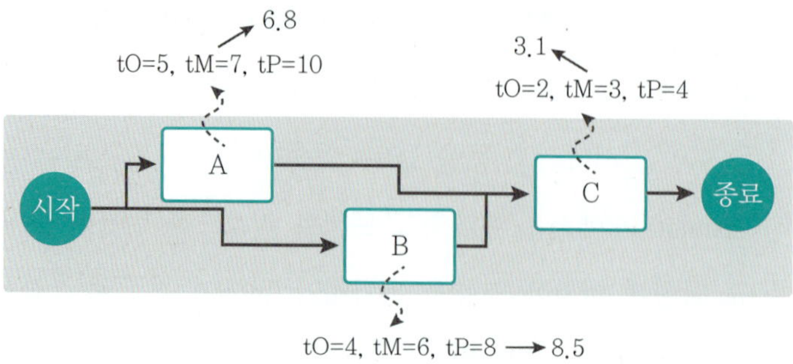


그림 6-4 몬테 카를로 시뮬레이션 사례

프로젝트 관리 정보시스템(Project Management Information System, PMIS)은 일정 모델 개발 프로세스를 촉진하는 일정 계획 소프트웨어를 포함합니다.

민첩한 배포 계획(Agile Release Planning)은 제품 비전(Vision)과 제품 로드맵(Roadmap)을 바탕으로 배포 일정을 높은 수준의 요약 시각표(Timeline)로 제공합니다. 제품 비전이 제품 로드맵을 추진하고, 제품 로드맵은 배포들(Releases)로 구성됩니다. 각 배포는 반복들(Iterations)로 구성되며, 배포 계획(Release Plan)을 통해서 수행될 반복들을 수립합니다. 각 반복은 제품 특징들(Features)로 구성되며, 반복 계획(Iteration Plan)을 통해서 개발할 제품 특징들을 수립합니다. 각 제품 특징은 사용자 스토리(User Story)에 의해서 규정되며, 시간으로 측정된 업무들로 분할됩니다.

이 프로세스의 입력으로는 프로젝트 관리 계획, 프로젝트 문서들, 합의 등이 있습니다. 주로 사용되는 프로젝트 관리 계획으로는 일정 관리 계획, 범위 기준선 등이 있습니다. 주로 사용되는 프로젝트 문서들로는 활동 리스트, 활동 속성, 가정 기록부, 마일스톤 리스트, 기간 추정치, 추정치 근거, 학습된 교훈 등록부, 프로젝트 일정 네트워크 도표, 프로젝트 팀 배정, 자원 캘린더, 자원 요구사항, 리스크 등록부 등이 있습니다. 프로젝트 팀 배정은 각 활동에 배정된 자원을 규정하며, 자원 캘린더는 프로젝트를 수행하는 동안 자원을 이용할 수 있는 가능성에 관한 정보를 포함합니다. 자원 요구사항은 어떤 유형의 자원이 얼마만큼 각 활동에 필요한 것인지를 확인합니다.

이 프로세스의 출력으로는 일정 기준선, 프로젝트 일정, 일정 데이터, 프로젝트 캘린더, 변경 요청, 프로젝트 관리 계획 갱신, 프로젝트 문서들 갱신이 있습니다.

일정 기준선(Schedule Baseline)은 공식적인 변경 통제 절차에 의해서만 변경이 가능한 승인된 일정 모델입니다. 감시 및 통제를 하는 동안에 일정 기준선의 시작일과 종료일은 실제 시작일 및 종료일과 비교되어 변동이 일어났는지 결정하는 데 이용됩니다. 프로젝트 관리 계획의 한 요소이기도 합니다.

프로젝트 일정(Project Schedule)은 계획된 날짜와 기간, 마일스톤, 자원 등을 가진 활동들을 연결하여 보여주는 프로젝트 일정 모델의 출력물입니다. 최소한 프로젝트 일정은 각 활동에 대하여 계획된 시작일과 종료일을 포함합니다. 그리고 프로젝트 일정은 마일스톤 일정과 같이 요약 형태로 표시될 수도 있고, 보다 상세히 표시될 수도 있습니다. 프로젝트 일정 모델은 표 형식으로 제시될 수 있는데, 여러 가지 그래픽을 사용하여 제시되는 것이 보다 일반적입니다. 대표적인 것이 바차트입니다.

바(Bar) 차트는 간트(Gantt) 차트로도 부르며, 수직 축에 활동을 나열하고, 수평 축에 날짜를 배치하고, 활동 기간은 수평 바(직사각형)로 표시하는 표현 방식입니다. 간단하여 작성하기 쉽고, 개요 파악이 용이합니다. 활동 진행 상황을 표현할 수 있고, 경영층 보고에 주로 이용할 수 있습니다. 반면에 활동들 간의 의존성을 명확하게 표현하지 못하며, 애로 활동에 대한 사전 파악이 어렵습니다. 아래 그림과 같은 사례에서 보면, 수평 축에 일 단위로 시간을 표시하고 있고, 수직 축에는 A, B, C, 이렇게 세 활동을 배치하고 있습니다. A에 대해서는 1일에 시작해서 5일에 완료될 작업을 표시하는 수평 바를 제시하고 있습니다. 마찬가지로 B에 대해서는 2일부터 6일까지, C에 대해서는 7일부터 12일까지 수평 바를 제시하고 있습니다. 그리고 수평 바의 어떤 부분에는 색깔이 채워져 있는데, 이것은 완료된 작업을 표현합니다. A는 모두 완료되었고, B는 일부분만 완료되었고, C는 아직 시작되지 않은 상태입니다. 아래쪽에 보면 화살표로 표시되어 있는 부분은 프로젝트 상황이 기록된 날짜로서 데이터 날짜 또는 현재 날짜라고 합니다. 여기서는 화살표로 바 차트 하부에 표시하고 있는데, 수직 점

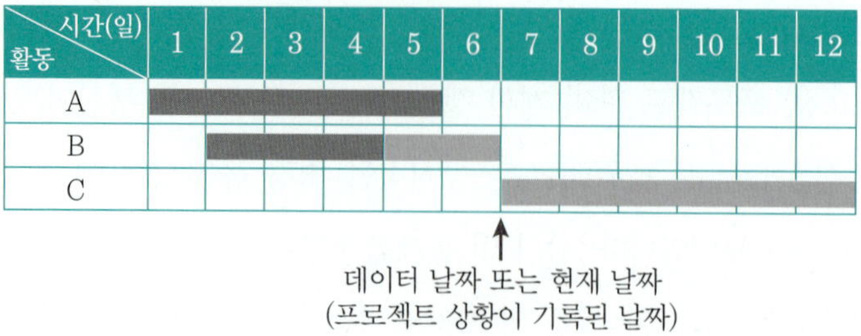


그림 6-5 바 차트 사례

선으로도 표시할 수 있습니다.

프로젝트 일정 모델을 표현하는 또 다른 형식으로는 마일스톤 차트가 있습니다. 이것은 바 차트와 유사하나, 주요 전달물의 시작과 종료, 그리고 핵심 외부 인터페이스만을 표현합니다. 마일스톤의 시기와 실행여부만 표현합니다. 가장 단순한 일정 모델이며 고객과 경영층에 대한 요약 보고 용도로 주로 사용됩니다. 사례를 보면 A, B, C, 각 활동의 시작과 종료 마일스톤을 마름모로 표시하고 있습니다. 진행이 된 마일스톤에는 색깔이 채워져 있습니다. 그리고 바 차트와 마찬가지로 데이터 날짜를 화살표로 표시하고 있습니다.

프로젝트 일정 모델을 표현하는 또 다른 형식으로는 프로젝트 일정 네트워크 도표가 있습니다. 시간 척도 없이 활동과 관계를 표현하는 순수 논리 도표를 말하거나, 시간 척도 상에서 바 차트 형식으로 표현하는 논리 바 차트입니다. 활동 간 선후관계 및 애로 활동을 표현할 수 있으며, 프로젝트 계획이나 실무 담당자 간 협의에 적합합

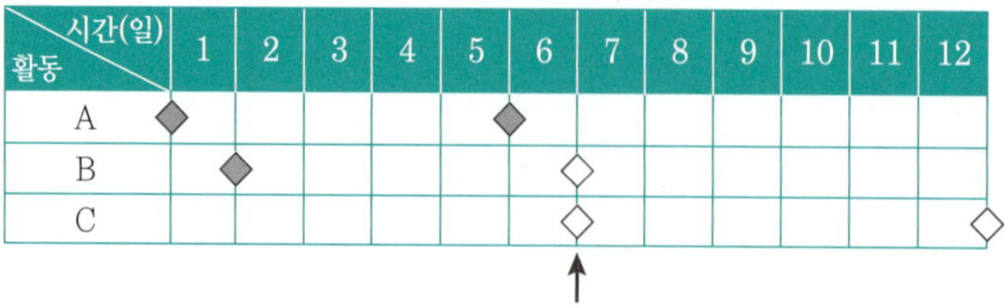


그림 6-6 마일스톤 차트 사례

니다. 그림 6-6의 사례는 활동을 노드로 표현하는 방식의 프로젝트 일정 네트워크 도표로서, 몬테 칼를로 시뮬레이션에서 사용한 사례와 동일합니다.

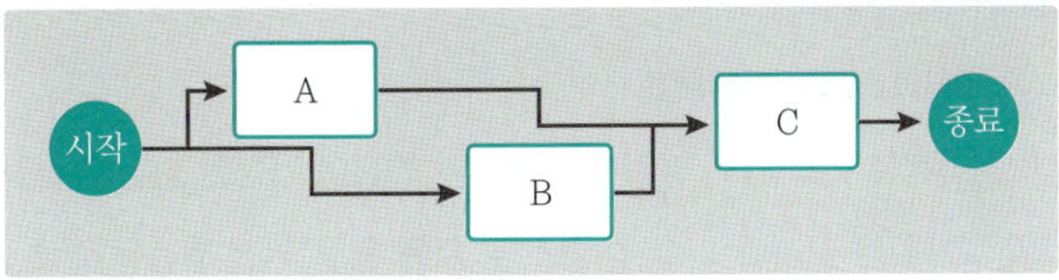


그림 6-7 프로젝트 일정 네트워크 도표 사례

일정 데이터(Schedule Data)는 일정 마일스톤, 일정 활동, 일정 속성, 확인된 가정과 제약의 기록문서 등과 같이 일정을 기술하고 통제하기 위한 정보의 집합입니다.

프로젝트 캘린더(Project Calendar)는 일정 활동에서 사용 가능한 작업일과 작업조(Shift)를 확인하기 위한 것으로, 하나의 일정 모델에 대하여 둘 이상의 프로젝트 캘린더가 필요할 수도 있습니다.

프로젝트 관리 계획 갱신은 일정 관리 계획, 비용 기준선 등을 포함합니다. 프로젝트 문서들 갱신은 활동 속성, 가정 기록부, 기간 추정치, 학습된 가정 기록부, 자원 요구사항, 리스크 등록부 등을 포함합니다.

지금까지 학습한 내용을 정리하면 다음과 같습니다.

**핵심정리**

- 일정 개발하기(Develop Schedule): 프로젝트 일정 모델을 생성하기 위하여 활동 순서, 기간, 자원 요구사항, 일정 제약 등을 분석하는 프로세스
- 자원 최적화: 자원 평탄화, 자원 다듬질 등
- 가정에 의한 시나리오 분석: 시나리오에시 가정한 상황이 일어난다면 어떻게 될 것인지를 분석하는 기법

**핵심정리**

- 몬테 카를로 시뮬레이션: 불확실한 요인들이 프로젝트 목표 달성에 미치는 영향을 확률적인 사건들을 가지고 평가하는 기법
- 일정 압축: 크래싱과 패스트 트래킹
- 일정기준선: 공식적인 변화 통제 절차에 의해서만 변경이 가능한 승인된 일정 모델
- 프로젝트 일정: 계획된 날짜와 기간, 마일스톤, 자원 등을 가진 활동들을 연결하여 보여주는 일정 모델의 출력물
- 프로젝트 일정 표현 방식: 바 차트, 마일스톤 차트, 프로젝트 일정 네트워크 도표 등

## 2 PERT/CPM

일정 개발하기에서 사용되는 중요한 도구와 기법 중 하나인 PERT/CPM에 대해서 구체적으로 알아보도록 하겠습니다. 먼저 PERT(Program Evaluation and Review Technique)는 미 해군 미사일 개발 프로젝트의 전체 일정관리 및 통제를 위해서 개발된 기법으로 주된 목적은 공기 단축입니다. 각 활동의 작업시간을 정확히 예측하기 어려운 경우에 정해진 목표에 도달할 수 있는 방법을 찾는 데 주로 이용되고 있습니다. 이전에 설명했던 것처럼 작업시간은 3점 시간 추정에 의한 확률적 모형에 의해서 추정됩니다. 신규 사업, 비반복 사업, 경험이 없는 사업 등을 대상으로 하는 프로젝트뿐만 아니라, 연구개발 분야에서도 많이 사용되고 있습니다.

반면에 CPM(Critical Path Method)은 듀퐁사의 화학공장 생산 공정 유지 통제를 위하여 개발된 기법으로 주된 목적은 원가 절감입니다. 각 활동의 작업시간이 정확하게 주어진 상황 하에서 프로젝트 시간과 비용 간의 상관관계 분석에 주로 이용됩니다. 작업 시간은 1점 추정에 의해서 결정됩니다. 반복 사업, 경험이 있는 사업 등을 대

상으로 하는 프로젝트뿐만 아니라, 건설 분야에서 많이 사용되고 있습니다.

PERT와 CPM은 매우 유사하기 때문에 이 둘을 조합하여 PERT/CPM이라고 부르기도 하고, 이를 다시 약칭하여 CPM으로 부르기도 합니다.

네트워크로 프로젝트 일정을 표현하는 방법에는 AON과 AOA가 있다고 하였는데, PERT/CPM에서는 네트워크 도표를 이용하므로 우선 이에 대해서 충분히 이해하고 있어야 합니다. AON과 AOA에 대해서 한 걸음 더 들어가 보도록 하겠습니다.

AON(Activity on Node) 표현 방법은 활동을 노드에 배치하는 표현 방법으로 특정한 두 개의 노드는 하나의 아크에 의해서만 연결됩니다. 그리고 아크의 화살표 방향은 활동의 선후관계를 직접적으로 표현합니다. 작성이 쉬운 편이나, 사건을 표현하기 어렵다는 단점이 있습니다. 아래 그림을 보면 두 활동 A와 B를 각각 사각형 형태의 노드로 표현하고, 사각형 아래에 작업시간을 표시하고 있습니다. 노드에 활동을 표현하고 있으니 AON 표현 방법을 사용하고 있는 것이죠. 그리고 화살표가 있는 하나의 아크로 두 사각형을 연결하고 있는데, 이것은 A 활동이 끝난 후에 B 활동이 진행된다는 우선순위를 표현합니다.

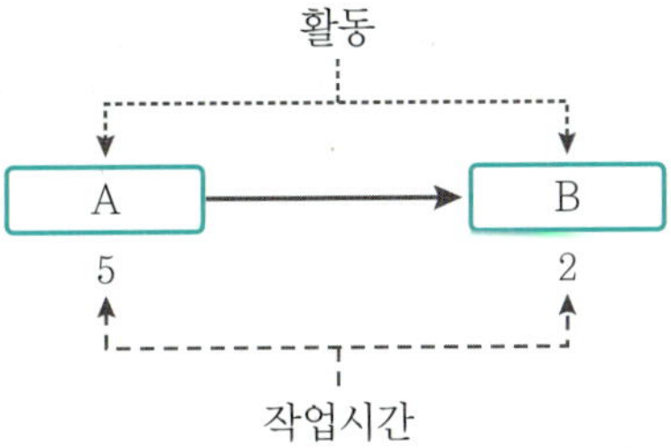


그림 6-8 AON 표현 방법

다음 표와 같은 활동들이 있는 연습 프로젝트를 AON 형태로 표현해보면, 아래 그림과 같습니다. 먼저 시작 노드를 가장 왼쪽에 원으로 작성하고, 선행 활동이 없는 A와 B를 그 오른쪽에 사각형 노드로 작성한 뒤, 시작 노드와 아크로 연결합니다. 연결된 아크의 방향은 당연히 사각형 노드 쪽입니다. 그리고 A와 B를 선행 활동으로 하는 C를 그 오른쪽에 사각형 노드로 작성하고, 각각 A 및 B와 연결하여 아크를 만듭니다. 화살표 방향은 C쪽이 되겠습니다. 마찬가지로 B를 선행 활동으로 하는 D를 그 오른쪽에 사각형 노드로 작성하고, B와 연결하여 아크를 만듭니다. 화살표 방향은 D쪽이 되겠습니다. 마지막으로 가장 오른쪽에 끝 노드를 원으로 작성하고 후행 활동이 없는 모든 노드들을 끝 노드와 아크로 연결합니다. 여기서는 C와 D가 후행 활동이 없으므로 끝 노드와 아크로 연결하고 끝 노드쪽으로 화살표를 표시해주면 되겠습니다.

표 6-1 연습 프로젝트의 활동들

| 활동 | 작업시간 | 선행활동 |
|---|---|---|
| A | 6 | – |
| B | 4 | – |
| C | 5 | A, B |
| D | 6 | B |

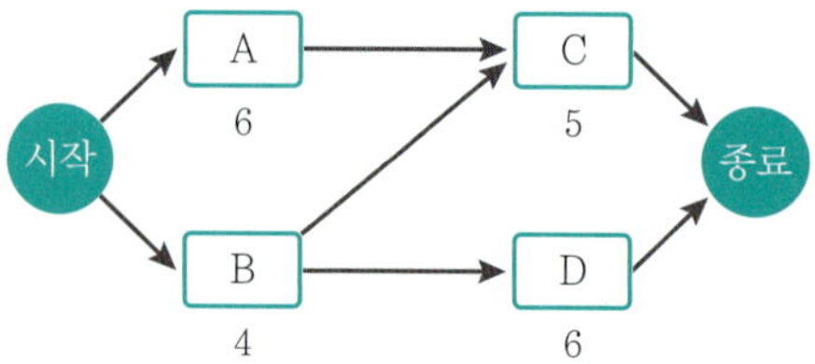


그림 6-9 연습 프로젝트 일정의 AON 표현

AOA(Activity on Arc) 표현 방법은 두 노드를 연결하는 아크(화살표)에 활동을 배치하는 표현 방법으로서, 각 노드는 사건을 표현하며 유일한 이름이나 번호가 배정됩니다. 프로젝트의 시작과 종료는 각각 하나의 노드로 표현되며, 특정한 두 개의 노드는 하나의 아크에 의해서만 연결됩니다. 아크의 화살표 방향은 활동의 선후관계를 간접적으로 표현하게 됩니다. 작성 순서는 다음 그림과 같이 정리할 수 있습니다. 표 6-1의 연습 프로젝트의 활동들을 AOA 표현 방법으로 나타내면 다음 그림과 같습니다.

이 그림에서 보면 1번 노드와 2번 노드를 연결하는 아크에 의해서 A 활동이, 1번 노드와 3번 노드를 연결하는 아크에 의해서 B 활동이, 2번 노드와 4번 노드를 연결하는 아크에 의해서 C 활동이, 3번 노드와 4번 노드를 연결하는 아크에 의해서 D 활동이 표현되고 있습니다. 노드의 공유와 아크의 방향에 의해서 우선 순위가 표현되고 있는데, 예를 들면 2번 노드를 공유하는 A 활동과 C 활동은 화살표 방향에 의해서 A 활동이 C 활동을 선행함을 알 수 있습니다. 마찬가지로 3번 노드를 공유하는 B 활동과 D 활동은 화살표 방향에 의해서 B 활동이 D 활동을 선행함을 알 수 있습니다. 하지만 이런 방법에 의해서 우선순위를 표현할 수 없는 경우가 있는데, 바로 C의 선행활동이 A, B인 경우가 해당됩니다. 이를 표현하기 위해서는 3번 노드에서 2번 노드로 연결되는 아크가 필요한데 이러한 활동은 실제로 존재하지 않기 때문에 표현이 불가능합니다. 그래서 등장한 것이 바로 가상적 활동(Dummy Activity)인데, 이것은 작업시간이 0인 활동으로 선후관계만을 표현하기 위하여 사용되며, 점선 화살표로 표현됩니다.

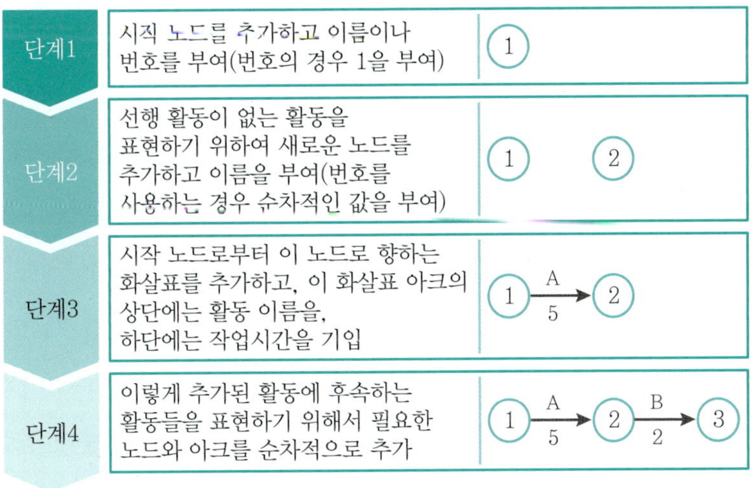


그림 6-10 AOA 작성 순서

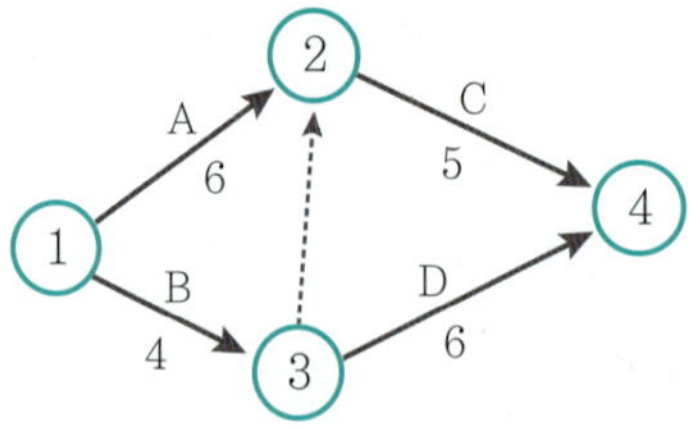


그림 6-11 연습 프로젝트 일정의 AOA 표현

PERT/CPM의 주요 개념으로는 경로와 중대 경로 또는 임계 경로가 있습니다. 먼저 경로(Path)는 시작 노드와 종료 노드를 연결하는 일련의 활동들입니다. 중대 경로 또는 임계 경로(Critical Path, CP)는 모든 경로 중에서 작업시간을 가장 많이 필요로 하는 최장 경로입니다. 따라서 프로젝트의 최소 작업시간은 이 중대 경로의 작업시간이 되겠습니다. 이러한 중대 경로와 최소 작업시간을 구하는 방법으로는 열거법과 전진후진 계산법이 있습니다. 이에 대해서 자세히 배워보도록 하겠습니다.

먼저 열거법입니다. 이 방법에서는 모든 경로를 열거하고, 각 경로의 작업시간을 계산하여, 작업시간이 가장 긴 최장 경로가 중대 경로로 결정됩니다. 경로 수가 한정된 소규모 프로젝트에서만 사용 가능하고, 대규모 프로젝트에서는 사용이 곤란합니다. 그림 6-11 연습 프로젝트 일정의 AOA 표현에서 모든 경로를 열거해보면 경로 A-C, 경로 B-C, 경로 B-D, 이렇게 세 가지입니다. 경로에 대한 표현은 이렇게 활동을 이용해서 표현할 수도 있고, 경로 1-2-4, 경로 1-3-2-4, 경로 1-3-4, 이렇게 노드 번호를 이용해서 표현할 수도 있습니다. 각 경로별로 작업시간을 계산해보면, 경로 A-C의 작업시간은 6+5=11, 경로 B-C의 작업시간은 4+5=9, 경로 B-D의 작업시간은 4+6=10입니다. 이렇게 해서 작업시간이 가장 긴 경로 A-C가 중대 경로가 되고, 이 경로의 작업시간 11이 최소 작업시간이 되겠습니다. 계산이 단순하고 중대 경로 결정이 쉽습니다만, 열거하기 곤란할 정도로 많은 경로가 있다면 어려움이 있겠습니다.

전진후진 계산법은 모든 노드의 여유시간이 0인 경로를 중대 경로로 결정하는 방법입니다. 여기서 여유시간(Slack Time, ST)은 최대 허용시간과 최단 예상시간의 차이입니다. 다시 최단 예상시간(Earliest Expected Time, ET)은 어떤 노드까지의 모든 작업이 완료될 수 있는 최단시간으로, 전진 계산에 의해서 구하게 됩니다. 그리고 최대 허용시간(Latest Allowable Time, LT)은 프로젝트의 전체 종료시간을 지연시키지 않으면서 어떤 노드까지의 모든 작업이 가장 늦게 완료될 수 있는 시간으로, 후진 계산에 의해서 구하게 됩니다. 이렇게 전진 계산과 후진 계산이 순차적으로 이루어지기 때문에 전진후진 계산법이라고 부르는 것입니다.

그림 6-11 연습 프로젝트 일정의 AOA 표현에 대하여 전진후진 계산법을 적용해 보겠습니다. 먼저 전진 계산으로 최단 예상시간을 구하게 됩니다. 시작 노드의 최단 예상시간은 0으로 설정하면 됩니다. AOA 표현 방법에서 시작 노드는 나가는 아크만 있는 노드이므로, 여기서는 1번 노드가 해당됩니다. 그래서 1번 노드의 최단 예상시간 ET1은 0으로 설정하면 됩니다. 이후 화살표를 따라서 전진하면서 각 노드의 최단 예상시간을 계산하게 됩니다. 노드 j(j번 노드)의 최단 예상시간 $ET_j$는 노드 j로 들어오는 아크의 시작 노드 i의 최단 예상시간 $ET_i$와 노드 i와 노드 j 사이의 활동 작업시간 $t_{ij}$를 더한 값 중에서 가장 큰 값을 선택하면 됩니다. 즉 $Max(ET_i+t_{ij})$로 계산하게 됩니다. 아래 그림에서 보면 노드 3에 대한 최단 예상시간은 1번 노드의 최단 예상시간에다가 B 활동의 작업시간을 더한 값인 4를 최단 예상시간으로 계산하고 있습니다. 2번 노드에 대한 최단 예상시간은 1번 노드의 최단 예상시간에다가 A 활동의 작업시간을 더한 값 6과 3번 노드의 최단 예상시간에다가 가상 활동의 작업시간을 더한 값 4 중에서 가장 큰 값인 6을 선택하는 과정을 보여줍니다. 마지막으로 4번 노드에서는 2번 노드의 최단 예상시간에다가 C 활동의 작업시간을 더한 값 11과 3번 노드의 최단 예상시간에다가 D 활동의 작업시간을 더한 값 10 중에서 가장 큰 11을 선택하는 과정을 보여줍니다.

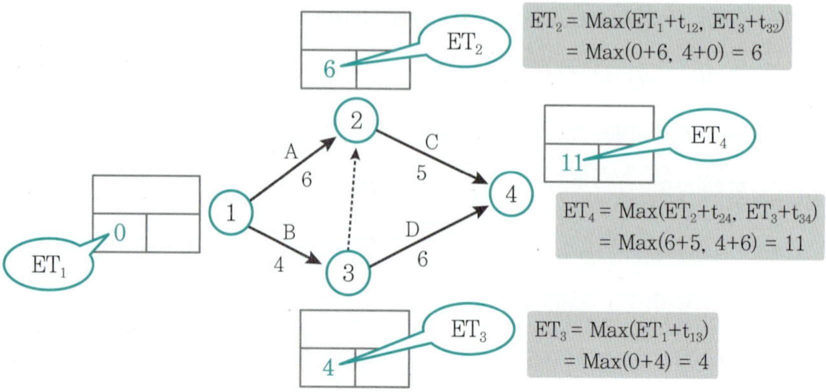


그림 6-12 전진후진 계산법에 의한 최단 예상시간 계산 사례

후진 계산을 통해서는 최대 허용시간을 계산하게 됩니다. 먼저 종료 노드의 최대 허용시간은 최단 예상시간과 동일하게 설정됩니다. AOA 표현 방법에서 종료 노드는 들어오는 아크들만 존재하는 노드이므로, 여기서는 4번 노드가 해당됩니다. 그래서 4번 노드의 최대 허용 시간 $LT_4$는 4번 노드의 최단 예상시간 $ET_4$와 동일하게 설정하면 됩니다. 이후 화살표를 따라서 후진하면서 각 노드의 최대 허용시간을 계산하게 됩니다. 노드 i(i번 노드)의 최대 허용시간 $LT_i$는 노드 i에서 나가는 아크의 끝 노드 j의 최

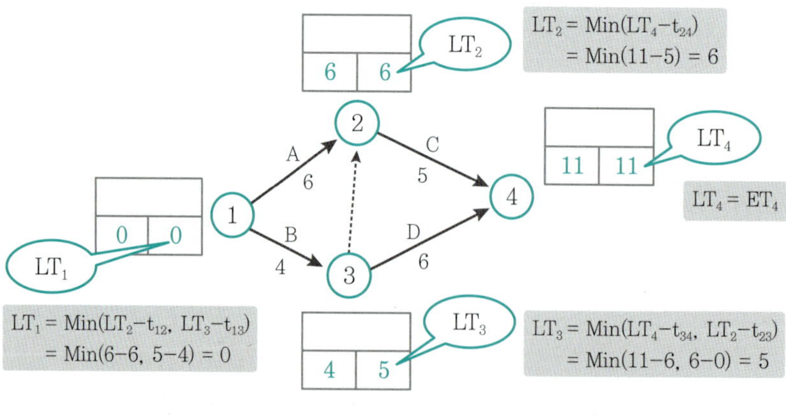


그림 6-13 전진후진 계산법에 의한 최대 허용시간 계산 사례

단 예상시간 $LT_j$와 노드 i와 노드 j 사이의 활동 작업시간 $t_{ij}$를 더한 값 중에서 가장 작은 값을 선택하면 됩니다. 즉 Min $(LT_j - t_{ij})$로 계산하게 됩니다. 아래 그림에서 보면 4번 노드의 최대 허용시간은 4번 노드의 최단 예상시간과 동일하게 11로 설정됩니다. 2번 노드의 최대 허용시간 $LT_2$는 4번 노드의 최대 허용시간 11에서 C 활동의 작업시간 5를 뺀 값 6으로 계산됩니다. 3번 노드의 최대 허용시간 $LT_3$는 4번 노드의 최대 허용시간 11에서 D 활동의 작업시간 6을 뺀 값 5와 2번 노드의 최대 허용시간 6에서 가상활동의 작업시간 0을 뺀 값 6 중에서 가장 작은 값 5로 결정됩니다. 마지막으로 1번 노드의 최대 허용시간 $LT_1$은 2번 노드의 최대 허용시간 6에서 A 활동의 작업시간 6을 뺀 값 0과 3번 노드의 최대 허용시간 5에서 B 활동의 작업시간 4를 뺀 값 1 중에서 가장 작은 0을 선택하게 됩니다.

이렇게 계산된 각 노드의 최단 예상시간과 최대 허용시간을 이용해서 여유시간을 계산하게 됩니다. 즉 노드 j의 최대 허용시간 $LT_j$에서 최단 예상시간 $ET_j$를 차감한 값이 바로 여유시간 $ST_j$가 되겠습니다. 그리고 여유시간이 0인 노드들을 연결한 경로가 중대 경로가 되겠습니다. 아래 그림에서는 중대 경로가 1번 노드, 2번 노드, 4번 노드의 여유시간이 0이므로, 이들을 연결하는 경로 1–2–4(경로 A–C)가 중대 경로가 되겠습니다.

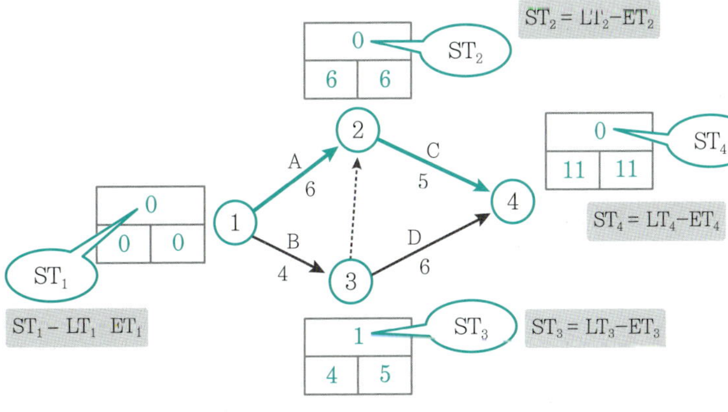


그림 6–14 전진후진 계산법에 의한 여유시간 계산과 중대 경로 결정 사례

## 3 일정 통제하기

프로젝트 시간 관리의 마지막 프로세스인 일정 통제하기가 되겠습니다. 일정 통제하기(Control Schedule)는 프로젝트 일정을 갱신하고 일정 기준선에 대한 변경을 관리하기 위하여 프로젝트 활동들의 상태를 감시하는 프로세스입니다.

이 프로세스의 핵심 효용은 프로젝트 전반에 걸쳐서 일전 기준선을 유지하는 데 있습니다.

이 프로세스에서 사용 가능한 도구와 기법으로는 데이터 분석(획득 가치 분석, 반복 소실 차트, 성과 검토, 추세 분석, 변동 분석, 가정에 의한 시나리오 분석), CPM, 프로젝트 관리 정보시스템, 자원 최적화, 리드와 래그, 일정 압축 등이 있습니다. 대부분의 것들은 이미 설명을 드린 것이고, 여기서는 획득 가치 분석, 반복 소실 차트, 성과 검토에 대해서 간략히 설명드리도록 하겠습니다.

획득 가치 분석(Earned Value Analysis)은 일정 성과 측정치들을 사용해서 일정 기준선 대비 변동의 크기를 평가하는 기법입니다. 획득 가치 분석에 대해서는 프로젝트 비용 관리에서 자세히 다루도록 하겠습니다.

반복 소실 차트(Iteration Burndown Chart)는 각각의 반복에서 잔여 작업을 추적하여 이상적인 잔여 작업과 비교하는 차트입니다. 잔여 작업이 점점 줄어서 없어지므로 소실 차트라는 이름이 붙었습니다.

성과 검토(Performance Review)는 일정 성과를 일정 기준선 대비 측정·비교·분석하는 것입니다.

이 프로세스의 입력으로는 프로젝트 관리 계획, 프로젝트 문서들, 작업 성과 데이터 등이 있습니다. 주로 사용되는 프로젝트 관리 계획으로는 일정 관리 계획, 일정 기준선, 범위 기준선, 성과 측정 기준선 등이 있습니다. 주로 사용되는 프로젝트 문서들로는 학습된 교훈 등록부, 프로젝트 캘린더, 프로젝트 일정, 자원 캘린더, 일정 데이터 등이 있습니다.

이 프로세스의 출력으로는 일정 예측, 작업 성과 정보, 변경 요청, 프로젝트 관리 계획 갱신, 프로젝트 문서들 갱신이 있습니다. 여기서는 작업 성과 정보, 변경 요청을 제외한 나머지에 대하여 알아보겠습니다.

일정 예측(Schedule Forecasts)은 예측 시점에 이용 가능한 정보와 지식을 기반으로 미래의 사건이나 조건에 대한 추정치나 예측한 내용을 포함합니다. 이러한 예측치는 프로젝트가 실행되면서 제공되는 작업 성과 정보에 기반해서 갱신됩니다.

프로젝트 관리 계획 갱신은 일정 관리 계획, 일정 기준선, 비용 기준선, 성과 측정 기준선 등을 포함합니다. 프로젝트 문서들 갱신은 가정 기록부, 추정치 근거, 학습된 교훈 등록부, 프로젝트 일정, 일정 데이터, 자원 캘린더, 리스크 등록부 등을 포함합니다.

지금까지 학습한 내용을 정리하면 다음과 같습니다.

### 핵심정리

- PERT(Program Evaluation and Review Technique): 미 해군 미사일 개발 프로젝트의 전체 일정관리 및 통제를 위해서 개발된 기법으로 공기 단축을 주된 목적으로 함
- CPM(Critical Path Method): 듀퐁사의 화학공장 생산 공정 유지 통제를 위하여 개발된 기법으로 원가 절감을 주된 목적으로 함
- 열거법: 모든 경로를 열거하고, 각 경로의 작업시간을 계산하여, 작업시간이 제일 긴 최장 경로(임대/중대 경로)를 발견하는 방법
- 전진후진 계산법: 모든 노드의 여유시간이 0인 경로를 임계/중대 경로로 발견하는 방법
- 일정 통제하기(Control Schedule): 프로젝트 일정을 갱신하고 일정 기준선에 대한 변경을 관리하기 위하여 프로젝트 활동들의 상태를 감시하는 프로세스

## 생각해보기

다음 내용은 톰 디 마르코의 "데드라인"에 나오는 이야기입니다. 프로젝트 관리와 관련해서 개발기간 단축에 대한 상사의 압력에 대하여 생각해보시기 바랍니다. (NNL을 대리해 모로비아를 통치하는 독재자인 벨록이 톰킨스에게 일정 단축 압력을 가하자, 톰킨스는 프로젝트는 인원을 추가한다고 해서 항상 시간을 줄일 수 있는 것은 아니며, 팀이 어느 정도의 속도로만 결속된다는 것을 나타내는 흡수율 효과가 있다고 설명합니다. 팀을 그보다 더 빠르게 몰아댄다면 좋은 결과보다는 나쁜 결과를 초래하게 된다는 점을 강조해 보지만, 그는 요지부동입니다. 그의 설명을 들어봅시다.)

"나는, 간단하게 말해, 지금 이 모로비아에서 유일하게 없어서는 안 될 사람이지. 과거에는 재정적인 문제를 책임져 왔지. NNL이 가지고 있는 여러 관심사에 있는 모든 재정적인 문제 말이야. 그 귀여운 녀석은 재정적인 면에서 그다지 계산이 빠르지 못하거든. 그 사람은 재정에 관해서는 계산이 빠르지 않지만 세상에서 가장 부자가 되었지. 자, 그런 일이 어떻게 생겼겠나. 말할 것도 없이 내 덕분이지. 난 워낙 겸손해서 내가 모든 공로를 받는 것을 거부했어. NNL이 분명 기술적인 것에는 천부적인 재능이 있기는 하지만, 내가 조금이라도 도와주지 않았더라면 오늘 날 몇 푼 안 되는 회사를 운영하고 있을 거였다고만 말해 두지. 그 사람이 그다지 천부적이지 못한 것 중 하나가, 아 뭐라고 해야 하지? 아랫사람들에게 절박함을 가르쳐주지 못한다는 거야. 내가 말했듯이, 내 눈에는 돈밖에 안보여. 지금까지 무책임하게 허비된 것들에 대해서는 무시하기로 하자고. 하지만 이제부터 우리가 무시하지 않을 것은 지연되었을 때 발생하는 비용이야. 늦어지면 돈이 들지. 국장이 생산을 책임지고 있는 6개 제품은 모두 매출 추이가 예측되어 있네. 모두 합쳐 1억 6천만 달러를 만들어 내야 하지. 순이익은 겨우 9천만 달러를 조금 넘을 뿐이지. 하루에 24만 6천 달러로군. 당신이 매일 게으름 부릴 때마다 내 주머니에서 25만 달러가 새는 거지. 더 확실하게 설명해줄까? 내가 결정한 것은 데드라인을 아주 조금만 수정할 건데…"

# 연습문제

**1.** 임계 경로상의 활동들에 자원을 추가해서 가장 적은 추가비용으로 일정 기간을 단축하는 기법을 무엇이라고 하는가?

① 크래싱　② 자원 다듬질
③ 몬테 카를로 시뮬레이션　④ 자원 평준화

**2.** 프로젝트 일정을 표현하는 방법이 아닌 것은?

① 레이더 차트　② 간트 차트
③ 마일스톤 차트　④ 프로젝트 일정 네트워크 도표

**3.** CPM에 대한 설명으로 잘못된 것은?

① 1점 작업시간 추정　② 공기 단축이 주된 목적임
③ 반복 사업, 경험이 있는 사업에 적합함　④ 듀퐁사에서 개발된 기법

**4.** 다음과 같은 우선순위가 있는 프로젝트에서 최소 작업시간은 얼마인가?

| 활동 | 작업 시간 | 선행 활동 |
|---|---|---|
| A | 6 | – |
| B | 4 | – |
| C | 5 | A |
| D | 6 | B, C |

① 10　② 11
③ 9　④ 17

**5.** PERT/CPM에서 AOA 표현 방법에 대한 설명으로 잘못된 것은?

① 두 노드를 연결하는 아크(화살표)에 활동을 배치하는 표현 방법

② 각 노드는 사건을 표현하며 유일한 이름이나 번호가 배정됨

③ 프로젝트의 시작과 종료는 각각 하나의 노드로 표현됨

④ 작성이 쉬운 편이나, 사건을 표현하기 어려움

**6.** 바 차트에 대한 설명으로 잘못된 것은?

① 간트(Gantt) 차트로도 부름

② 수직 축에 활동을 나열하고, 수평 축에 날짜를 배치하고, 활동 기간은 수평 바로 표시하는 표현 방식

③ 활동 간 선후관계 및 애로 활동을 표현할 수 있음

④ 활동 진행 상황을 표현할 수 있음

**7.** 불확실성을 고려하기 위하여 3점 추정치로부터 수립된 확률 분포를 사용하여 다양한 기간의 활동들을 구성하여 다수의 프로젝트 기간을 검토하는 기법을 무엇이라고 하는가?

① 몬테 카를로 시뮬레이션(Monte Carlo Simulation)

② 가정에 의한 시나리오(What-if Scenario) 분석

③ 자원 다듬질(Resource Smoothing)

④ 크래싱(Crashing)

**8.** 자원에 대한 요구사항이 사전에 정의된 한계치를 넘지 않으면서 매끈하게 되도록 활동들을 조정하는 기법을 무엇이라고 하는가?

① 자원 평준화(Resource Levelling)

② 자원 다듬질(Resource Smoothing)

③ 가정에 의한 시나리오(What-if Scenario) 분석

④ 패스트 트래킹(Fast Tracking)

9. 순차적으로 수행되는 활동들을 부분적으로나마 병렬적으로 수행해서 시간을 단축하는 기법을 무엇이라고 하는가?

① 크래싱 ② 패스트 트래킹
③ CPM ④ 자원 평준화

10. 다음과 같은 AOA 네트워크에서 최소작업시간은 얼마인가?

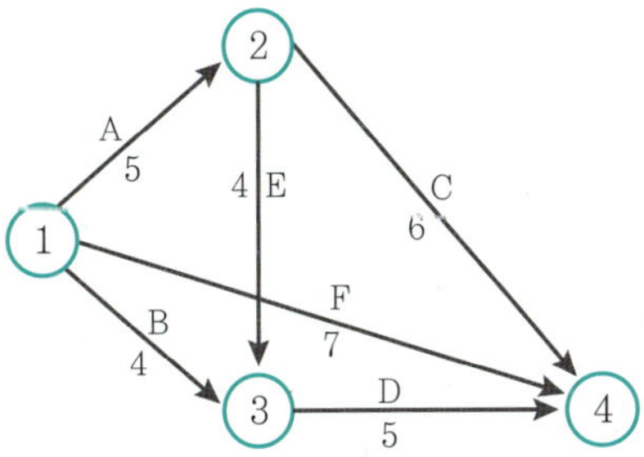


① 7 ② 9
③ 14 ④ 31

정답 1. ① 2. ① 3. ② 4. ④ 5. ④ 6. ③ 7. ① 8. ② 9. ② 10. ③

CHAPTER

7

# 프로젝트 비용 관리

## 학습 목차



## 학습 목표

- 프로젝트가 승인된 예산 내에서 완료될 수 있도록 관리하는 프로젝트 비용 관리 지식 영역에 대하여 구체적으로 파악할 수 있다.

## 0 프로젝트 비용 관리 개요

프로젝트 통합 관리, 프로젝트 범위 관리, 프로젝트 시간 관리에 이어서, 이번 장에서는 프로젝트가 승인된 예산 내에서 완료될 수 있도록 관리하는 프로젝트 비용 관리에 대하여 알아보도록 하겠습니다. 먼저 프로젝트 비용 관리의 개요에 대하여 설명을 드리고, 이어서 프로젝트 비용 관리에 속하는 프로세스들에 대하여 순차적으로 알아보겠습니다. 마지막으로 이전에 단편적으로 언급되었던 획득 가치 관리에 대하여 구체적으로 정리해보도록 하겠습니다.

프로젝트 비용 관리(Project Cost Management)는 프로젝트가 승인된 예산 내에서 완료될 수 있도록, 비용을 계획·평가하고, 예산을 편성하고, 자금을 조달·관리·통제하는 지식 영역입니다. 프로젝트 비용 관리에서 다른 이해관계자는 다른 시점에 다른 방식으로 비용을 측정하므로 이를 고려해야 합니다. 예를 들면 획득한 항목에 대한 비용이 측정되는 시점은 획득 의사결정을 할 때, 주문할 때, 배달될 때, 실제 비용이 발생할 때, 회계 문서에 기입될 때 등으로 다양합니다. 그리고 프로젝트 비용 관리에서 비용은 프로젝트 활동을 완료하는 데 필요한 자원의 비용과 주로 관련되나, 제품, 서비스, 또는 결과물들을 사용하고, 유지하고, 지원하는 데 반복적으로 발생하는 이후의 비용에 대해서도 고려하여야 합니다. 예를 들어 디자인 검토 횟수를 제한하는 것은 프로젝트 비용을 감소시킬 수 있지만, 결과적으로 제품의 운영 비용을 증가시킬 수 있다는 것도 고려해야 합니다. 그리고 많은 조직에서 프로젝트 제품의 장래 재무적 성과를 분석하고 예측하는 것은 프로젝트 외부에서 수행되지만, 프로젝트 비용 관리에 포함될 수도 있습니다.

프로젝트 비용 관리에는 그림 7-1과 같이 4개의 프로세스들이 있습니다. 이 그림은 2장에서도 간략히 살펴본 바가 있습니다만, 이번 장이 비용 관리 지식 영역을 집중적으로 다루는 장이므로, 이들을 자세하게 들여다보도록 하겠습니다.

CO1은 Plan Cost Management, 즉 비용 관리 계획하기입니다. 프로세스의 약칭인 CO1에서 CO는 Cost에서 따온 약어입니다. CO2는 Estimate Costs(비용 추정하기), CO3은 Determine Budget(예산 결정하기), CO4는 Control Costs(비용 통제하기)가 되겠습니다. CO1, CO2, CO3, 이렇게 3개가 계획 그룹에 속하고, 나머지 1개는 감시 및 통제 그룹에 속합니다.

| 지식 영역 | 프로세스 그룹 | | | | |
|---|---|---|---|---|---|
| | 개시 | 계획 | 실행 | 감시 및 통제 | 종료 |
| 비용 관리 | | CO1, CO2, CO3 | | CO4 | |

CO1: Plan Cost Management(비용관리 계획하기)
CO2: Estimate Costs(비용 추정하기)
CO3: Determine Budget(예산 결정하기)
CO4: Control Costs(비용 통제하기)

그림 7-1 프로젝트 비용 관리 지식 영역의 프로세스들

이들 4개 프로세스들을 전체적인 맥락에서 이해하기 위하여 그림 7-2와 같이 자료흐름도를 그려보았습니다. CO1에서는 프로젝트 승인서와 프로젝트 관리 계획을 가지고, 비용 관리 계획을 생성하여 프로젝트 관리 계획 저장소에 추가합니다. CO2에서는 프로젝트 관리 계획, 프로젝트 문서들을 바탕으로 비용 추정치, 추정치 근거를 생성하여 프로젝트 문서들 저정소에 추가합니다. CO3에서는 프로젝트 관리 계획, 프로젝트 문서들, 활동 비용 추정치, 추정치 근거, 비즈니스 사례, 편익 관리 계획, 합의를 바탕으로 비용 기준선과 프로젝트 자금지원 요구사항을 생성하고, 비용 기준선은 프로젝트 관리 계획 저장소에 추가하고, 프로젝트 자금지원 요구사항은 CO4로 보내줍니다. 비용 기준선은 프로젝트 관리 계획 저장소에 추가되고, 프로젝트 자금지원 요구사항은 CO4로 보내줍니다. CO4에서는 프로젝트 관리 계획, 프로젝트 문서들, 프로젝트 자금지원 요구사항, 작업 성과 데이터 등을 받아서 비용을 통제하며, 필요하면 변경요청을 I6에 하며, 비용 예측치를 프로젝트 문서들 저장소에 추가하고, 작업 성과 정보

를 생성하여 I5에 보내줍니다. 이상의 네 프로세스들의 처리 과정에서 프로젝트 관리 계획이나 프로젝트 문서들에 변경된 요소가 있다면 각각의 저장소에 이를 갱신합니다.

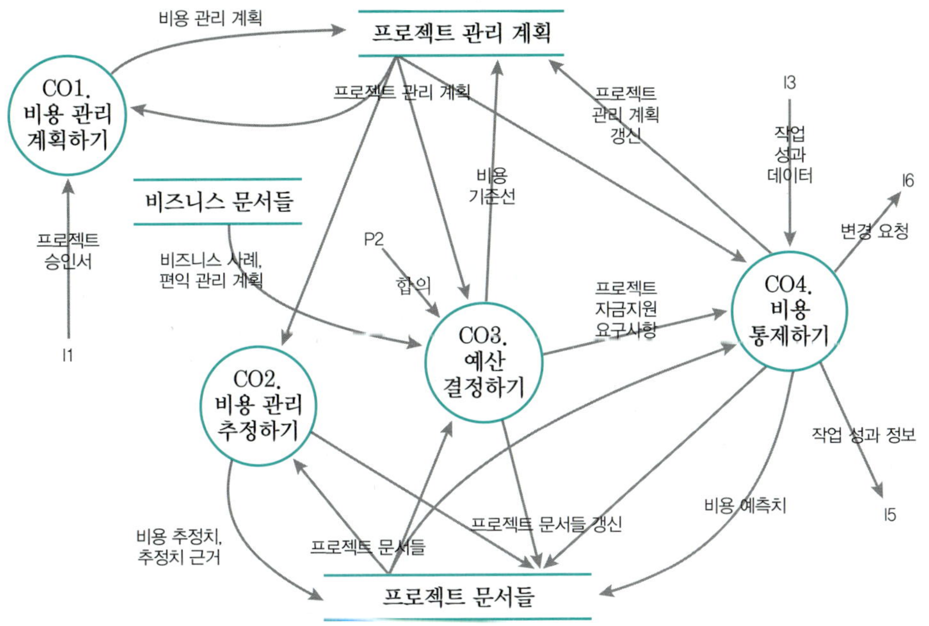


그림 7-2 프로젝트 비용 관리 자료흐름도

## 1 비용 관리 계획하기

프로젝트 비용 관리의 첫 번째 프로세스인 비용 관리 계획하기(Plan Cost Management)는 프로젝트 비용을 추정하고, 이에 대한 예산을 수립하고, 관리하고, 감시하고, 통제하는 방법을 정의하는 프로세스입니다. 프로젝트를 계획하는 초기부터 비용 관리를 계획하는 작업이 이루어져 비용 관리 틀을 설정함으로써 비용 관리 프로세스들이 효율적이고 조정된 방식으로 작동하도록 돕습니다.

이 프로세스의 핵심 효용은 프로젝트 비용이 관리되는 방법에 관한 안내와 지침을 제공한다는 것입니다.

이 프로세스에서 사용 가능한 도구와 기법으로는 전문가 판단, 데이터 분석(대안 분석), 회의 등이 있습니다.

이 프로세스의 입력으로는 프로젝트 승인서, 프로젝트 관리 계획 등이 있습니다. 주로 사용되는 프로젝트 관리 계획으로는 일정 관리 계획, 리스크 관리 계획 등이 있습니다.

이 프로세스의 출력으로는 프로젝트 관리 계획의 구성요소인 비용 관리 계획(Cost Management Plan)이 있습니다. 이것은 프로젝트 비용이 계획되고 구조화되고 통제되는 방법을 기술한 계획입니다. 주요 항목으로는 다음과 같은 것들이 있습니다.

- **측정 단위:** 각 자원 측정 시 사용되는 단위
- **정밀도(Precision) 수준:** 비용 추정치의 반올림 정도
  (사례: 100만 4천 원 → 100만 원 vs 995만 5천 원 → 1,000만 원)
- **정확도(Accuracy) 수준:** 실제적인 비용 추정치 결정 시 허용 범위
  (사례: ±10%)
- **통제 한계치:** 비용 성과를 감시하기 위해 합의된 변동 한계치
  (보통 기준선으로부터 벗어난 퍼센트로 표현됨)
- **성과 측정 규칙:** 성과 측정에서 사용되는 획득 가치 관리 규칙(획득 가치 관리에 대해서는 5절에서 상세히 설명함)
- **보고 양식:** 다양한 비용 보고서의 형식과 빈도

## 2 비용 추정하기

프로젝트 비용 관리의 두 번째 프로세스인 비용 추정하기(Estimate Costs)는 프로젝트 작업을 완료하는 데 필요한 자원의 비용에 대한 근사치를 개발하는 프로세스입니다. 프로젝트에 부과될 모든 자원에 대하여 비용이 추정되어야 하는데, 제조, 구매, 리스, 공유 등과 같은 여러 대안의 비용 상보관계와 리스크가 고려되어야 합니다. 비용 추정치는 일반적으로 원, 달러, 유로 등 화폐 단위로 표현되며(화폐 가치의 등락을 제거함으로써 비교를 편하게 하기 위하여 직원 시간과 같은 측정 단위를 사용하기도 함), 추가적으로 밝혀진 세부 사항을 반영하기 위하여 프로젝트 진행 중에 검토되고 상세화되어야 합니다.

이 프로세스의 핵심 효용은 프로젝트에 필요한 화폐 자원을 결정하는 데 있습니다.

이 프로세스에서 사용 가능한 도구와 기법으로는 전문가 판단, 유사 추정, 매개변수 추정, 상향식 추정, 3점 추정, 데이터 분석(대안 분석, 준비 분석), 품질 비용, 프로젝트 관리 정보시스템, 의사결정 등이 있습니다. 대부분은 이미 설명된 사항이므로 생략하고, 품질 비용에 대해서 알아보도록 하겠습니다.

품질 비용(Cost of Quality, COQ)은 프로젝트 품질 관리에서 다뤄질 내용으로, 품질 비용에 대한 가정이 비용 추정치를 준비하는 데 사용될 수 있을 의미합니다. 품질 비용은 준수 비용(예방 비용 + 평가 비용)에다가 실패(비준수) 비용을 더한 값입니다. 준수하기 위하여 예방하는 비용과 제대로 준수했는지를 평가하는 비용으로 준수하는 데 필요한 비용인 것입니다. 그리고 실패를 하면, 즉 비준수를 하게 되면, 실패 비용이 듭니다. 회사 내부에서 실패가 발견되면 폐기하거나 재작업을 해야 하는 비용이 들기도 하고, 회사 외부에서 발견되면 법적 비용 등 여러 가지 비용이 추가로 들게 됩니다. 이러한 비용들을 모두 합한 것이 품질 비용입니다. 준수 비용을 줄이면 비준수 비용이 늘어나는 관계이므로, 품질 비용이 최소가 되는 최적 품질 수준을 찾아야 하겠습니다.

이 프로세스의 입력으로는 프로젝트 관리 계획, 프로젝트 문서들 등이 있습니다.

주로 사용되는 프로젝트 관리 계획으로는 비용 관리 계획, 품질 관리 계획, 범위 기준선 등이 있습니다. 주로 사용되는 프로젝트 문서들로는 학습된 교훈 등록부, 프로젝트 일정, 자원 요구사항, 리스크 등록부 등이 있습니다.

이 프로세스의 출력으로는 비용 추정치, 추정치 근거, 프로젝트 문서들 갱신이 있습니다.

비용 추정치(Cost Estimates)는 프로젝트 활동을 완료하는 데 요구되는 비용에 대한 양적 평가치이며, 확인된 리스크에 대한 비상 준비와 계획되지 않은 일에 대한 관리 준비를 포함합니다.

추정치 근거(Basis of Estimates)는 비용 추정치를 지원하는 추가적인 세부사항을 말하는데, 이것은 응용 영역에 따라서 다릅니다. 주요 세부사항으로는 추정의 근거에 대한 문서화, 설정된 가정에 대한 문서화, 비용 추정 당시 알려진 제약에 대한 문서화, 가능한 추정치의 범위와 신뢰수준 등이 있습니다.

프로젝트 문서들 갱신은 가정 기록부, 학습된 교훈 등록부, 리스크 등록부 등을 포함합니다.

지금까지 학습한 내용을 정리하면 다음과 같습니다.

**핵심정리**

- 프로젝트 비용 관리(Project Cost Management): 프로젝트가 승인된 예산 내에서 완료될 수 있도록, 비용을 계획/평가하고, 예산을 편성하고, 자금을 조달/관리/통제하는 지식 영역으로, 비용 관리 계획하기, 비용 추정하기, 예산 결정하기, 비용 통제하기의 4가지 프로세스들로 구성됨
- 비용 관리 계획하기(Plan Cost Management): 프로젝트 비용을 추정하고, 이에 대한 예산을 수립하고, 관리하고 감시하고, 통제하는 방법을 정의하는 프로세스
- 비용 관리 계획(Cost Management Plan): 프로젝트 비용이 계획되고 구조화되고 통제되는 방법을 기술한 계획
- 비용 추정하기(Estimate Costs): 프로젝트 작업을 완료하는 데 필요한 자원의 비용에 대한 근사치를 개발하는 프로세스

## 3 예산 결정하기

프로젝트 비용 관리의 세 번째 프로세스인 예산 결정하기(Determine Budget)는 개별 활동이나 작업 패키지의 추정 비용을 종합하여 비용 기준선을 수립하고, 여기에 관리 준비를 더해서 프로젝트 예산을 결정하는 프로세스입니다. 이 프로젝트 예산은 프로젝트를 실행하기 위하여 권한이 부여된 모든 자금을 포함합니다.

이 프로세스의 핵심 효용은 프로젝트 성과가 감시되고 통제될 수 있는 비용 기준선을 결정하는 것입니다. 비용 기준선은 시간에 따른 단계적 프로젝트 예산의 승인된 버전으로, 비상 준비는 포함하지만, 관리 준비는 포함하지 않습니다.

이 프로세스에서 사용할 수 있는 도구와 기법으로는 전문가 판단, 비용 종합, 데이터 분석(준비 분석), 역사적 정보 검토, 자금지원 한계치 조정, 자금조달 등이 있습니다. 여기서는 비용 종합, 역사정 정보 검토, 자금지원 한계치 조정, 자금조달에 대하여 알아보도록 하겠습니다.

비용 종합(Cost Aggregation)은 작업 패키지 별로 비용 추정치를 합친 후, WBS를 따라서 전체 프로젝트에 대한 비용 추정치를 구하는 것입니다.

역사적 정보 검토(Historical Information Review)는 과거 사례들을 검토해서 매개변수 추정이나 유사 추정으로 추정치를 개발하는 것입니다. 예를 들어, 프로젝트 총 비용을 계산하기 위한 수리적 모델을 개발하기 위하여 프로젝트의 속성(매개변수)을 사용할 수 있습니다. 역사적 정보가 정확하고, 매개변수가 바로 계량화될 수 있고, 크고 작은 프로젝트에 적용 가능한 확장성이 있다면 수리적 모델을 보다 신뢰할 수 있겠습니다.

자금지원 한계치 조정(Funding Limit Reconciliation)은 자금 지출이 자금지원 한계치와 조정되어 조화롭게 되도록 하는 것으로, 자금지원 한계치와 계획된 자금 지출 간의 변동이 지출을 고르게 하기 위한 작업 일정의 재조정을 초래할 수도 있습니다.

자금조달(Financing)은 프로젝트를 위한 자금지원의 획득을 수반합니다. 외부에서 자금지원을 받는 경우라면, 자금지원 개체는 만족시켜야 할 어떤 요구사항을 가지고 있을 것입니다.

이 프로세스의 입력으로는 프로젝트 관리 계획, 프로젝트 문서들, 비즈니스 문서들, 합의 등이 있습니다. 주로 사용되는 프로젝트 관리 계획으로는 비용 관리 계획, 자원 관리 계획, 범위 기준선 등이 있습니다. 주로 사용되는 프로젝트 문서들로는 비용 추정치, 추정치 근거, 프로젝트 일정, 리스크 등록부 등이 있습니다. 주로 사용되는 비즈니스 문서들로는 비즈니스 사례, 편익 관리 계획 등이 있습니다.

이 프로세스의 출력으로는 비용 기준선과 프로젝트 자금지원 요구사항, 프로젝트 문서들 갱신이 있습니다.

비용 기준선(Cost Baseline)은 시간에 따른 단계적 프로젝트 예산의 승인된 버전으로, 공식적인 변경 통제 절차를 통해서만 변경될 수 있으며, 실제 결과와 비교하기 위한 기준으로 사용됩니다. 작업 패키지의 비용 추정치는 구성하는 활동 비용 추정치들과 이들에 대한 비상 준비(Contingency Reserve)의 총합입니다. 통제 계정의 비용 추정치는 구성하는 작업 패키지 비용 추정치들과 이들에 대한 비상사태 준비(Contingency Reserve)의 총합입니다. 그리고 비용 기준선은 구성하는 통제 계정 비용추정치들의 총합입니다. 비용 기준선은 그림 7-3과 같이 전형적인 S자 곡선 형태를 취합니

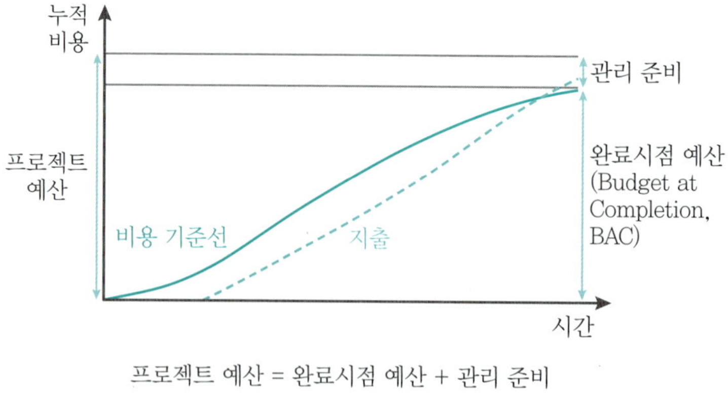


그림 7-3 비용 기준선

다. 이 그림은 시간에 따른 누적 비용을 그린 것인데, 주어진 프로젝트 예산은 완료시점 예산(Budget At Completion, BAC)과 관리 준비로 구성됩니다. 프로젝트 완료 시점에서 비용 기준선은 완료시점 예산과 일치되지만, 실제 지출은 비용 기준선과 일치하지 않고 완료시점 예산을 초과하거나 미달할 수도 있습니다. 이 그림에서는 완료 시점의 지출이 완료시점 예산을 초과한 상태를 보여줍니다.

프로젝트 자금지원 요구사항(Project Funding Requirements)은 비용 기준선으로부터 도출된 총 자금지원 요구사항 및 단계별, 분기별 등과 같은 반복적인 자금지원 요구사항입니다. 이들 요구사항에는 자금지원 출처를 포함할 수도 있으며, 자금은 연속적으로 조달되지 못하거나, 균등하게 분포되지 않은 경우가 많아서, 아래 그림과 같이 비용 기준선 이상에서 여러 구간으로 나누어서 점증적으로 지원하게 됩니다.

프로젝트 문서들 갱신은 비용 추정치, 프로젝트 일정, 리스크 등록부 등을 포함합니다.

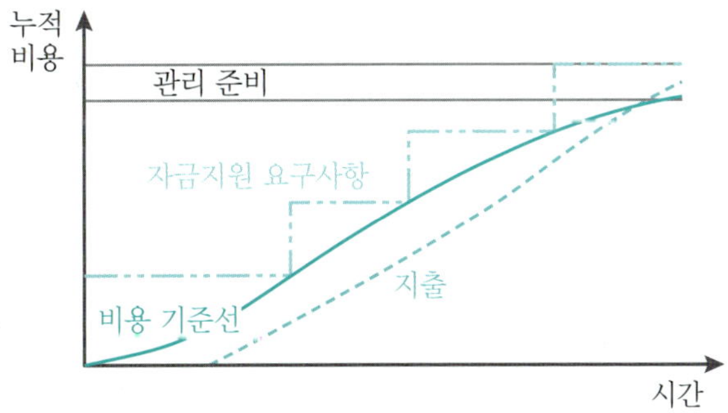


그림 7-4 자금지원 요구사항

## 4 비용 통제하기

프로젝트 비용 관리의 네 번째 프로세스인 비용 통제하기(Control Costs)는 프로젝트 비용을 갱신하기 위하여 프로젝트 상태를 감시하고, 비용 기준선의 변경을 관리하는 프로세스입니다.

이 프로세스의 핵심 효용은 비용 기준선이 프로젝트 전반에 걸쳐서 유지된다는 데 있습니다.

이 프로세스에서 사용할 수 있는 도구와 기법으로는 전문가 판단, 데이터 분석(획득 가치 관리, 변동 분석, 추세 분석, 준비 분석), 완료 성과 지수, 프로젝트 관리 정보 시스템 등이 있습니다. 여기서는 획득 가치 관리, 변동분석, 추세분석, 완료 성과 지수에 대하여 알아보도록 하겠습니다.

먼저 획득 가치 관리(Earned Value Management, EVM)는 프로젝트 성과와 진척도를 측정하고 평가하기 위하여, 범위, 일정, 비용 측정치를 통합하여 사용하는 방법론입니다. 각 작업 패키지와 통제 계정에 대해 감시하는 3가지 핵심 개념(차원)인 계획 가치, 실제 비용, 획득 가치를 가지고 있습니다. 획득 가치 관리에 대해서는 5절에서 자세한 사항을 정리해서 소개하도록 하겠습니다.

변동 분석(Variation Analysis)은 비용, 일정 등에서의 변동에 대한 설명을 하기 위한 것으로, EVM에서의 CV, SV, VAC, CPI, SPI 등이 해당됩니다.

추세 분석(Trend Analysis)은 시간 상에서 프로젝트 성과의 개선/악화 여부를 점검하는 것으로, EVM에서 EAC 예측 등이 해당됩니다.

완료 성과 지수(To-Complete Performance Index, TCPI)는 잔여 예산 대비 완료 비용의 비율로 표현된 관리 목적을 달성하기 위하여 남아있는 자원을 가지고 달성해야 할 비용 성과의 측정치입니다. 5절에서 획득 가치 관리를 소개하면서 보다 구체적으로 설명하도록 하겠습니다.

이 프로세스의 입력으로는 프로젝트 관리 계획, 프로젝트 문서들, 프로젝트 자금

지원 요구사항, 작업 성과 데이터 등이 있습니다. 주로 사용되는 프로젝트 관리 계획으로는 비용 관리 계획, 비용 기준선, 성과 측정 기준선 등이 있습니다. 주로 사용되는 프로젝트 문서들로는 학습된 교훈 등록부 등이 있습니다.

이 프로세스의 출력으로는 작업 성과 정보, 비용 예측치, 변경 요청, 프로젝트 관리 계획 갱신, 프로젝트 문서들 갱신이 있습니다.

작업 성과 정보(Work Performance Information)는 WBS 요소별로 계산된 작업 성과에 관한 정보입니다.

비용 예측치(Cost Forecasts)는 예측된 완료시점 비용 추정치(Estimate At Completion, EAC) 값을 문서화하여 이해관계자에게 제공합니다.

변경 요청(Change Request)은 비용 기준선 또는 프로젝트 관리 계획의 다른 요소들에 대한 변경 요청입니다.

프로젝트 관리 계획 갱신은 비용 관리 계획, 비용 기준선, 성과 측정 기준선 등을 포함합니다. 프로젝트 문서들 갱신은 가정 기록부, 비용 추정치, 추정치 근거, 학습된 교훈 등록부, 리스크 등록부 등을 포함합니다.

지금까지 학습한 내용을 정리하면 다음과 같습니다.

**핵심정리**

- 예산 결정하기(Determine Budget): 개별 활동이나 작업 패키지의 추정 비용을 종합하여 비용 기준선을 수립하고, 여기에 관리 준비를 더해서 프로젝트 예산을 결정하는 프로세스
- 비용 기준선(Cost Baseline): 시간에 따른 단계적 프로젝트 예산의 승인된 버전으로, 공식적인 변경 통제 절차를 통해서만 변경될 수 있으며, 실제 결과와 비교하기 위한 기준으로 사용됨
- 비용 통제하기(Control Costs): 프로젝트 비용을 갱신하기 위하여 프로젝트 상태를 감시하고, 비용 기준선의 변경을 관리하는 프로세스

## 5 획득 가치 관리

획득 가치 관리, EVM에 대해서 자세히 알아보도록 하겠습니다. 획득 관리 가치의 3가지 핵심 개념(차원)은 계획 가치, 실제 비용, 그리고 획득 가치입니다. 계획 가치(Planned Value, PV)는 어떤 활동에서 수행될 계획된 작업에 배정된 권한이 부여된 예산을 말합니다. 시간에 따라서 계획 가치를 누적하면 비용 기준선이 됩니다. 획득 가치 관리를 이용하는 프로젝트에서 비용 기준선은 성과 측정 기준선(Performance Measurement Baseline, PMB)으로도 불립니다. 그리고 프로젝트 전체의 계획 가치 총합을 완료 시점 예산(Budget At Completion, BAC)이라고 합니다. 실제 비용(Actual Cost, AC)은 어떤 활동에서 수행된 작업에 실제로 사용된 비용입니다. 마지막으로 획득 가치(Earned Value, EV)는 어떤 활동에서 완료된 작업을 측정하여 권한이 부여된 예산으로, 즉 계획 가치로 표현한 값입니다. 따라서 어떤 활동의 획득 가치는 그 활동의 계획 가치를 초과할 수 없습니다. 이 획득 가치가 가장 중요한 개념이기 때문에 획득 가치 관리라는 이름을 사용하고 있는 것입니다. 이들 핵심 개념들은 그림 7-5와 같이 프로젝트 일정의 시간에 따른 누적 비용 형태로 정리할 수 있습니다. 이 그림에

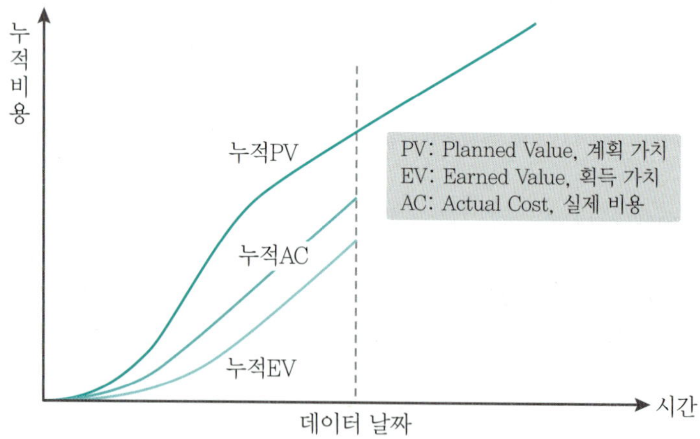


그림 7-5 획득 가치 관리의 3가지 핵심 개념

서 누적PV가 비용 기준선 역할을 하는 것이고, 작업을 실행해서 실제 집행된 비용을 누적한 것이 누적AC가 되겠고, 이렇게 비용을 집행해서 완료된 작업에 대한 성과를 누적해서 모은 것이 누적EV가 되겠습니다.

그렇다면 비용을 집행해서 얻게 되는 성과인 획득 가치는 어떻게 측정되는 것일까요? 시작도 하지 않은 작업 단위의 획득 가치는 0이고, 완료된 작업 단위의 획득 가치는 이 작업의 PV와 같습니다. 현재 진행 중인 작업 단위의 획득 가치는 0보다 크고 PV와 같거나 작은데, 여기에는 몇 가지 기법이 있습니다. 먼저 0–100% 기법은 작업 단위가 완료되었을 때만 성과를 인정합니다. 50–50% 기법은 작업 단위가 시작될 때 PV의 50%를 인정하고, 작업 단위가 완료되었을 때 나머지 50%를 인정합니다. 보다 정교한 마일스톤 기법은 작업 단위 내에서 중간 기점(마일스톤)을 달성할 경우 부분 완료를 인정해서 부분 점수를 주는 기법입니다.

그림 7–6의 사례를 한 번 살펴보겠습니다. 9월, 10월, 11월에 걸쳐서 3가지 작업이 계획되어 있습니다. 첫 번째 작업을 보면 계획 가치가 120시간이고, 실제 160시간이 투입되어 완료되었습니다. 측정 기법으로 50–50%를 적용하면 획득 가치는 PV와 같습니다. 여기서 PV는 120시간이고, AC는 160시간이므로, EV는 120시간이 되겠습니다. 두 번째 작업을 보면 계획 가치는 80시간이고, 실제 70시간이 투입되었으나, 아직 완료되지 않은 상태입니다. 측정 기법이 0–100% 기법을 사용하므로 획득 가치는 0이 되겠습니다. 세 번째 작업을 보면 계획 가치가 80시간이고, 실제 30시간이 투입되었으나, 아직 완료되지 않은 상태입니다. 측정 기법이 50–50% 기법을 사용하므로 획득 가치는 계획 가치의 50%를 인정받게 됩니다. PV가 80시간이고, AC가 30시간이므로, 획득 가치는 PV의 50%인 40시간을 얻게 됩니다. 이상과 같은 방식으로 작업별로 획득 가치를 계산하고 이를 시간에 따라서 누적해보면 EV 라인을 얻을 수 있게 됩니다.

획득 가치 관리의 성과 검토에 대하여 알아보겠습니다. 먼저 변동 분석입니다. 이것은 비용, 일정 등에서의 변동에 대한 원인, 영향, 수정 행위 등에 대하여 이해하고 설명하는 것입니다. 획득 가치 관리에서 이루어지는 변동 분석의 유형으로는 비용 변

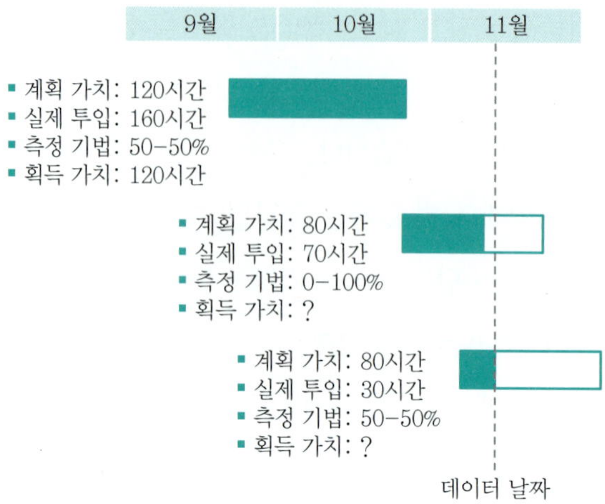


그림 7-6 획득 가치 계산 사례

동, 일정 변동, 완료시점 변동, 이렇게 3가지가 있습니다. 비용 변동(Cost Variance, CV)은 누적EV에서 누적AC를 차감한 값이고, 일정 변동(Schedule Variance, SV)은 누적EV에서 누적PV를 차감한 것이고, 완료시점 변동(Variance At Completion, VAC)은 BAC에서 EAC를 차감한 값입니다. 이런 관계들을 다음 그림과 같이 표현할 수 있습니다. 완료시점 예산인 BAC와 완료시점 비용 추정치 EAC의 차이가 완료시점 변동인데요, 완료 시점에서 얼마나 차이가 날 것인가는 프로젝트 관리에서 굉장히 중요한 관심사항 중의 하나입니다.

성과 지수를 이용한 성과 검토도 가능합니다. 성과 지수는 기준과 대비하여 성과의 비율을 수치로 나타낸 값입니다. 비용 성과 지수(Cost Performance Index, CPI)는 누적EV를 누적AC로 나눈 값이고, 일정 성과 지수(Schedule Performance Index, SPI)는 누적EV를 누적PV로 나눈 값입니다. 그리고 완료 성과 지수(To-Complete Performance Index, TCPI)는 설정된 관리 목표를 달성하기 위하여 잔여 작업에서 성취될 비용 성과 지수의 일종입니다. 관리 목표로는 일반적으로 BAC가 사용되나, 불가능할 경우(BAC와 EAC의 차이가 클 경우) EAC로 대체 가능합니다. 잔여 작업은 BAC에서 누적EV를 차감한 값이고, 잔여 자금은 BAC에서 누적AC를 차감한 값 또는 EAC에서

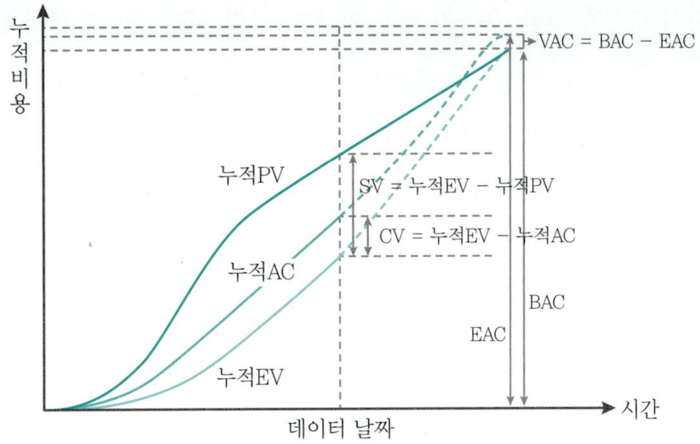


그림 7-7 획득 기치 관리의 변동 분석

누적AC를 차감한 값입니다. TCPI는 (BAC − 누적EV)/(BAC − 누적AC) 또는 (BAC − 누적EV)/(EAC − 누적AC)로 표현될 수 있습니다. 이것의 의미는 잔여 자금으로 잔여 작업을 할 수 있는지를 따져 보는 것입니다.

완료 시점 비용 추징치 EAC(Estimate At Completion)에 대한 예측은 데이터 날짜의 누적AC에다 완료 비용 추정치 ETC(Estimate To Complete)를 더해서 얻게 되는데

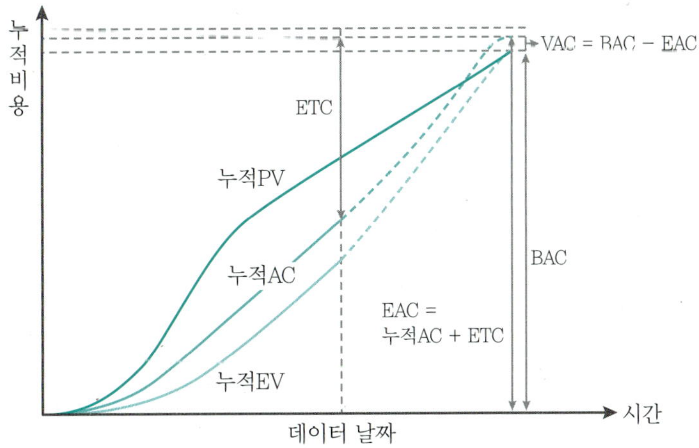


그림 7-8 획득 가치 관리의 완료 비용 추정치

요, 여기서 다시 ETC에 대한 예측을 해야 합니다. 가장 일반적인 ETC 예측 방법은 상향식 총합을 수작업으로 구하는 것입니다.

지금까지 학습한 내용을 정리하면 다음과 같습니다.

**핵심정리**

- 획득 가치 관리의 3가지 핵심 개념(차원): PV(Planned Value), EV(Earned Value), AC(Actual Cost)
- 변동 분석: 비용, 일정 등에서의 변동에 대한 원인, 영향, 수정 행위 등에 대하여 이해하고 설명하는 것으로, CV(Cost Variance), SV(Schedule Variance), VAC(Variance At Completion) 등이 있음
- 성과 지수(Performance Index): 기준과 대비하여 성과의 비율을 수치로 나타낸 값으로, CPI(Cost Performance Index), SPI(Schedule Performance Index), TCPI(To-Complete Performance Index) 등이 있음

## 생각해보기

다음 내용은 톰 디 마르코의 "데드라인"에 나오는 이야기입니다. 프로젝트 관리와 관련해서 개발기간을 단축시키기 위한 초과근무에 대하여 생각해보시기 바랍니다. (초과근무를 이용한 개발기간 단축에 대한 벨린다의 의견을 들어봅시다.)

"생산성 향상이 필요할 때 우리는 어떤 일을 하죠? 아마도 많은 분들이 압력을 사용할 것입니다. 그것이 바로 거의 모든 관리자들이 사용하는 하나의 뻔한 술책이니까요. 사람들이 압력을 받았을 때 머리가 빨리 돌아가지 않는다는 것을 부정할 수는 없겠지만, 그래도 사람들이 더 많은 시간을 일한다는 것입니다. 그래서 어느 정도의 생산성 향상 효과가 있을 수 있다고 보지만, 우리가 분석한 자료에 따르면 더 많이 일한 사람들의 작업량이 더 적습니다. 우리는 모두 초과근무 시간이 부정적인 효과를 가지고 있다는 것을 알고 있어요. 사람들을 지치게 하고, 에너지를 소모시키고, 실수할 확률을 증가시키고… 정상 근무하는 주 중에 시간을 낭비하고… 자기들이 저녁 시간에 그 시간을 충분히 보충할 거라고 생각하니까요. 초과근무 시간을 허용하지 않는다고 말하면 그들은 그런 행동을 하지 않을 게 뻔해요. 초과근무 시간을 증가시키는 것은 생산성 감소기법이죠. 비록 단기간에 가하는 압력과 초과근무는 사람들을 집중하게 만들고 일이 중요하다는 느낌을 줄 수도 있겠지만… 그렇다면 관리자는 무얼 해야 할까요? 사람들을 채용하고, 동기를 부여하고, 팀이 결속되도록 하고, 능력있는 사람들이 빠져 나가지 않도록 하고, 비효율적인 방법을 제거하는 것이죠."

# 연습문제

**1.** 비용 관리 계획의 주요 항목이 아닌 것은?

① 정확도 수준 ② 정밀도 수준
③ 성과 측정 규칙 ④ 활동 비용 추정치

**2.** 비용 기준선에 대한 설명으로 잘못된 것은?

① 시간에 따른 단계적 프로젝트 예산의 승인된 버전
② 전형적으로 T자 곡선 형태임
③ 공식적인 변경 통제 절차를 통해서만 변경될 수 있음
④ 구성하는 통제 계정 비용추정치들의 총합

**3.** 획득 가치 관리의 3가지 핵심 개념이 아닌 것은?

① CV ② EV
③ AC ④ PV

**4.** 획득 가치 관리에서 사용되는 EAC의 정의로 올바른 것은?

① EAC − BAC ② BAC − 누적EV
③ 누적AC + ETC ④ 누적EV − 누적PV

**5.** 비용 통제하기의 핵심 효용은 무엇인가?

① 비용 기준선이 프로젝트 전반에 걸쳐서 유지된다는 것
② 비용 기준선을 결정함
③ 프로젝트 작업을 완료하기 위해서 요구되는 비용을 결정함
④ 프로젝트 비용이 관리되는 방법에 관한 안내와 지침을 제공함

**6.** 잔여 자금으로 잔여 작업을 할 수 있는지를 따져 보기 위한 지수는?

① EACI ② SPI

③ CPI ④ TCPI

**7.** 측정시점(데이터 날짜)에서의 누적EV가 200, 누적PV가 220, 누적AC가 250이다. 원가편차는 얼마인가?

① 20 ② 30

③ −50 ④ 50

**8.** 측정시점에서의 누적AC가 200, 누적PV가 220, 누적AC가 220이다. 완료 비용 추정치(ETC)가 320일 때, 완료시점 비용 추정치(EAC)는 얼마인가?

① 420 ② 440

③ 540 ④ 220

**9.** 획득 가치 관리(EVM)의 용어 설명으로 적합하지 않은 것은?

① EV: 성과 측정 시점에서 완료된 일의 가치

② BAC: 성과 측정 시점 예산

③ AC: 성과 측정 시점에서 실행된 일이 발생시킨 원가

④ PV: 성과 측정 시점에서 완료하기로 계획된 일의 가치

**10.** 획득 가치 관리에서 잔여작업에 해당되는 수식은?

① EAC − BAC ② BAC − 누적EV

③ (BAC − 누적EV) / (EAC − 누적AC) ④ 누적EV / 누적PV

**정답** 1. ④ 2. ② 3. ① 4. ③ 5. ① 6. ④ 7. ③ 8. ③ 9. ② 10. ②

CHAPTER

# 8

# 프로젝트 품질 관리

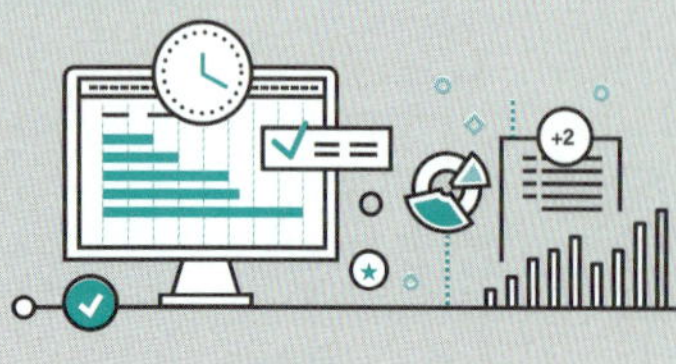


## 학습 목차

0. 프로젝트 품질 관리 개요
1. 품질 관리 계획하기
2. 품질 관리하기
3. 품질 통제하기

생각해보기

연습문제

## 학습 목표

- 프로젝트에서 필요한 품질을 계획하고 관리하고 통제하기 위한 프로세스들에 대하여 구체적으로 파악할 수 있다.

## 0 프로젝트 품질 관리 개요

이번 장에서는 프로젝트 품질관리에 대하여 알아보겠습니다. 프로젝트 품질 관리(Project Quality Management)는 제품 요구사항을 포함하는 프로젝트 요구사항을 만족시키기 위하여 품질에 관한 정책, 목표, 의무사항 등을 결정하는 수행 조직의 활동들에 관한 지식 영역입니다. 이해 관계자들의 목표를 만족시키기 위하여 프로젝트 및 제품 품질 요구사항을 계획하고, 관리하고, 통제하는 데 대한 조직의 품질 정책을 다루는 프로세스들을 포함합니다. 또한 수행 조직을 대신해서 맡게 된 지속적인 프로세스 개선 활동을 지원합니다.

프로젝트 품질 관리는 프로젝트 전달물의 본질과는 무관하게 모든 프로젝트에 적용되지만, 프로젝트에 의해서 산출되는 전달물의 유형에 따라서 품질 기법이 다릅니다. 예를 들어 소프트웨어 전달물의 품질 관리의 경우 핵발전소 건설과는 다른 접근법과 기법을 사용합니다. 어떤 경우이든 품질 요구사항을 만족시키지 못하면, 프로젝트 이해관계사들 일부 또는 전부에게 심가한 부정적 결과를 끼칠 수 있습니다. 가령 추가 작업을 통해서 고객 요구사항을 만족시키게 되면, 이익이 감소하고, 전체 프로젝트 리스크, 오류, 재작업 등의 수준이 증가할 수 있습니다,

프로젝드 품질 관리를 잘 이해하기 위해서는 품질(Quality)과 등급(Grade)을 비교/구분해서 알고 있어야 합니다. 품질은 일련의 내재된 속성이 요구사항을 만족시키는 정도인 반면에, 등급은 기능적으로 동일하게 사용하지만, 기술적 특성은 다른 전달물들의 범주를 말합니다. 품질을 판단하는 주체는 고객(제품 품질) 또는 생산자(프로세스 품질)인 반면에, 등급을 판단하는 주체는 제품 공급자 또는 정부가 인정하는 등급결정기관입니다. 좋은 품질은 요구사항을 충족시키고, 나쁜 품질은 요구사항을 충족시키지 못합니다. 반면에 높은 등급은 요구사항의 충족이 까다롭고, 낮은 등급은 요구사항의 충족이 쉽습니다. 품질의 사례로는 우유의 품질 같은 것을 들 수 있고, 등급의 사례로는 소고기의 등급, 항공권의 등급, 호텔의 등급 같은 것을 들 수 있

겠습니다.

요구되는 품질 및 등급 수준의 제공과 관련된 상보관계(Trade-off)가 관리되어야 하는데요, 품질 요구사항을 만족시키지 못하는 품질 수준은 항상 문제인 반면, 낮은 수준의 등급은 문제가 되지 않을 수도 있습니다. 예를 들어 깨끗한 특2급 호텔의 품질이 더러운 특1급 호텔의 품질보다 우수할 수도 있다는 것입니다.

프로젝트나 산업 분야에 따라서 프로젝트 팀은 품질 통제하기와 같은 통계적 통제 프로세스의 실용 지식을 필요로 할 수 있습니다. 다음과 같이 쌍을 이루는 용어들 간 차이를 명확히 이해하고 있어야 하겠습니다. 먼저 프로세스에서 오류가 발생하는 않도록 하는 것이 예방(Prevention)이고, 고객의 손에서 오류가 발생하지 않도록 하는 것이 검사(Inspection)입니다. 그리고 수용 가능한 결과에 대해 규정된 범위가 허용 범위(Tolerance)이고, 통계적으로 안정된 프로세스에서 통상적인 변동의 범위가 통제 범위(Control Limits)입니다.

프로젝트 관리 팀은 품질 관리 계획에서 사용할 적절한 정확도와 정밀도 수준을 결정해야 합니다. 여기서 정확도(Accuracy)란 측정하거나 계산된 값이 실제 또는 목표값과 가까운 정도를 말합니다. 반면에 정밀도(Precision)란 반복하여 측정했을 때 변동의 정도를 말합니다.

아래 그림과 같은 다트 던지기를 가지고 설명해 보겠습니다. 4개의 다트 판이 있고, 각각의 다트 판에는 다트가 4개 꽂혀 있습니다. 각 다트 판에는 동심원이 4개씩 있으며, 안쪽으로 갈수록 획득 점수가 높습니다. (a)의 경우와 같이 가장 안쪽 동심원에 다트가 모두 맞은 경우에는 정확도 및 정밀도 모두 높습니다. 가장 안쪽 동심원 내부가 가장 점수가 높은 부분이기 때문에 정확도가 높은 것이고, 이 동심원 내부에 모여 있기 때문에 정밀도도 높습니다. (b)의 경우와 같이 두 번째와 세 번째 동심원 사이에 집중되어 있는 경우에는 정확도는 낮지만 정밀도는 높습니다. 가장 안쪽 동심원과 거리가 있기에 정확도가 낮은 것이고, 한데 모여 있기 때문에 정밀도가 높은 것입니다. (c)와 같이 첫 번째와 두 번째 동심원 사이에 흩어져 있는 경우에는 정확도는 높지만, 정밀도는 낮다고 하겠습니다. 첫 번째 동심원에 하나의 다트가 있고, 두 번째 동심원에 3개의 다트가 흩어져 있어서 어느 정도 목표에 집중되어 있기 때문에 정확도는 높은 편이고, 흩어짐의 정도가 높아서 정밀도는 낮습니다. (c)와 같이 두 번째와 네 번째 동심원 사이에 흩여져 있는 경우에는 정확도 및 정밀도 모두 낮습니다. 가장 안쪽 동심원과 거리가 있어서 정확도가 낮고, 상당히 흩어져 있어서 정밀도도 낮습니다.

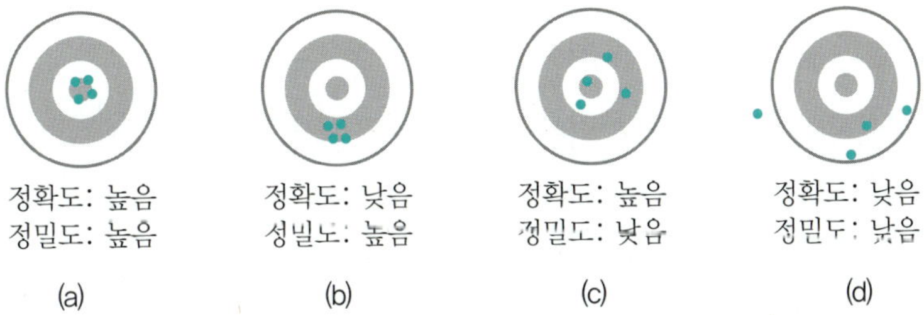


그림 8-1 정확도와 정밀도의 비교

프로젝트 품질 관리에는 그림 8-2와 같이 3개의 프로세스들이 있습니다. 이 그림은 2장에서도 간략히 살펴본 바가 있습니다만, 이번 품질 관리 지식 영역을 집중적으로 다루는 장이므로, 이들을 자세하게 들여다보도록 하겠습니다.

| 지식 영역 | 프로세스 그룹 | | | | |
|---|---|---|---|---|---|
| | 개시 | 계획 | 실행 | 감시 및 통제 | 종료 |
| 품질 관리 | | Q1 | Q2 | Q3 | |

Q1: Plan Quality Management(품질 관리 계획하기)
Q2: Manage Quality(품질 관리하기)
Q3: Control Quality(품질 통제하기)

그림 8-2 프로젝트 품질 관리 지식 영역의 프로세스들

Q1은 Plan Quality Management, 즉 품질 관리 계획하기입니다. 이 프로세스의 약칭인 Q1에서 Q는 Quality에서 따온 약어입니다. Q2는 Manage Quality(품질 관리

하기), Q3는 Control Quality(품질 통제하기)가 되겠습니다. Q1은 계획 그룹, Q2는 실행 그룹, Q3는 감시 및 통제 그룹에 속합니다. 이들은 각각 별개의 프로세스로 제시되지만, 실제로는 완벽히 상세하게 묘사될 수 없는 방식으로 중첩되고 상호작용합니다. 그리고 이들 품질 프로세스들은 산업이나 회사에 따라서 다를 수 있습니다.

이들 3개 프로세스들을 전체적인 맥락에서 이해하기 위하여 그림 8-3과 같이 자료흐름도를 그려보았습니다. Q1에서는 프로젝트 승인서, 프로젝트 관리 계획, 그리고 프로젝트 문서들을 가지고, 품질 관리 계획을 생성하여 프로젝트 관리 계획 저장소에 추가하고, 부수적으로 품질 메트릭을 만들어서 프로젝트 문서들 저장소에 추가합니다. Q2에서는 프로젝트 관리 계획과 프로젝트 문서들을 바탕으로 품질 관리 계획을 실행 가능한 품질 활동들로 변환하여 관리하고, 품질 보고서와 테스트 및 평가 문서들을 프로젝트 문서들 저장소에 추가합니다. 변경이 필요한 경우, I6로 변경 요청을 합니다. Q3에서는 프로젝트 관리 계획, 프로젝트 문서들, 작업 성과 데이터, 전달물들,

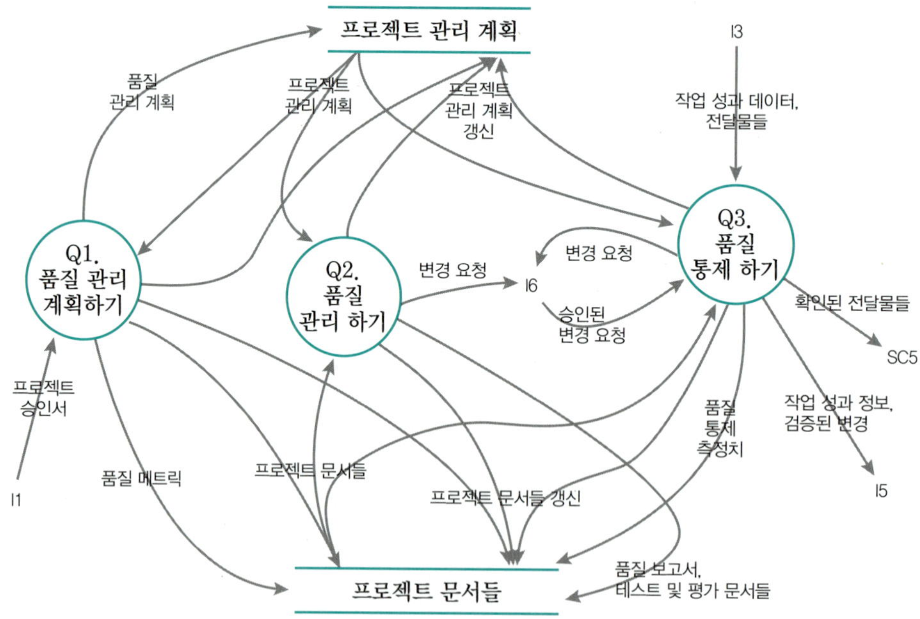


그림 8-3 프로젝트 품질 관리 자료흐름도

승인된 변경요청을 바탕으로 품질을 통제합니다. 변경이 필요한 경우 I6로 변경 요청을 합니다. I3로부터 받은 작업 성과 데이터를 결합하여 작업 성과 정보를 생성하고 이를 I5로 전달합니다. I3에서 받은 전달물들의 품질을 확인하여 확인된 전달물들은 SC5로 보내줍니다. 이상의 세 프로세스들의 처리 과정에서 프로젝트 관리 계획이나 프로젝트 문서들에 변경된 요소가 있다면 각각의 저장소에 이를 갱신합니다.

## 1 품질 관리 계획하기

프로젝트 품질 관리의 첫 번째 프로세스인 품질 관리 계획하기(Plan Quality Management)는 프로젝트와 전달물들에 대한 품질 요구사항과 관련 표준을 확인하고, 프로젝트가 이를 준수함을 입증할 방법을 문서화하는 프로세스입니다.

이 프로세스의 핵심 효용은 프로젝트 전 과정에 걸쳐서 프로젝트 품질이 관리되고 검증되는 방법에 관한 안내와 지침을 제공하는 데 있습니다.

이 프로세스에서 사용할 수 있는 도구와 기법으로는 전문가 판단, 데이터 수집(벤치마킹, 브레인스토밍, 인터뷰), 데이터 분석(비용-편익 분석, 품질 비용), 의사결정(다기준 의사결정 분석), 데이터 표현(흐름도, 논리적 데이터 모형, 매트릭스 도표, 마인드 매핑), 시험 및 검사 계획, 회의 등이 있습니다. 여기서는 비용-편익 분석, 품질 비용, 흐름도, 논리적 데이터 모형, 매트릭스 도표, 시험 및 검사 계획에 대하여 알아보겠습니다.

먼저 비용-편익 분석(Cost-Benefit Analysis)은 각 품질 활동의 비용 대비 편익을 비교하는 작업으로서, 품질 활동의 편익으로는 재작업 감소, 비용 감소, 생산성 향상, 수익성 향상, 이해 관계자의 만족도 향상 등이 있습니다.

품질 비용(Cost of Quality, COQ)에는 준수 비용과 실패(비준수) 비용이 있는데, 전자는 실패를 피하기 위해서 프로젝트 진행 중에 사용된 비용이고, 후자는 요구사항을 만족시키지 못하여 프로젝트 종료 이후에 발생하는 비용입니다. 준수 비용에는 요구사항을 준수하지 못하는 경우를 미리 방지하기 위한 예방 비용(훈련, 장비, 절차 문서화 등에 필요한 비용)과 요구사항을 준수함을 평가하기 위한 평가 비용(시험, 검사 등의 비용)이 있습니다. 그리고 실패 비용에는 결함과 부적합을 처리하기 위해서 조직 내부에서 발생하는 비용(재작업과 폐기 등에 소요되는 비용)인 내적 실패 비용과 고객이 발견한 결함과 부적격을 처리하기 위한 비용(법적 책임, 품질 보증, 비즈니스 실패 등에 소요되는 비용)인 외적 실패 비용이 있습니다.

그런데 이러한 품질 비용을 어떻게 결정하는 것이 필요할까요? 그림 8-4에서 보면 수평축은 결함률을 표현하는데, 왼쪽으로 갈수록 결함률이 증가하고 오른쪽으로 갈수록 결함률이 감소하게 됩니다. 그리고 수직축은 양호한 제품당 비용을 나타냅니다. 100% 결함일 경우 예방 및 평가 비용이 불필요할 것이고, 결함률이 감소할수록 양호한 제품당 예방 및 평가비용은 증가하게 됩니다. 100% 양호하기 위해서는 가장 많은 예방 및 평가비용이 들게 됩니다. 반면에 실패비용은 100% 양호하면 들지 않으며, 결함률이 조금만 증가해도 실패비용은 급격하게 증가하게 됩니다. 이렇게 준수 비용(예방 및 평가 비용)과 실패 비용은 상보 관계이기 때문에, 최소의 비용이 발생하는 최적 품질 수준을 결정하는 것이 필요합니다. 준수비용과 실패비용을 더한 총 품질관

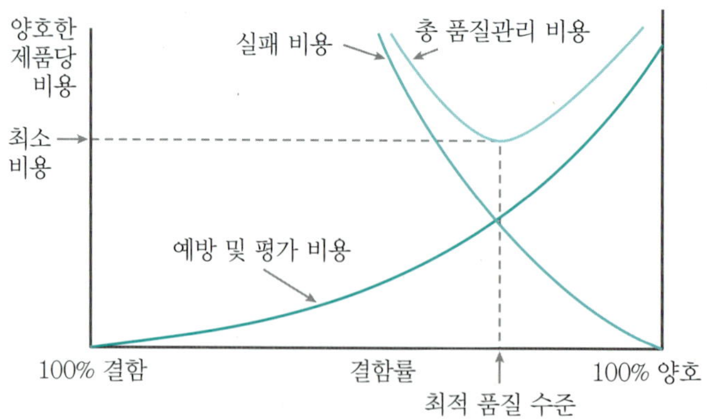


그림 8-4 최적 품질 수준의 결정

리 비용은 아래로 볼록한 곡선이 되게 되며, 총 품질관리 비용이 최소인 지점에서 최소비용을 얻을 수 있고, 이 수준의 품질을 최적 품질 수준이라고 부릅니다.

흐름도(Flowchart)는 그림 8–5과 같이 어떤 과정을 순서와 분지 등을 사용하여 명확히 표현하는 도표입니다. 이 그림은 햄버거를 주문하는 과정을 흐름도로 표현한 것입니다. 모서리가 둥근 사각형은 종점(시작 또는 종료)을 표현하며, 사각형은 업무를 수행하는 것을 나타냅니다. 마름모는 의사결정을 위한 판단을 의미합니다. 화살표는 흐름을 나타냅니다. 이 그림에서는 햄버거를 주문하고, 이후에 음료가 필요하면 음료를 주문하고 결제하기로 넘어가고, 그렇지 않으면 바로 결제하기로 넘어갑니다. 이후에 결제를 하고나면 종료기 됩니다. 이렇게 어떤 과정을 명확하게 이해할 수 있도록 도와주는 차트가 되겠습니다. 세부적인 논리를 정리할 때, 특히 프로그램을 작성할 때 많이 사용됩니다. 프로세스에 포함된 각각의 단계를 표현하기 위하여 흐름도를 사용하게 되면, 품질 결점이 일어날 수 있는 곳 또는 품질 점검을 해야 할 곳을 확인할 수 있을 뿐만 아니라, 프로세스 개선을 위해서 사용할 수도 있습니다.

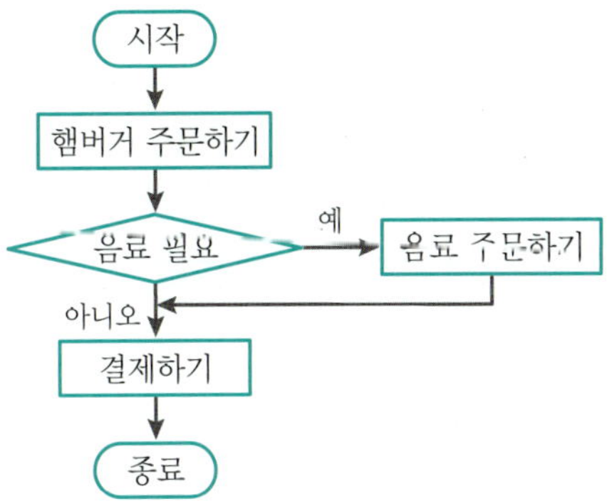


그림 8–5 햄버거를 주문하는 과정을 표현한 흐름도

논리적 데이터 모형(Logical Data Model)은 특정 기술과는 무관하게 비즈니스 언어로 서술된 조직의 데이터를 시각적으로 표현한 것입니다. 이것은 데이터 무결성(Integrity)이나 다른 품질 문제들이 일어날 수 있는 곳을 확인하는 데 이용될 수 있습니다.

매트릭스 도표(Matrix Diagram)는 정보 그룹 간에 존재하는 관계를 분석하고 표현하기 위하여 사용됩니다. 얼마나 많은 정보 그룹들이 비교될 수 있는가에 따라서 프로젝트 관리자는 매트릭스 도표의 형태를 L형, T형, Y형, C형, X형, 지붕형 등으로 달리할 수 있습니다. 그림 8-6은 각각의 형태별 사례를 보여줍니다. 이 프로세스에서 매트릭스 도표는 프로젝트 성공에 중요한 핵심 품질 메트릭을 쉽게 확인할 수 있도록 해줍니다.

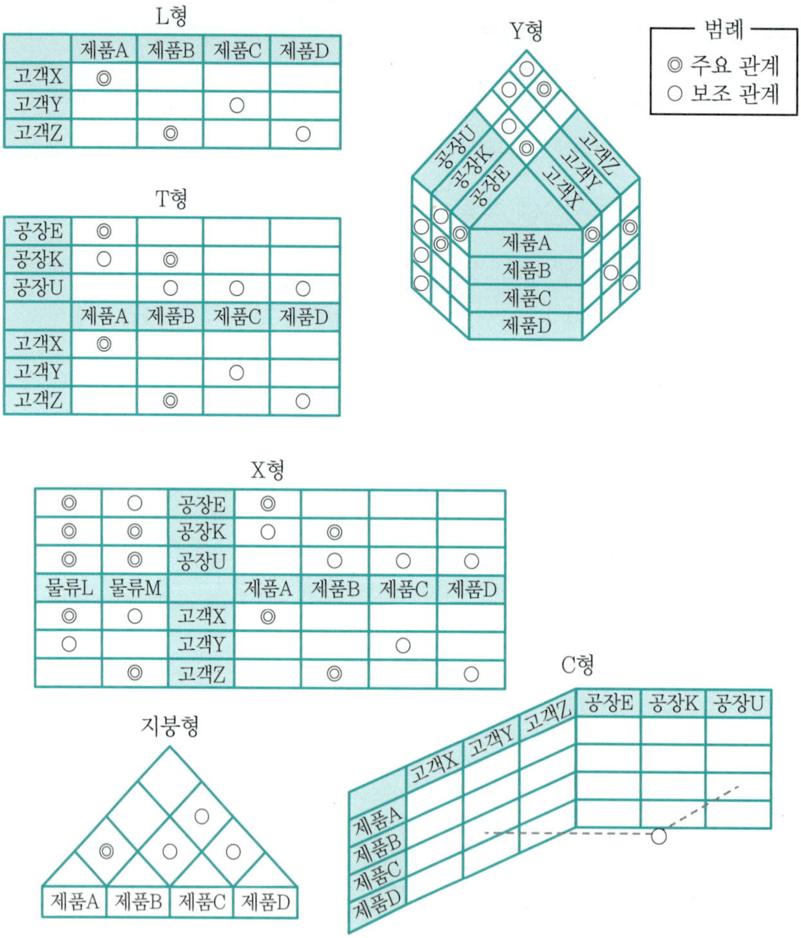


그림 8-6 매트릭스 도표

마인드 매핑(Mind Mapping)은 정보를 시각적으로 구성하는 도표화 방법입니다. 품질 관리에서는 보통 페이지 한 가운데에 하나의 품질 개념을 배치하고, 점증적으로 기존의 것들과 연관된 아이디어들을 그림이나 단어로 표현하고 연결하여 생성하게 됩니다. 프로젝트 품질 요구사항, 제약, 의존성, 관계 등을 신속하게 수집하는 데 도움을 줄 수 있습니다.

제품의 성능이나 신뢰도에 대한 목적을 만족시키기 위한 방법뿐만 아니라, 이해관계자의 필요와 기대를 만족시키기 위하여, 제품, 전달물이나 서비스를 시험하거나 검사하는 방법을 계획 단계에서 결정해야 하는데, 이것이 시험 및 검사 계획(Test and Inspection Planning)입니다. 이러한 시험과 검사는 산업에 따라서 다릅니다. 예를 들어 소프트웨어 프로젝트의 경우라면 알파 테스트와 베타 테스트를, 건설 프로젝트라면 강도 테스트를, 생산에서는 검사를, 공학에서는 필드 테스트와 비파괴 테스트를 포함할 수 있습니다.

이 프로세스의 입력으로는 프로젝트 승인서, 프로젝트 관리 계획, 프로젝트 문서들 등이 있습니다. 주로 사용되는 프로젝트 관리 계획으로는 요구사항 관리 계획, 리스크 관리 계획, 이해관계자 참여 계획, 범위 기준선 등이 있습니다. 주로 사용되는 프로젝트 문서들로는 가정 기록부, 요구사항 기록문서, 요구사항 추적가능성 표, 리스크 등록부, 이해관계자 등록부 등이 있습니다.

이 프로세스의 출력으로는 품질 관리 계획, 품질 메트릭, 프로젝트 관리 계획 갱신, 프로젝트 문서들 갱신이 있습니다.

품질 관리 계획(Quality Management Plan)은 프로젝트에 설정된 품질 목표를 달성하기 위해 필요한 활동과 자원을 기술한 것으로, 프로젝트 관리 계획의 한 요소입니다. 품질 관리 계획의 형식과 구체적인 내용은 프로젝트 요구사항에 의해서 결정됩니다. 품질 관리 계획의 주요 내용으로는 프로젝트에서 사용될 품질 표준, 품질 목표, 품질 역할 및 의무사항, 품질 검토를 받아야 할 전달물과 프로세스, 계획된 품질 통제 및 관리 활동, 품질 도구 등이 있습니다.

품질 메트릭(Quality Metric)은 특정한 프로젝트/제품 속성과 이를 준수함을 확인하기 위한 방법을 기술한 것입니다. 품질 메트릭 사례로서 정시에 완료된 작업의 비율, CPI로 측정된 비용 성과, 실패율, 일간 확인된 결점 수, 월간 총 정지시간, 컴퓨터 프로그램 코드 한 줄당 오류 수, 고객 만족 점수 등을 들 수 있습니다.

프로젝트 관리 계획 갱신은 리스크 관리 계획, 범위 기준선 등을 포함합니다. 프로젝트 문서들 갱신은 학습된 교훈 등록부, 요구사항 추적가능성 표, 리스크 등록부, 이해관계자 등록부 등을 포함합니다.

지금까지 학습한 내용을 정리하면 다음과 같습니다.

**핵심정리**

- 프로젝트 품질 관리(Project Quality Management): 프로젝트의 요구사항을 만족시키기 위하여 품질에 관한 정책, 목표, 의무사항 등을 결정하는 조직의 활동들에 관한 지식 영역
- 품질(Quality): 일련의 내재된 속성이 요구사항을 만족시키는 정도
- 등급(Grade): 기능적으로 동일하게 사용하지만 기술적 특성은 다른 전달물들의 범주
- 품질 관리 계획하기(Plan Quality Management): 프로젝트와 전달물에 대한 품질 요구사항과 관련 표준을 확인하고, 프로젝트가 이를 준수함을 입증할 방법을 문서화하는 프로세스
- 품질 비용(Cost of Quality, COQ)에는 실패를 피하기 위해서 프로젝트 진행 중에 사용된 비용인 준수 비용과 요구사항을 만족시키지 못하여 프로젝트 종료 이후에 발생하는 비용인 실패(비준수) 비용이 있음

## 2 품질 관리하기

프로젝트 품질 관리의 두 번째 프로세스인 품질 관리하기(Manage Quality)는 조직의 품질 정책을 프로젝트에 반영하여 실행 가능한 품질 활동들로 품질 관리 계획을 변환하는 프로세스입니다. 이 프로세스에서는 품질 통제하기의 데이터와 결과를 사용해서 프로젝트의 전체적인 품질 상태를 반영합니다. 이 프로세스는 품질 보증(Quality Assurance)이라고도 불리는데, 이것은 품질 관리하기보다는 작은 개념입니다. 품질 보증에서의 초점은 프로젝트에서 사용되는 프로세스들에 있으며, 품질 보증은 이들을 얼마나 효과적으로 사용하는가에 관한 것입니다. 품질 보증은 최종 제품이 이해관계자의 필요, 기대, 요구사항을 만족시킬 것임을 확신시키는 표준들을 포함합니다. 반면에 품질 관리하기는 모든 품질 보증 활동들을 포함할 뿐만 아니라, 제품의 디자인 측면과 프로세스 개선에 대해서도 관심을 둡니다. 프로젝트 관리자와 프로젝트 팀은 조직의 품질 보증 부서나 다른 조직 기능을 이용해서 품질 관리하기 활동들을 실행할 수 있습니다. 품질 관리하기는 관련된 모든 사람들의 일로 간주되어야 합니다. 프로젝트 관리자, 프로젝트 팀, 프로젝트 스폰서, 수행 조직의 경영층, 하물며 고객까지도 이 프로세스에서 역할이 있습니다만, 역할의 크기나 노력의 정도가 다를 수 있습니다.

이 프로세스의 핵심 효용은 효과적이지 못한 프로세스와 낮은 품질의 원인을 확인하는 것뿐만 아니라, 품질 목표를 만족시킬 확률을 증가시키는 데 있습니다.

이 프로세스에서 사용할 수 있는 도구와 기법으로는 데이터 수집(체크리스트), 데이터 분석(대안 분석, 문서 분석, 프로세스 분석, 근본 원인 분석), 의사결정(다기준 의사결정 분석), 데이터 표현(친화도, 인과도, 흐름도, 히스토그램, 매트릭스 도표, 스캐터 도표), 감사, DfX, 문제 해결, 품질 개선 등이 있습니다. 여기서는 프로세스 분석, 근본 원인 분석, 친화도, 인과도, 히스토그램, 스캐터 도표, 감사, DfX, 문제 해결, 품질 개선에 대해서 알아보도록 하겠습니다.

프로세스 분석(Process Analysis)은 프로세스 개선의 기회를 확인하고, 프로세스

운영 중에 발생한 문제, 제약, 부가가치가 없는 활동들을 점검합니다.

근본 원인 분석(Root Cause Analysis, RCA)은 변동, 결점, 리스크 등의 문제를 일으킨 기본적이고 근본적인 이유를 결정하기 위한 분석 기법입니다. 하나의 근본 원인이 여러 가지 문제의 이유가 될 수도 있습니다. 어떤 문제의 모든 근본 원인을 제거하면 문제가 다시 일어나지 않을 것이기 때문에, 근본 원인 분석이 문제를 해결하는 기법이 될 수 있습니다.

친화도(Affinity Diagram)는 유사한 것들끼리 묶은 도표로서, 그림 8-7과 같이 창의적 발상들을 분류하여 정리하는 데 유용합니다. 브레인스토밍을 통해서 "품질 관리 활동", "생산 장비 교체하기", "새로운 제품 개발", "디자인 변경" 등의 다양한 아이디어가 모아지고 나면, 이들을 정리해서 "품질 관리 활동"과 "생산 장비 교체하기"는 "비용 절감"으로, "새로운 제품 개발"과 "디자인 변경"은 "신제품 개발"로 이름을 붙이고, 이 둘의 관계를 모순 관계로 정리한 것이 이 친화도입니다. 사용 가능한 관계로는 연결 관계, 영향 관계, 상호 의존 관계, 모순 관계가 있습니다.

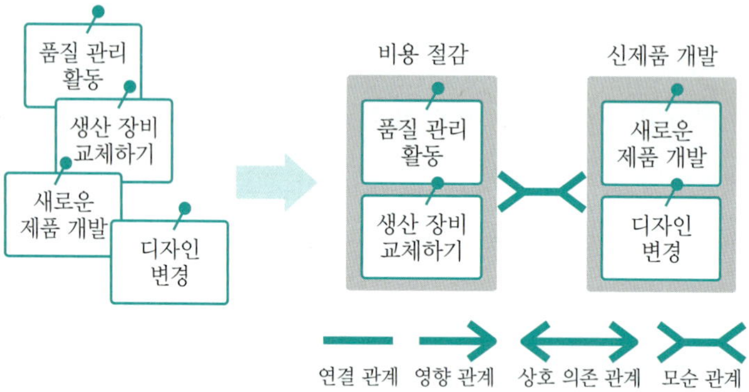


그림 8-7 친화도 사례

인과도(Cause-and-effect Diagram)는 물고기 머리 위치에 문제를 기입하고, 단계적으로 원인을 추적해서 근본 원인을 찾아내기 위한 물고기 뼈 형태의 도표입니다. 이런 이유로 어골도(Fishbone Diagram)라고도 부르며, 발명자의 이름을 이용해서 이시

카와(Ishikawa) 도표라고도 합니다. 그림 8-8은 차량 조정의 실패 원인을 인과도로 정리한 것입니다. 종이 가운데 부분에 등뼈를 그리고, 머리 부분에 차량 조정 실패라고 기입합니다. 등뼈에다가 갈비뼈들을 그려서 브레이크 결함, 과속, 타이어 펑크, 미끄러운 도로 등 주요 원인들을 기입하게 됩니다. 각 갈비뼈들에는 다시 잔뼈를 그려 넣어서 세부적인 원인들을 기입합니다. 과속에는 졸음 운전과 운전 미숙을, 미끄러운 도로에는 강우와 강설을, 브레이크 결함에는 낡은 패드와 오일 손실을, 타이어 펑크에는 과도한 사용과 도로상 이물질을 기입합니다. 이렇게 작성하고 보면 차량 조정 실패의 원인들을 체계적으로 파악할 수 있습니다.

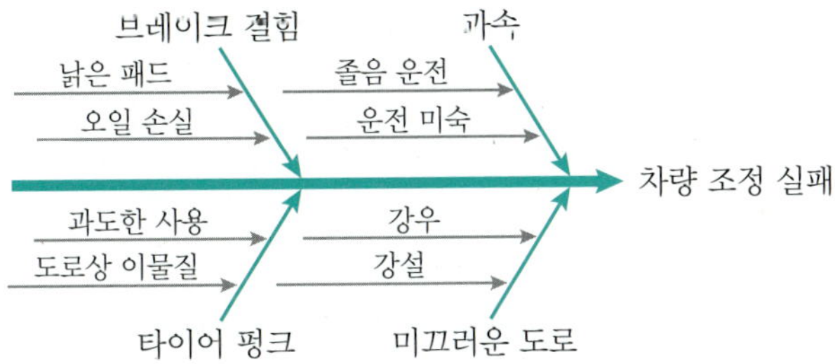


그림 8-8 차량 조정 실패의 원인을 정리한 인과도

히스토그램(Histogram)은 측정치가 존재하는 범위를 여러 개의 구간(계급)으로 나누고, 각 구간을 밑변으로 해서 그 구간에 속한 측정치의 발생 빈도(도수)에 비례하는 면적을 갖는 직사각형으로 나열한 바 차트입니다. 그림 8-9는 어느 초등학교 학생

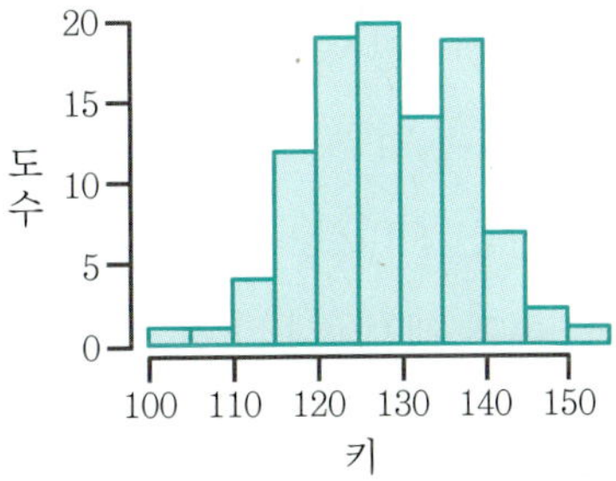


그림 8-9 초등학교 학생들의 키를 정리한 히스토그램

들의 키를 히스토그램으로 작성한 것입니다. 5cm의 구간으로 나눠서 해당되는 학생들의 수를 도수로 해서 직사각형으로 표현하고 있습니다.

스캐터(Scatter) 도표는 두 변수 값들의 쌍을 2차원 평면상의 점으로 보여주는 도표입니다. 어느 초등학교 학생들의 키와 몸무게를 가지고 작성한 스캐터 도표가 그림 8-10입니다. 키와 몸무게 간의 관계를 파악하는 데 도움을 주게 됩니다.

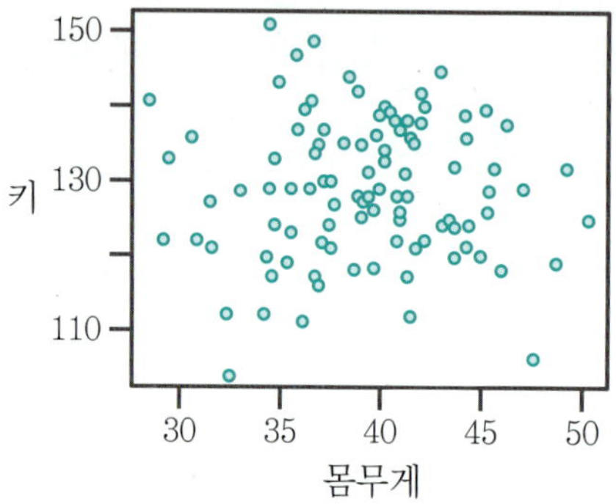


그림 8-10 초등학교 학생들의 키와 몸무게를 정리한 스캐터 도표

감사(Audit)는 프로젝트 활동들이 조직과 프로젝트의 정책들 및 프로세스들과 일치하는지 결정하기 위한 구조화되고 독립적인 프로세스입니다. 품질에 대한 감사는 일반적으로 프로젝트 외부이자 조직 내부인 감사 부서나 PMO, 또는 조직 외부의 감사자에 의해서 수행됩니다.

DfX(Design for X)는 특정 관점에서 제품 디자인을 최적화하고자 할 때 적용될 수 있는 기술 지침들의 집합입니다. DfX는 제품의 최종 특성을 통제하고 개선할 수 있습니다. DfX에서 X는 제품 개발의 어떤 관점을 표현하는 것으로 이해하면 되겠습니다. 신뢰도, 배치, 조립, 생산, 비용, 서비스, 유용성, 안전 등이 예가 되겠습니다.

문제 해결(Problem Solving)은 쟁점이나 도전에 대한 해를 찾는 것인데, 추가 정보 수집, 비판적 사고, 창의적/계량적/논리적 접근을 포함합니다. 효과적이고 체계적인 문제 해결은 품질 보증과 품질 개선에서 핵심적인 요소입니다.

품질 개선(Quality Improvement)은 품질 통제 프로세스로부터의 발견이나 권고, 품질 감사로부터의 발견, 품질 관리하기의 문제 해결을 기반으로 이루어집니다. 품질 개선의 기회를 분석하고 평가하기 위하여 사용할 수 있는 가장 흔한 품질 개선 도구는 식스 시스마(Six Sigma)입니다.

이 프로세스의 입력으로는 프로젝트 관리 계획, 프로젝트 문서들 등이 있습니다. 주로 사용되는 프로젝트 관리 계획으로는 품질 관리 계획 등이 있습니다. 주로 사용되는 프로젝트 문서들로는 학습된 교훈 등록부, 품질 통제 측정, 품질 메트릭, 리스크 보고서 등이 있습니다.

이 프로세스의 출력으로는 변경 요청, 품질 보고서, 시험 및 평가 문서들, 프로젝트 관리 계획 갱신, 프로젝트 문서들 갱신이 있습니다.

품질 관리하기를 실행하는 도중에 프로젝트 관리 계획, 프로젝트 문서들, 또는 프로젝트/제품 관리 프로세스들에 영향을 미치는 변경이 발생할 경우, 프로젝트 관리자는 변경 요청을 생성하여 I6에 송부합니다. 이러한 변경 요청은 I6에서 교정 활동(Corrective Action)이나 예방 활동(Preventive Action), 또는 결점 수리(Defect Repair)를 하는 데 이용됩니다. 영어에서 출발한 용어들이라서 한글로는 다르게 번역되는 경우도 있는데요, 교정 활동은 시정 조치로, 예방 활동은 예방 조치로, 결점 수리는 하자 보수로 사용되기도 합니다. 원어를 알고 있다면 어떻게 번역되더라도 혼동되는 일은 없을 것입니다.

품질 보고서(Quality Report)는 그림이나 숫자, 정성적인 정보 등이 가능합니다. 제공된 정보는 프로젝트 품질에 대한 기대사항을 달성하기 위하여 다른 프로세스나 부서에서 교정 활동을 취하는 데 이용될 수 있습니다.

시험 및 평가 문서들(Test and Evaluation Documents)은 산업의 필요와 조직의 템플릿을 바탕으로 생성될 수 있습니다. 품실 통제하기에 입력으로 제공되어 품질 목표 달성을 시험하고 평가하는 데 사용됩니다.

프로젝트 관리 계획 갱신은 품질 관리 계획, 범위 기준선, 일정 기준선, 비용 기준선 등을 포함합니다. 프로젝트 문서들 갱신은 쟁점 기록부, 학습된 교훈 등록부, 리스크 등록부 등을 포함합니다.

## 3 품질 통제하기

프로젝트 품질 관리의 세 번째 프로세스인 품질 통제하기(Control Quality)는 성과를 평가하고 필요한 변화를 권고하기 위하여, 품질 활동들을 실행한 결과를 감시하고 기록하는 프로세스입니다.

이 프로세스의 핵심 효용은 핵심 이해관계자들의 최종 수락을 위한 요구사항을 프로젝트 전달물들과 작업이 만족시킴을 확인하는 데 있습니다.

이 프로세스에서 사용할 수 있는 도구와 기법으로는 데이터 수집(체크리스트, 체크시트, 통계적 추출, 설문지 조사), 데이터 분석(성과 검토, 근본 원인 분석), 검사, 시험, 데이터 표현(인과도, 컨트롤 차트, 히스토그램, 스캐터 도표), 회의 등이 있습니다. 여기서는 체크시트, 통계적 추출, 설문지 조사, 성과 검토, 검사, 시험, 컨트롤 차트에 대하여 알아보도록 하겠습니다.

체크시트(Checksheet)는 그림 8-11과 같이 데이터가 생성되는 현장에서 데이터를 수집하기 위해서 사용하는 양식입니다. 잠재적인 품질 문제에 관한 유용한 데이터를 효과적으로 수집할 수 있도록 사실들을 조직화하는 데 이용됩니다. 이 그림은 결함 유형별로 매일 결함이 발생하는 빈도를 기입해서 정리한 것입니다. 세로축에는 결함 유형을 나열하고, 가로축에는 월, 화, 수, 목, 금요일을 배치해서 일별로 결함이 발생한 횟수를 유형별로 기입하고 있습니다. 또 가로축과 세로축에는 합계를 두어서 일별 발생 횟수뿐만 아니라, 유형별 발생 횟수를 정리하고 있습니다. 화요일과 목요일에 결함이 많이 발생하며, 결함 유형별로는 녹슨 부품이 많이 발생함을 파악할 수 있습니다. 주기적으로 점검하는 경우나 야간 근무 순찰하는 경우에는 이런 체크시트를 쉽게 발견할 수 있습니다. 검사는 결점을 확인하기 위하여 사용되는 반면에 체크시트는 속성 데이터를 수집하는 데 특히 유용합니다.

| 결함 유형 | 월 | 화 | 수 | 목 | 금 | 합계 |
|---|---|---|---|---|---|---|
| 녹슨 부품 | / | /// | | // | / | 7 |
| 접합 불량 | | / | / | | | 2 |
| … | … | … | … | … | … | … |
| 합계 | 2 | 7 | 3 | 5 | 3 | 20 |

그림 8-11 결함 유형별 발생 빈도를 표현한 체크시트

통계적 추출(Statistical Sampling)은 그림 8-12와 같이 검사를 위해서 모집단의 일부를 추출하는 통계적 기법이며, 표본의 크기와 추출 횟수 등을 결정해서 품질 비용에 대한 영향을 확인하게 됩니다. 조사를 하고자 하는 원래의 집단이 모집단인데, 이 모집단 전체를 조사하기는 어렵기 때문에 그 일부를 추출해서 표본을 구성하고 그 조사 결과로 모집단에 대해서 추정하게 됩니다.

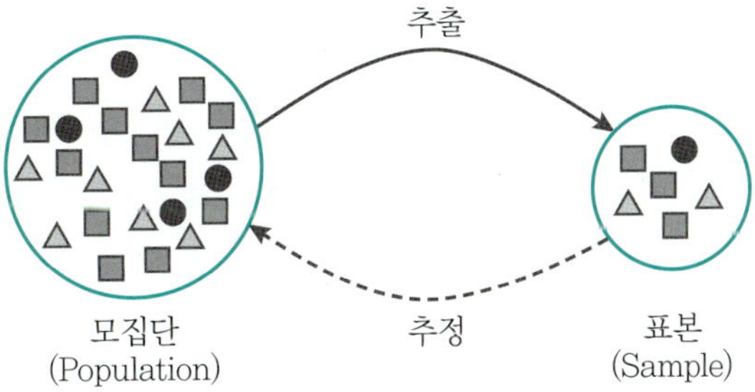


그림 8-12 통계적 추출

설문지 조사(Questionnaire and Survey)는 제품이나 서비스를 배치한 후 고객 만족에 관한 데이터를 수집하는 데 사용할 수 있습니다. 설문지 조사를 통해서 확인된 결점에 관한 비용은 외부 실패 비용으로 간주될 수 있습니다.

성과 검토(Performance Review)에서는 실제 결과를 품질 메트릭으로 측정하고 비

교하고 분석합니다.

검사(Inspection)는 프로젝트의 결과가 품질 요구사항을 준수하는지 여부를 판단하기 위하여 그 결과를 측정, 조사, 시험 또는 계측하고, 규정된 요구사항과 비교하는 활동입니다. 검사에서 사용가능한 검사 방법으로는 전수 검사와 표본 검사가 있습니다. 전수 검사는 대상 전체에 대한 검사이고, 표본 검사 일부를 조사함으로써 전체를 추정하는 방법입니다.

시험(Testing)은 프로젝트 요구사항과 일치되게 제품이나 서비스의 품질에 대한 객관적 정보를 제공하기 위하여 수행되는 조직화된 조사이며, 제품이나 서비스의 오류, 결점, 또는 다른 비준수 문제를 발견하고자 하는 것입니다. 각 요구사항을 평가하기 위해 필요한 시험의 유형, 양, 그리고 정도는 프로젝트 품질 계획의 일부분이며, 프로젝트, 시간, 예산, 그리고 다른 제약에 의존합니다. 시험은 프로젝트 종료 시점뿐만 아니라, 프로젝트 전반에 걸쳐서 수행될 수 있습니다. 응용 분야가 다르면 다른 시험 방법을 사용해야 합니다.

컨트롤 차트(Control Chart)는 어떤 공정의 시간에 따른 변동을 특정해서 그 공정이 안정적 상태에 있는지를 판단하거나, 개선의 정도를 확인할 목적으로 사용하는 도표입니다. 이 도표를 이해하기 위해서는 몇 가지 기본 개념을 알고 있어야 합니다. 기본 개념으로는 변동, 우연 원인, 이상 원인, 관리 상태, 이상 상태가 있습니다. 변동(Variation)은 동일한 작업조건 속에서도 제품이나 결과에 나타나는 차이를 말합니다. 우연 원인(Random Cause)은 통제 또는 조정할 수 없는 원인인 반면에, 이상 원인(Special Cause)은 원인을 밝혀서 제거해야 하는 원인입니다. 관리 상태 또는 통제 상태(In-control Condition)는 공정이 우연원인에 의해서만 변동을 보이는 상태이며, 이상 상태(Out-of-control Condition)는 공정이 우연 원인뿐만 아니라 이상 원인에 의해서도 변동을 보이는 상태입니다. 우리가 관리하고자 하는 공정이 관리 상태를 유지하도록 해야 하겠습니다. 이 차트의 구성 요소로는 그림 8-13과 같이 중심선, 관리 상한선, 관리 하한선, 허용 상한선, 허용 하한선, 관리(통제) 범위, 허용 범위 등이 있습니다.

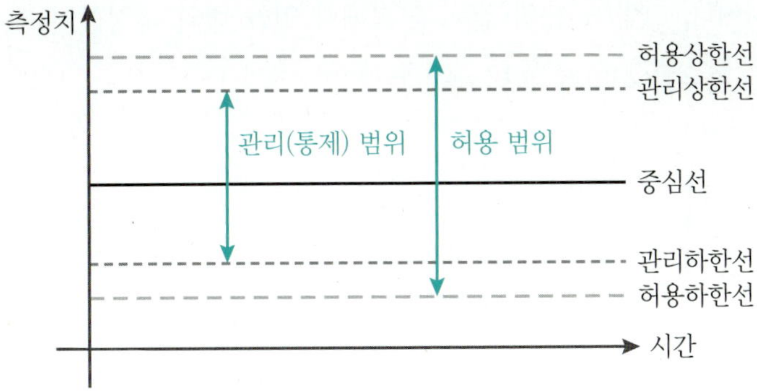


그림 8-13 컨트롤 차트의 구성 요소

이 그림에서 수평축은 시간을 나타내고, 수직축은 측정치를 나타냅니다. 가운데 수평축과 평행으로 중심선이 있고, 중심선 위쪽으로 허용상한선과 관리상한선이 있고, 중심선 아래로 관리하한선, 허용하한선이 있습니다. 관리하한선에서 관리상한선까지를 관리 범위 또는 통제 범위라고 하며, 허용하한선에서 허용상한선까지를 허용 범위라고 합니다. 허용 범위를 벗어나면 문제가 발생하게 됩니다.

컨트롤 차트를 이용해서 이상 상태를 파악할 수 있는데, 그 기준으로는 그림 8-14와 같이 어떤 측정치가 관리 범위를 벗어나거나, 시간 순서로 나열된 측정치들에 일정한 규칙이 있는 경우입니다. 관리 범위를 한 번이라도 벗어나게 되면 이상 상태에 있는 것입니다. 규칙으로는 그림 8-15와 같이 연속해서 일곱 번의 측정값이 중심선의

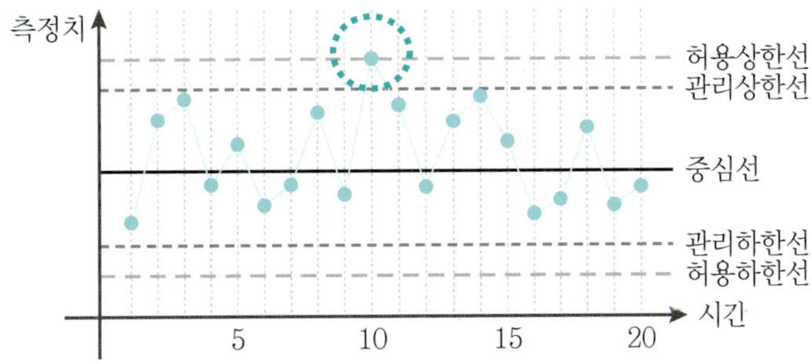


그림 8-14 컨트롤 차트를 이용한 이상 상태 파악 사례 1

한쪽에 나타나거나, 그림 8-16과 같이 연속해서 일곱 번의 측정값이 계속 같은 방향으로 진행하는 경우가 해당됩니다.

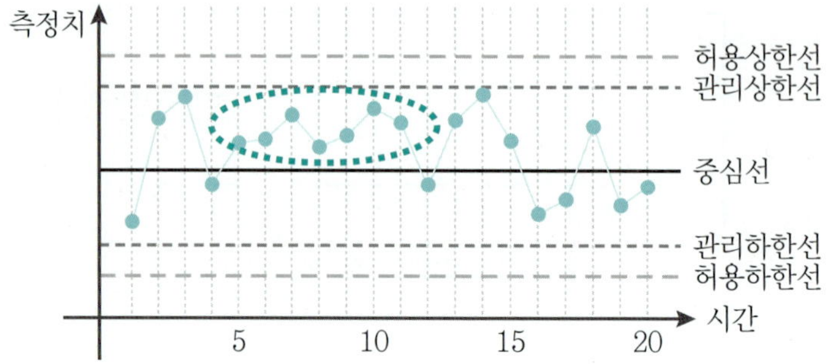


그림 8-15 컨트롤 차트를 이용한 이상 상태 파악 사례 2

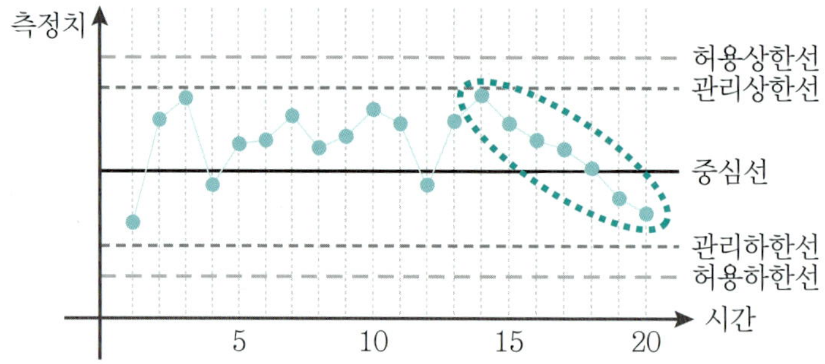


그림 8-16 컨트롤 차트를 이용한 이상 상태 파악 사례 3

이 프로세스의 입력으로는 프로젝트 관리 계획, 프로젝트 문서들, 전달물들, 작성 성과 데이터, 승인된 변경 요청 등이 있습니다. 주로 사용되는 프로젝트 관리 계획으로는 품질 관리 계획 등이 있습니다. 주로 사용되는 프로젝트 문서들로는 학습된 교훈 등록부, 품질 메트릭, 시험 및 평가 문서들 등이 있습니다. 전달물들과 작업 성과 데이터는 I3로부터, 승인된 변경 요청은 I6로부터 받습니다.

이 프로세스의 출력으로는 품질 통제 측정치, 확인된 전달물들, 작업 성과 정보, 변경 요청, 프로젝트 관리 계획 갱신, 프로젝트 문서들 갱신이 있습니다. 여기서는 작업 성과 정보와 변경 요청을 제외한 나머지에 대하여 알아보도록 하겠습니다.

품질 통제 측정치(Quality Control Measurements)는 품질 통제하기 활동들의 문서화된 결과물이며, 품질 관리 계획에 규정된 형식으로 포착되어야 합니다.

확인된 전달물들(Verified Deliverables)은 품질 통제하기 프로세스를 실행한 결과인 전달물들을 말하며(품질 통제하기의 목적 중 하나는 전달물들이 올바른 것인지를 결정하는 것임), 공식적인 승인을 위해서 SC5에 송부됩니다.

프로젝트 관리 계획 갱신은 품질 관리 계획 등을 포함합니다. 프로젝트 문서들 갱신은 쟁점 기록부, 학습된 교훈 등록부, 리스크 등록부, 시험 및 평가 문서들 등을 포함합니다.

지금까지 학습한 내용을 정리하면 다음과 같습니다.

**핵심정리**

- 품질 관리하기(Manage Quality): 조직의 품질 정책을 프로젝트에 반영하여 실행 가능한 품질 활동들로 품질 관리 계획을 변환하는 프로세스
- 품질 통제하기(Control Quality): 성과를 평가하고 필요한 변화를 권고하기 위하여, 품질 활동들을 실행한 결과를 감시하고 기록하는 프로세스

## 생각해보기

다음 내용은 스티브 맥코넬의 "소프트웨어 프로젝트 생존전략"에 나오는 이야기입니다. 정보시스템 개발 프로젝트에서 소프트웨어의 품질 향상을 위한 방안에 대하여 생각해보시기 바랍니다.

"소프트웨어의 신뢰성을 완벽하게 보장할 수 없다고 하더라도 결함을 꾸준히 통제 아래 두는 것은 중요하다. 왜냐하면 이들 결함이 개발 속도와 개발 비용 및 프로젝트의 기타 특성에도 영향을 미치기 때문이다. 상류에서 발생한 결함을 하류에서 발견하고 수정하면 50~200배의 비용이 더 든다. 이것만으로도 품질에 초점을 맞춰야 할 이유가 충분하다.

소프트웨어 개발에서 시스템 테스트는 통합된 소프트웨어를 실행시켜 결함을 발견하고 수정하는 것 외에도, 소프트웨어의 품질을 개선하는 전략적 방법으로 활용될 수 있다. 일반적으로 시스템 결함의 약 80%는 약 20%의 단위(서브루틴, 함수, 모듈, 클래스 등)에서 발생된다고 한다. 여기서도 팔레토의 법칙, 즉 80/20법칙이 적용된다. 이러한 20%에 해당되는 단위들을 찾아내서 보다 집중적인 검사를 하는 것이 좋다. 때에 따라서는 재설계하는 작업도 필요하다. 이런 단위들을 찾아내기 위해서는 결함 추적 시스템을 사용하는 것이 좋다. 결함 추적이란 결함이 발견된 때부터 결함이 해결된 때까지의 과정을 기록하고 추적하는 작업이다."

1. 품질과 등급에 대한 설명으로 잘못된 것은?

① 일련의 내재된 속성이 요구사항을 만족시키는 정도가 품질이다.
② 기능적으로 동일하게 사용하지만 기술적 특성은 다른 전달물들의 범주를 등급이라고 한다.
③ 품질의 판단 주체는 고객 또는 생산자이다.
④ 낮은 수준의 등급은 항상 문제가 된다.

2. 품질 비용에 대한 설명으로 잘못된 것은?

① 실패를 피하기 위해서 프로젝트 진행 중에 사용된 비용이 준수비용이다.
② 고객이 발견한 결함과 부적격을 처리하기 위한 비용이 내적 실패 비용이다.
③ 요구사항을 준수하지 못하는 경우를 미리 방지하기 위한 비용이 예방 비용이다.
④ 요구사항을 준수함을 평가하는 비용이 평가 비용이다.

3. 다음 중 용어에 대한 설명으로 잘못된 것은?

① 예방(Prevention)은 프로세스에서 오류가 발생하지 않도록 하는 것임
② 허용오차(Tolerance)는 수용 가능한 결과에 대해 규정된 범위임
③ 검사(Inspection)는 관리자의 손에서 오류가 발생하지 않도록 하는 것임
④ 통제 한계(Control Limit)는 통계적으로 안정된 프로세스에서 통상적인 변동의 범위임

4. 품질 관리에 대한 설명으로 잘못된 것은?

① 품질 활동들을 실행한 결과를 감시하고 기록하는 프로세스이다.
② 품질 통제하기의 데이터와 결과를 사용해서 프로젝트의 전체적인 품질 상태를 반영합니다.
③ 이 프로세스는 품질 보증(Quality Assurance)이라고도 불리는데, 이것은 품질 관리하기보다는 작은 개념이다.
④ 핵심 효용은 효과적이지 못한 프로세스와 낮은 품질의 원인을 확인하는 것뿐만 아니라, 품질 목표를 만족시킬 확률을 증가시키는 데 있다.

**5.** 컨트롤 차트의 기본 개념에 대한 설명으로 잘못된 것은?

① 관리 상태(In-control Condition): 공정이 우연 원인에 의해서만 변동을 보이는 상태

② 우연 원인(Random Cause): 통제 또는 조정할 수 없는 원인

③ 이상 원인(Special Cause): 원인을 밝혀서 제거해야 하는 원인

④ 이상 상태(Out-of-control Condition): 공정이 이상 원인에 의해서만 변동을 보이는 상태

**6.** 결함과 부적합을 처리하기 위해서 조직 내부에서 발생하는 비용을 무엇이라고 하는가?

① 예방비용 ② 내적 실패비용

③ 외적 실패비용 ④ 평가비용

**7.** 다음 그림에서 왼쪽 과녁의 결과는 정확도와 정밀도가 모두 높다. 이에 비해서 오른쪽 과녁의 결과는 어떤가?

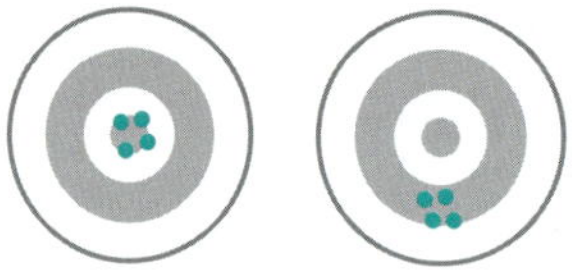

① 정확도 높음, 정밀도 높음 ② 정확도 낮음, 정밀도 높음

③ 정확도 높음, 정밀도 낮음 ④ 정확도 낮음, 정밀도 낮음

**8.** 인과도에 대한 설명으로 잘못된 것은?

① 품질상의 문제를 일으키는 여러 원인들을 발생 빈도(도수) 순서대로 X축에 배열한 바 차트

② 어골도(Fishbone Diagram)라고도 함

③ 발명자의 이름을 이용해서 이시카와(Ishikawa) 도표라고도 함

④ 물고기 머리 위치에 문제를 기입하고, 단계적으로 원인을 추적해서 근본 원인을 찾아내기 위한 도표

**9.** 컨트롤 차트에서 이상 상태의 기준이 아닌 것은?

① 어떤 측정치가 관리 한계를 벗어남

② 연속해서 일곱 번의 측정값이 중심선의 한쪽에 나타남

③ 시간순서로 나열된 측정치들에 일정한 규칙이 없음

④ 연속해서 일곱 번의 측정값이 계속 같은 방향으로 진행함

**10.** 두 변수 값들의 쌍을 2차원 평면상의 점으로 보여주는 도표를 무엇이라고 하는가?

① 스캐터 도표 ② 벤치마킹

③ 파레토 도표 ④ 체크시트

정답 11. ④ 2. ② 3. ③ 4. ① 5. ④ 6. ② 7. ② 8. ① 9. ③ 10. ①

CHAPTER

# 9

# 프로젝트 자원 관리

## 학습 목차



## 학습 목표

- 프로젝트 자원들을 확인하고, 획득하고, 관리하는 프로세스들에 대하여 구체적으로 파악할 수 있다.

## 0 프로젝트 자원 관리 개요

프로젝트 자원 관리(Project Resource Management)는 프로젝트를 성공적으로 완료하는 데 필요한 자원들을 확인하고, 획득하고, 관리하는 프로세스들을 포함합니다. 이들은 프로젝트 관리자와 프로젝트 팀이 적절한 자원을 적절한 시간과 적절한 장소에서 사용할 수 있도록 도와줍니다.

프로젝트 자원은 크게 팀 자원과 물리적 자원으로 구분할 수 있습니다. 물리적 자원은 장비, 재료, 설비, 기반 시설, 소모품 등을 포함하는 반면에, 팀 자원은 인적 자원을 지칭합니다. 프로젝트 관리자가 팀 자원과 물리적 자원을 관리하는 데 필요한 기술(Skill)과 역량(Competency)에는 차이가 있습니다. 이런 이유로 프로젝트 자원 관리와 프로젝트 이해관계자 관리는 약간의 중복된 부분이 있습니다. 여기서는 프로젝트 팀을 구성하는 이해관계자들에 집중하는 것으로 이해하시면 되겠습니다.

물리적 자원 관리는 효율적이고 효과적인 방법으로 프로젝트를 성공적으로 완료하는 데 필요한 물리적 자원들을 배정하고 사용하는 것에 집중되어 있습니다. 그러기 위해서는 자원 수요, 이러한 수요를 만족시키기 위해서 필요한 자원의 형태, 자원의 공급 등에 관한 데이터가 필요합니다. 자원을 효율적으로 관리하고 통제하지 못하면 성공적 프로젝트 완료에 리스크가 발생할 수 있습니다. 중요한 설비나 기반 시설을 확보하는 데 실패할 경우 최종 제품 생산이 지연될 수 있는 것처럼 말이죠.

프로젝트 자원 관리는 명령과 통제 체제로부터 의사결정을 팀원들에게 위임함으로써 팀을 강화할 수 있는 협력적이고 지원적인 관리 접근법으로 변화해가고 있습니다. 그리고 자원 활용을 최적화하고자 하는 방향으로 접근하고 있습니다. 프로젝트 관리자는 린 경영(Lean Management), JIT(Just in Time) 생산, 카이젠(Kaizen), 제약이론(Theory of Constraints, TOC) 등의 자원 관리 방법들을 선택해서 적절하게 프로젝트에 적용해야 하겠습니다. 프로젝트 관리자는 개인적인 감성 지능(Emotional Intelligence, EI)에 투자해서 내적 역량(자기 관리와 자기 인식)과 외적 역량(관계 관리)을 개선해야 합니다. 감성 지능이 높은 조직은 더 효과적이고 직원의 이직률이 낮은 것으로 알려지고 있습니다. 프로젝트의 국제화는 한 프로젝트에 참여하지만 같은 위치에 함께 있지 않은 가상 팀에 대한 필요성을 증대시키고 있습니다. 가상 팀을 관리하는 것은 다른 곳에 있는 전문가, 재택 근무자, 장애인 등을 참여시킬 수 있는 장점이 있는 반면에, 고립된 느낌, 팀원 간의 지식과 경험을 공유하는 데 있어서의 간격, 진척도나 생산성 추적의 어려움, 시간대 차이나 문화적 차이 등을 극복해야 합니다.

프로젝트 팀은 공유된 목적을 달성하기 위하여 함께 일하는 역할과 책임이 배정된 사람(팀원)들로 구성됩니다. 프로젝트 관리자는 프로젝트 팀을 획득하고, 관리하고, 동기와 권한을 부여하는 데 적절한 노력을 기울여야 합니다. 프로젝트 팀원들에게 특정한 역할과 책임이 배정되기는 하지만, 프로젝트 계획과 의사결정에는 모든 팀원들이 참여하는 것이 유익한데, 그 이유는 프로젝트에 대한 전문 지식을 공유하고, 프로젝트에 대한 헌신을 강화할 수 있기 때문입니다.

프로젝트 관리자는 프로젝트 팀의 관리자이자 리더가 되어야 합니다. 프로젝트 관리자는 프로젝트 관리 활동들뿐만 아니라, 프로젝트 팀을 효과적인 그룹으로 형성해야 하는 책임이 있습니다. 프로젝트 관리자는 다음과 같이 프로젝트 팀에 영향을 미치는 다양한 측면들을 인식하고 있어야 합니다.

- 팀 환경
- 팀원들의 지리적 위치
- 이해관계자들 간의 의사소통
- 조직의 변화 관리
- 팀 내부와 외부의 정치학
- 문화적 쟁점과 조직의 독특함
- 프로젝트 성과에 영향을 미치는 다른 요소들

리더로서 프로젝트 관리자는 팀의 만족도와 동기부여를 유지하고 개선하면서도, 팀의 기술과 역량을 적극적으로 개발할 책임이 있습니다. 그리고 직업적이고 윤리적인 태도를 잘 인지하고, 모든 팀원들이 이러한 태도를 충실히 지키도록 해야 합니다.

프로젝트 자원 관리에는 아래 그림과 같이 여섯 개의 프로세스들이 있습니다. 이 그림은 2장에서도 간략히 살펴본 바가 있습니다만, 이번 장이 자원 관리 지식 영역을 집중적으로 다루는 장이므로, 이들을 자세하게 들여다보도록 하겠습니다. RE1은 Plan Resource Management, 즉 자원 관리 계획하기입니다. 프로세스의 약칭인 RE1에서 RE는 Resource에서 따온 약어입니다. RE2는 Estimate Activity Resources(활동 자원 추정하기)이며, 팀 지원과 프로젝트 작업에 필요한 재료, 장비, 소모품 등의 물리적 자원 유형과 수량을 추정하게 됩니다. RE3는 Acquire Resources(자원 획득하기)인데, 프로젝트 작업을 완료하는 데 필요한 자원을 획득하는 것입니다. RE4는 Develop Team(팀 개발하기)인데, 역량, 팀원 상호작용, 전반적 팀 환경을 개선하여 프로젝트 성과의 향상을 도모합니다. RE5는 Manage Team(팀 관리하기)이며, 팀원 성과를 추적하고, 피드백을 제공하고, 쟁점을 해결하며, 팀 변화를 관리합니다. RE4와 RE5는 자원 중에서 팀 자원을 다룹니다. RE6는 Control Resources(자원 통제하기)입니다. 자

| 지식 영역 | 프로세스 그룹 | | | | |
|---|---|---|---|---|---|
| | 개시 | 계획 | 실행 | 감시 및 통제 | 종료 |
| 자원 관리 | | RE1, RE2 | RE3, RE4, RE5 | RE6 | |

RE1: Plan Resource Management(자원 관리 계획하기)
RE2: Estimate Activity Resources(활동 자원 추정하기)
RE3: Acquire Resources(자원 획득하기)
RE4: Develop Team(팀 개발하기)
RE5: Manage Team(팀 관리하기)
RE6: Control Resources(자원 통제하기)

그림 9-1 프로젝트 자원 관리 지식 영역의 프로세스들

원 관리에 속하는 여섯 개의 프로세스들 중에서 RE1, RE2는 계획 그룹에, RE3, RE4, RE5는 실행 그룹에, RE6는 감시 및 통제 그룹에 속합니다.

이들 여섯 개 프로세스들을 전체적인 맥락에서 이해하기 위하여 자료흐름도를 그려보았습니다. 여섯 개의 모든 프로세스들은 공통적으로 프로젝트 관리 계획과 프로젝트 문서들을 입력으로 받습니다. 출력에서도 프로젝트 문서들 갱신은 여섯 개 프로세스들 모두에서 생성되며, 프로젝트 관리 계획 갱신도 RE3, RE4, RE5, RE6에서 공통적으로 생성됩니다. 물론 구체적인 내용에서는 프로세스마다 차이가 있습니다.

RE1에서는 프로젝트 승인서, 프로젝트 관리 계획, 프로젝트 문서들을 받아들여서 자원 관리 계획과 팀 헌장을 만들어내는 프로세스입니다. 자원 관리 계획은 프로젝트 관리 계획 저장소에, 팀 헌장은 프로젝트 문서들 저장소에 각각 추가됩니다. 부수적으로 프로젝트 문서들 갱신을 프로젝트 문서들 저장소에 합니다. RE2에서는 프로젝트 관리 계획, 프로젝트 문서들을 바탕으로 자원 요구사항, 추정 근거, 자원 분해구조를 생성하여 프로젝트 문서들 저장소에 추가하고, 부수적으로 프로젝트 문서들 갱신을 프로젝트 문서들 저장소에 합니다. RE3에서는 프로젝트 관리 계획과 프로젝트 문서들을 바탕으로 물리적 자원 배정, 프로젝트 팀 배정, 자원 캘린더를 생성하여 프로젝트 문서들 저장소에 추가하고, 부수적으로 프로젝트 관리 계획 갱신과 프로젝트 문서들 갱신을 각각의 저장소에 합니다. 변경이 필요한 경우 I6(통합 변경 통제 수행하기)에 변경 요청을 합니다. RE4에서는 프로젝트 관리 계획과 프로젝트 문서들을 바탕으로 팀 개발하기를 수행하고 팀 성과 평가를 생성하여 RE5에 송부합니다. 부수적으로 프로젝트 관리 계획 갱신과 프로젝트 문서들 갱신을 각각의 저장소에 합니다. 변경이 필요한 경우 I6에 변경 요청을 합니다. RE5에서는 프로젝트 관리 계획, 프로젝트 문서들, 그리고 RE4로부터 송부 받은 팀 성과 평가, I5(프로젝트 작업 감시 및 통제하기)로부터 받은 작업 성과 보고서를 바탕으로 팀을 관리합니다. 부수적으로 프로젝트 관리 계획 갱신과 프로젝트 문서들 갱신을 각각의 저장소에 합니다. 변경이 필요한 경우 I6에 변경 요청을 합니다. RE6에서는 프로젝트 관리 계획, 프로젝트 문서들, I3

(프로젝트 작업 지시 및 관리하기)로부터 송부 받은 작업 성과 데이터, P2(조달 수행하기)로부터 송부 받은 합의를 바탕으로 자원을 통제합니다. 작업에 사용된 자원의 유형과 수량 같은 작업 성과 데이터를 바탕으로 작업 진척도와 같은 작업 성과 정보를 생성하여 I5로 송부합니다. 부수적으로 프로젝트 관리 계획 갱신과 프로젝트 문서들 갱신을 각각의 저장소에 합니다. 변경이 필요한 경우 I6에 변경 요청을 합니다.

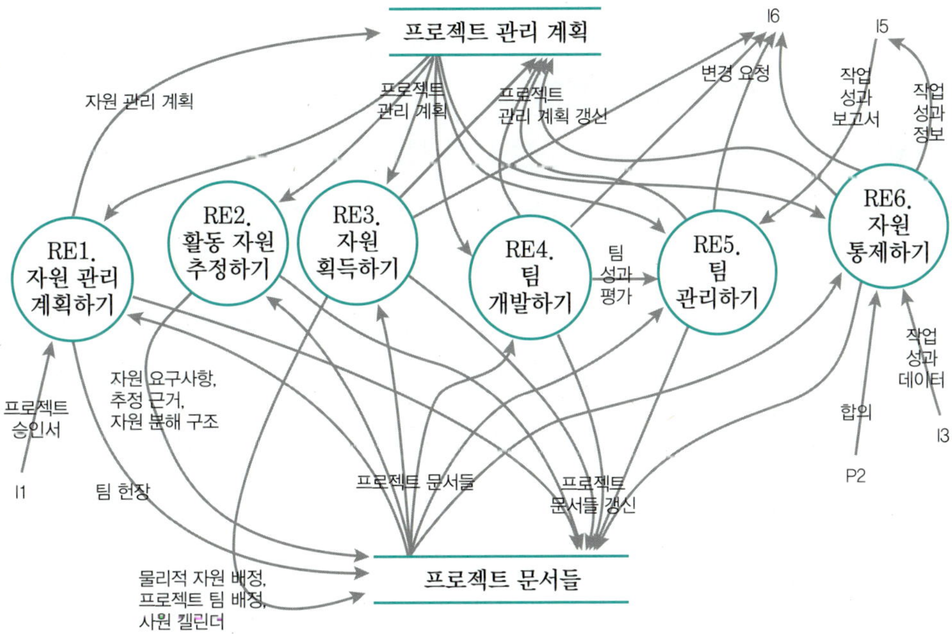


그림 9-2 프로젝트 인적 자원 관리 자료흐름도

## 1 자원 관리 계획하기

프로젝트 자원 관리의 첫 번째 프로세스인 자원 관리 계획하기(Plan Resource Management)는 프로젝트의 팀 자원과 물리적 자원을 추정하고, 획득하고, 관리하고, 사용하는 방법을 정의하는 프로세스입니다. 이 프로세스에서는 프로젝트의 성공적 완료에 필요한 충분한 자원이 이용 가능하도록 보장하는 하나의 접근법을 결정하고 확인해야 합니다. 효과적인 자원 계획을 작성하기 위해서는 희소 자원에 대한 가용성과 경쟁을 고려해야 합니다. 같은 시간과 장소에서 필요한 자원을 놓고 다른 프로젝트들과 경쟁을 해야 할 경우도 있습니다. 이러한 자원은 조직 내부의 자산으로부터 확보할 수도 있고, 조달 프로세스를 통해서 조직 외부로부터 확보될 수도 있습니다.

이 프로세스의 핵심 효용은 프로젝트의 유형과 복잡성을 기반으로 프로젝트 자원을 관리하기 위해 필요한 관리 노력의 접근 방법과 수준을 수립하는 데 있습니다.

이 프로세스에서 사용할 수 있는 도구와 기법으로는 전문가 판단, 데이터 표현(계층구조 도표, 책임 배정 표, 문자 지향 형식), 조직 이론, 회의 등이 있습니다. 여기서는 계층구조 도표, 책임 배정 표, 문자 지향 형식, 조직 이론에 대해서 알아보도록 하겠습니다.

팀원의 역할과 책임을 문서화하는 여러 가지 형식이 있지만, 계층구조, 표, 그리고 문자 지향 형식이 대부분입니다. 팀원의 역할과 책임을 문서화하는 형식에 무관하게, 모든 팀원이 자신의 역할과 책임을 명확히 이해하고, 각 작업 패키지가 소유자를 가지도록 보장하는 것이 목적입니다.

계층구조 도표(Hierarchy Chart)는 전통적인 조직도(Organizational Chart)의 구조를 사용해서 위치(직위)와 관계를 하향식으로 표현한 도표입니다. 작업 분해 구조(Work Breakdown Structure, WBS)는 프로젝트 전달물들이 어떻게 작업 패키지로 분해되는지를 보여줄 수 있도록 설계된 것으로, 높은 수준에서 책임 영역을 보여주는 방법을 제공합니다. 조직 분해 구조(Organizational Breakdown Structure, OBS)는조직의 기존 부서들을 구조에 따라서 정리한 도표로, 각 부서의 하단에는 담당하는 프로젝트 활동이나 작업 패키지가 열거될 수 있습니다. 자원 분해 구조(Resource Breakdown Structure)는 프로젝트 작업에 사용되는 팀과 물리적 자원들을 범주와 유형에 따라서 계층 구조로 정리한 리스트입니다. 이 리스트에서 하위의 각 줄은 상위의 자원에 대한 더 상세한 서술을 표현합니다. 이러한 자원의 분해는 작업 분해 구조와 함께 사용될 수 있을 만큼 작은 단위까지 진행되어야 합니다.

책임 배정 표(Responsibility Assignment Matrix, RAM)는 각 작업 패키지에 배정된 프로젝트 자원을 표현하기 위한 표입니다. 특히 각 작업 패키지 또는 활동에 배정된 팀원을 보여주는데, 한 사람에 관련된 모든 활동을 확인하거나, 하나의 활동과 관련된 모든 사람을 확인할 수 있습니다. 그리고 어떤 활동에 대해 책임이 있는 오직 한 사람이 있음을 관계 설정을 통해서 보장하게 됩니다. 아래의 사례를 보면, 가로축에는 PM, 김, 이, 박, 이렇게 사람들이 나열되어 있고, 세로축에는 A, B, C 등의 활동들이 나열되어 있습니다. 그리고 교차 지점에는 주 또는 종이 기입되어 있는데, 주는 주된 업무를, 종은 종속된 업무를 표현합니다. A라는 활동은 PM이 주가 되고, 김이 종이 됩니다. B라는 활동은 이가 주가 되고 박이 종이 됩니다. C라는 활동은 박이 주가 되고 이가 종이 됩니다. PM은 A를, 이는 B를, 박은 C를 주로 담당함을, 즉 책임지고 있음을 알 수 있습니다.

표 9-1 책임 배정 표 사례

| 활동 \ 사람 | PM | 김 | 이 | 박 | … |
|---|---|---|---|---|---|
| A | 주 | 종 | | | |
| B | | | 주 | 종 | |
| C | | | 종 | 주 | |
| … | | | | | |

위 사례에서는 주와 종을 기입하는 책임 배정 표를 살펴보았는데, 서구권에서는 RACI라는 책임 배정 표를 많이 사용합니다. RACI는 Responsible, Accountable, Consult, Inform의 첫 글자를 딴 것으로, 해당 활동에서 R은 책임지는 사람, A는 설명할 수 있는 사람, C는 조언을 해줄 수 있는 사람, I는 정보를 제공할 수 있는 사람을 표현합니다. 주와 종 대신에 이렇게 4가지를 기입하는 점에서 차이가 있습니다.

자세한 서술이 필요한 팀원 의무 사항은 문자 지향 형식(Text Oriented Format)으로 규정될 수 있습니다. 보통 아웃라인(Outline) 형태로 의무, 권한, 능력, 자격과 같은 정보를 제공합니다. 이러한 형식의 문서는 직위 서술 양식, 역할–책임–권한 양식 등과 같은 다양한 이름으로 불리고 있습니다.

조직 이론(Organizational Theory)은 사람, 팀, 조직 단위가 행동하는 방식에 대한 정보를 제공합니다. 조직 이론에서 확인된 일반적 주제들을 효과적으로 사용하면, 이 프로세스의 출력을 생성하는 시간, 비용, 노력을 줄일 수 있겠습니다. 조직 구조와 문화가 프로젝트 조직 구조에 영향을 미침을 인식하는 것이 중요합니다.

이 프로세스의 입력으로는 프로젝트 승인서, 프로젝트 관리 계획, 프로젝트 문서들 등이 있습니다. 주로 사용되는 프로젝트 관리 계획으로는 품질 관리 계획, 범위 기준선 등이 있습니다. 주로 사용되는 프로젝트 문서들로는 프로젝트 일정, 요구사항 기록문서, 리스크 등록부, 이해관계자 등록부 등이 있습니다.

이 프로세스의 출력으로는 자원 관리 계획, 팀 헌장, 프로젝트 문서들 갱신이 있습니다.

자원 관리 계획(Resource Management Plan)은 프로젝트의 자원이 어떻게 분류되고, 배정되고, 관리되고, 방출될 것인지에 관한 안내를 제공하는 계획입니다. 주요 내용으로는 다음과 같은 것들이 있습니다.

- 필요한 자원을 확인하고 수량화하는 방법
- 자원을 획득하는 방법에 대한 안내

- 역할, 책임, 권한, 역량
- 프로젝트 조직도
- 프로젝트 팀 자원이 정의되고 채용되고 관리되고 방출되는 방법에 대한 안내
- 팀원 훈련 전략
- 팀 개발 방법

팀 헌장(Team Charter)은 팀원들의 수용 가능한 행위에 대한 명확한 기대를 수립합니다. 여기에는 팀의 가치, 의사소통 지침, 의사결정 기준과 프로세스, 갈등 해결 프로세스, 회의 지침, 팀 합의사항 등이 포함됩니다. 명확한 지침에 대한 조기 약속은 잘못된 이해를 감소시키고 생산성을 향상시킵니다. 팀이 팀 헌장을 개발했거나, 적어도 팀 헌장 개발에 기여할 기회가 주어졌을 때, 팀 헌장이 가장 잘 작동합니다. 모든 프로젝트 팀원은 팀 헌장에 기록된 규칙들이 준수됨을 보장하는 책임을 공유하게 됩니다.

프로젝트 문서들 갱신은 가정 기록부, 리스크 등록부 등을 포함합니다.

## 2 활동 자원 추정하기

프로젝트 자원 관리의 두 번째 프로세스인 활동 자원 추정하기(Estimate Activity Resources)는 팀 자원과 프로젝트 작업에 필요한 재료, 장비, 소모품 등의 물리적 자원 유형과 수량을 추정하는 프로세스입니다. 이 프로세스는 CO2(비용 추정하기)와 같은 다른 프로세스들과 밀접하게 조정되고 있습니다.

이 프로세스의 핵심 효용은 프로젝트를 완료하는 데 요구되는 자원의 유형, 수량, 그리고 특징을 확인하는 것입니다.

이 프로세스에서 사용할 수 있는 도구와 기법으로는 전문가 판단, 상향식 추정,

유사 추정, 매개변수 추정, 데이터 분석(대안 분석), 프로젝트 관리 정보시스템, 회의 등이 있습니다. 이전에 설명된 것들을 참고하시기 바랍니다.

이 프로세스의 입력으로는 프로젝트 관리 계획, 프로젝트 문서들 등이 있습니다. 주로 사용되는 프로젝트 관리 계획으로는 자원 관리 계획, 범위 기준선 등이 있습니다. 주로 사용되는 프로젝트 문서들로는 활동 리스트, 활동 속성, 가정 기록부, 비용 추정치, 자원 캘린더, 리스크 등록부 등이 있습니다.

이 프로세스의 출력으로는 자원 요구사항, 추정 근거, 자원 분해 구조, 프로젝트 문서들 갱신이 있습니다.

자원 요구사항(Resource Requirements)은 각 작업 패키지 또는 작업 패키지에 포함된 각 활동에 대한 자원 유형과 수량을 확인하고, 각 작업 패키지, 각 WBS 가지, 그리고 전체 프로젝트에 대한 합을 각각 구해서 필요한 자원 추정치를 결정할 수 있습니다. 자원 요구사항에 대한 서술은 응용 영역에 따라서 명세 수준이나 자세한 내용의 양이 다를 수 있습니다.

추정 근거(Basis of Estimates)는 자원 추정치에 대한 명확하고 완전한 이해를 위한 것으로, 추정치를 개발하는 데 사용된 방법, 정보, 가정, 알려진 제약, 추정치 범위, 신뢰도 수준, 추정치에 영향을 미치는 확인된 리스크 등을 포함합니다.

자원 분해 구조(Resource Breakdown Structure)는 자원들을 범주와 유형에 따라서 계층구조로 표현한 것입니다. 자원 범주로는 노동, 재료, 장비, 소모품 등을 사례로 들 수 있고, 자원 유형으로는 기술 수준, 등급 수준, 요구되는 자격증, 기타 프로젝트에 적절한 정보를 포함합니다. RE1(자원 관리 계획하기)에서 자원 분해 구조를 사용해서 자원의 범주화를 안내하게 되는데, 여기서는 자원을 획득하고 감시하기 위해서 사용될 완전한 자원 분해 구조 문서를 작성하게 됩니다.

프로젝트 문서들 갱신은 활동 속성, 가정 기록부, 학습된 교훈 등록부 등을 포함합니다.

## 3 자원 획득하기

프로젝트 자원 관리의 세 번째 프로세스인 자원 획득하기(Acquire Resources)는 프로젝트 작업을 완료하는 데 필요한 팀원, 설비, 장비, 재료, 소모품 등의 자원을 획득하는 프로세스입니다.

이 프로세스의 핵심 효용은 자원 선택을 안내하고 각각을 해당하는 활동에 배정하는 것입니다.

이 프로세스에서 사용할 수 있는 도구와 기법으로는 의사결정(다기준 의사결정 분석), 대인 및 팀 기술(협상), 사전 배정, 가상 팀 등이 있습니다. 여기서는 협상, 사전 배정, 가상 팀에 대하여 알아보도록 하겠습니다.

많은 프로젝트들이 요구되는 자원을 확보하기 위해서 협상(Negotiation)을 해야 합니다. 프로젝트 관리 팀은 기능별 관리자, 수행 조직 내부의 다른 프로젝트 관리 팀, 외부 조직, 그리고 공급자와 협상을 해야 합니다. 프로젝트 관리 팀이 이들에게 영향을 미칠 수 있는 능력은 자원 배정 협상에서 중요한 역할을 하게 됩니다. 예를 들어 추진하고 있는 프로젝트의 높은 가시성에 대해 기능 관리자에게 확신을 심어주는 것은 경쟁 프로젝트보다 더 좋은 자원을 배정하도록 이 관리자에게 영향을 미칠 수 있습니다.

프로젝트에 대한 팀 자원 또는 물리적 자원이 미리 결정되었을 때, 이것을 사전 배정(Pre-Assignment)이라고 합니다. 이런 상황은 어떤 경쟁력 있는 제안의 일부인 특정한 자원들이 프로젝트에 사용되거나, 특정한 사람들의 전문 지식에 프로젝트가 의존할 때 발생할 수 있습니다. 또한 최초의 RE1(자원 관리 계획하기)이 완료되기 이전에, I1(프로젝트 승인서 개발하기)에 배정되었던 팀원이 있는 경우에도 사전 배정이 발생합니다.

가상 팀(Virtual Team)은 목적을 공유하고 대면 회의 없이 주어진 역할을 수행하는 사람들로 정의할 수 있습니다. 이메일, 음성 회의, 영상 회의, 소셜 미디어 등과 같은 통신 기술들이 이용 가능해지면서 가상 팀을 구성하는 것이 가능해졌습니다. 가상 팀을 사용한다는 것은 팀원을 확보할 때 새로운 가능성을 연다는 의미가 있습니다. 사람들이 시간상 공간상 흩어져 있으므로, 가상 팀 환경에서 의사소통을 계획하는 것이 매우 중요합니다. 명확한 기대를 설정하고, 의사소통을 촉진하고, 갈등 해결 규약을 개발하고, 의사결정에 참여시키고, 문화적 차이를 이해하는 등에 시간이 더 필요할 수 있습니다.

이 프로세스의 입력으로는 프로젝트 관리 계획, 프로젝트 문서들 등이 있습니다. 주로 사용되는 프로젝트 관리 계획으로는 자원 관리 계획, 조달 관리 계획, 비용 기준선 등이 있습니다. 주로 사용되는 프로젝트 문서들로는 프로젝트 일정, 자원 캘린더, 자원 요구사항, 이해관계자 등록부 등이 있습니다.

이 프로세스의 출력으로는 변경 요청, 물리적 자원 배정, 프로젝트 팀 배정, 자원 캘린더, 프로젝트 관리 계획 갱신, 프로젝트 문서들 갱신이 있습니다. 변경 요청은 프로젝트 통합 관리에서 다루었던 내용입니다.

물리적 자원 배정(Physical Resource Assignments)은 프로젝트에서 사용될 재료, 장비, 소모품, 장소 등 물리적 자원들을 기록한 것입니다.

프로젝트 팀 배정(Project Team Assignments)은 팀원과 역할 및 책임을 기록한 것입니다.

자원 캘린더(Resource Calendar)는 작업일, 작업조, 정상적인 작업 시간의 시작과 끝, 각각의 특정 자원을 사용할 수 있는 주말과 공휴일 등을 확인합니다. 어떤 자원이 계획된 활동 기간 동안에 잠재적으로 이용 가능한 것인지에 관한 정보는 자원 활용을 추정하는 데 사용됩니다. 또한 자원이 언제 얼마나 오랫동안 이용 가능한 것인지에 대해서도 규정합니다.

프로젝트 관리 계획 갱신은 자원 관리 계획, 비용 기준선 등을 포함합니다. 프로젝트 문서들 갱신은 학습된 교훈 등록부, 프로젝트 일정, 자원 분해 구조, 자원 요구사항, 리스크 등록부, 이해관계자 등록부 등을 포함합니다.

지금까지 학습한 내용을 정리하면 다음과 같습니다.

**핵심정리**

- 프로젝트 자원 관리(Project Resource Management): 프로젝트 관리자와 프로젝트 팀이 적절한 자원을 적절한 시간과 적절한 장소에서 사용할 수 있도록 도와주는 지식 영역
- 자원 관리 계획하기(Plan Resource Management): 팀 자원과 물리적 자원을 추정하고, 획득하고, 관리하고, 사용하는 방법을 정의하는 프로세스
- 활동 자원 추정하기(Estimate Activity Resources): 팀 자원과 프로젝트 작업에 필요한 재료, 장비, 소모품의 자원 유형과 수량을 추정하는 프로세스
- 자원 획득하기(Acquire Resources): 프로젝트 작업을 완료하는 데 필요한 자원을 획득하는 프로세스

## 4 팀 개발하기

프로젝트 인적 자원 관리의 네 번째 프로세스인 팀 개발하기(Develop Team)는 프로젝트 성과를 향상시키기 위하여 역량, 팀원 상호작용, 전반적 팀 환경을 개선하는 프로세스입니다. 프로젝트 관리자는 높은 팀 성과를 얻을 수 있도록 여러 가지 기술을 활용해야 하는데, 프로젝트 팀을 확인하고, 구축하고, 유지하고, 동기부여하고, 이끌고, 영감을 주는 기술을 습득해야 합니다. 팀워크가 프로젝트의 핵심 성공 요소이므로, 프로젝트 관리자는 팀워크를 촉진하는 환경을 조성해야 하며, 도전 기회 제공, 적절한 피드백과 지원, 훌륭한 성과에 대한 인정과 보상 등을 통해서 끊임없이 동기를 부여해야 합니다. 높은 팀 성과는 개방적이고 효과적인 의사소통, 팀 구축 기회, 팀원 간의 신뢰 구축, 건설적인 방식의 갈등 관리, 협업적 문제 해결 등에 의해서 가능합니다.

이 프로세스의 핵심 효용은 개선된 팀워크, 향상된 대인 기술과 역량, 직원 동기부여, 이직률 감소, 개선된 전반적 성과 등의 결과를 얻는 데 있습니다.

이 프로세스에서 사용할 수 있는 도구와 기법으로는 동일 장소 배치, 가상 팀, 통신 기술, 대인 및 팀 기술(갈등 관리, 영향력 행사, 동기부여, 협상, 팀 구축), 인정과 보상, 훈련, 개인 및 팀 평가 등이 있습니다. 여기서는 동일 장소 배치, 통신 기술, 팀 구축, 인정과 보상, 훈련, 개인 및 팀 평가에 대하여 알아보도록 하겠습니다.

동일 장소 배치(Colocation)는 팀 능력을 향상시키기 위해서 모든 또는 대다수의 팀원들을 동일한 물리적 장소에 배치하는 것입니다. 전략적으로 중요한 시기와 같이 일시적으로 동일 장소에 배치하는 것도 가능하며, 팀 회의실, 스케줄 부착 장소, 의사소통을 향상시키기 위한 다른 편의시설 등을 포함합니다. 동일 장소 배치도 좋은 전략이지만, 가상 팀의 장점도 함께 고려할 필요가 있습니다.

통신 기술(Communication Technology)은 팀 개발 쟁점들의 해결에 중요합니다. 동일 장소 배치 팀의 조화로운 환경 구축에 도움을 주고, 다른 시간대에 함께 작업하는 가상 팀에 대한 이해를 높일 수 있도록 도와줍니다. 이메일, 음성 회의, 화상 회의, 소셜 미디어, 정보 공유를 위한 공유 포털 등을 사례로 들 수 있습니다.

팀 구축(Team Building)은 팀의 사회적 관계를 향상시켜서 협력적인 작업 환경을 구축하는 활동들을 수행하는 것입니다. 이러한 팀 구축 활동은 효과적으로 팀원들이 함께 작업하도록 도와주는 것이 목표입니다. 팀원들이 면대면 접촉 없이 원격지에서 활동하는 경우 특히 유용합니다. 함께 있으면 팀 구축이 자연스럽게 이루어지는데, 원격지에 흩어져 있는 경우에는 팀으로서 구축이 잘되지 않을 수 있습니다. 팀 구축 활동은 프로젝트 초기에 필수적이지만 결코 끝나지 않는 과정이기 때문에, 프로젝트 환경이 변함에 따라서 지속적으로 새로운 팀 구축 노력이 필요합니다.

팀 구축 모형 중에서 터크맨(Tuckman)의 사다리 모형이 제일 유명합니다. 터크맨의 사다리 모형에는 아래 그림과 같이 팀 구축 5단계가 있는데, 형성(Forming), 폭풍(Storming), 규범화(Norming), 수행(Performing), 산회(Adjourning)의 순서로 단계적으로 진행되는 것이 일반적이지만, 미끄러져서 다시 반복할 수도 있고, 건너뛸 수도 있습니다. 형성 단계는 팀원이 함께 만나서 프로젝트와 각자의 역할과 책임에 대해 배우는 단계로, 팀원은 독립적이며, 개방적이지 못합니다. 처음 만났기 때문에 독립적이고 폐쇄적이라는 얘기입니다. 폭풍 단계는 프로젝트 작업이나 프로젝트 관리 접근방법 등을 다루기 시작하는 단계로, 팀원들이 다른 생각과 관점에 대해 협력적이고 개방적이지 못하다면 비생산적 환경이 조성됩니다. 폭풍처럼 갈등이 생길 수 있는 단계란 얘기입니다. 규범화 단계는 팀원들이 함께 작업하기 시작하고, 팀을 지원하기 위해 자신의 작업 습관과 행동을 수정하고, 서로에 대한 신뢰를 배워나가는 단계입니다. 팀으로서 작업하기 위해서 자신의 습관과 행동을 수정하는 과정이 꼭 필요하겠죠. 팀 구축에서 가장 핵심적인 단계가 아닐까 합니다. 수행 단계는 상호 의존하며, 매끄럽고 효과적으로 쟁점을 해결하고, 잘 조직화된 단위로서 기능합니다. 산회 단계는 프로젝트 작업을 완료하고, 이동하는 단계입니다.

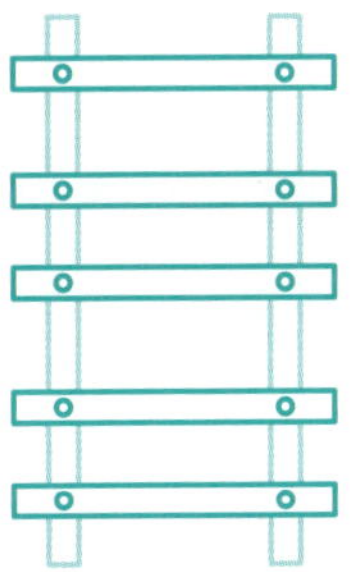


그림 9-3 터크맨의 사다리 모형

인정과 보상(Recognition and Rewards)은 바람직한 행위를 인정하고 보상하는 것입니다. 원래 보상 계획은 RE1(자원 관리 계획하기)에서 수립되며, 보상에 대한 의사결정은 RE5(팀 관리하기)에서 공식적/비공식적으로 이루어집니다. 사람은 자신이 조직에서 가치 있는 존재로 느껴질 때 동기를 부여받는데, 이러한 가치는 주어지는 보상에 의해서 입증됩니다. 돈과 같은 유형의 보상이 대표적이지만, 도전 기회와 같은 무형의 보상도 동등하거나 그 이상으로 효과적입니다. 개인이 가치를 인정하는 보상인 경우에만 효과적이라는 점을 인식하는 것이 중요하며, 다국적 회사에서는 문화적 차이를 고려해야 합니다. 프로젝트 관리자에게 있어서 좋은 전략은 프로젝트 종료 시까지 기다려야 하는 것이 아니라, 프로젝트 진행 중 언제든 인정이 가능하다는 것을 알려주는 것입니다.

훈련(Training)은 프로젝트 팀원의 역량을 향상시키기 위해 설계된 모든 활동을 말합니다. 프로젝트 팀원에게 필요한 숙련된 기술이 부족할 경우, 프로젝트 작업의 일부분으로 기술을 개발할 수 있습니다. 교실, 온라인, 컴퓨터 기반, 작업 현장 훈련, 멘토링(Mentoring), 개인교습(Coaching) 등과 같은 공식 또는 비공식 활동이 가능합니다. 계획된 훈련은 자원 관리 계획에 기술된 대로 진행되며, 계획되지 않은 훈련도 관찰, 대화, 평가 등을 통해서 진행될 수 있습니다.

개인 및 팀 평가(Personal and Team Assessment)는 프로젝트 관리자와 팀원이 강점과 약점에 대한 통찰력을 얻을 수 있도록 도와주는 도구입니다. 프로젝트 관리자가 팀원의 선호, 열망, 정보 처리 및 조직화 방법, 의사결정 방법, 다른 사람과의 상호작용 방법 등을 평가할 수 있도록 도와줍니다. 태도 조사(Attitudinal Survey), 구조적 인터뷰(Structured Interview), 능력 테스트(Ability Test) 등 다양한 도구가 있습니다.

이 프로세스의 입력으로는 프로젝트 관리 계획, 프로젝트 문서들 등이 있습니다. 주로 사용되는 프로젝트 관리 계획으로는 자원 관리 계획 등이 있습니다. 주로 사용되는 프로젝트 문서들로는 학습된 교훈 등록부, 프로젝트 일정, 프로젝트 팀 배정, 자원 캘린더, 팀 헌장 등이 있습니다.

이 프로세스의 출력으로는 팀 성과 평가, 변경 요청, 프로젝트 관리 계획 갱신, 프로젝트 문서들 갱신이 있습니다. 변경 요청을 제외한 나머지에 대하여 알아보겠습니다.

팀 성과 평가(Team Performance Assessments)는 훈련, 팀 구축, 동일 공간 배치 등과 같은 팀 개발 노력이 구현되면서, 프로젝트 팀의 효과성에 대해 이루어지는 공식·비공식적인 평가를 말합니다. 효과적인 팀 개발 전략과 활동은 팀 성과를 향상시킬 것으로 기대되며, 결과적으로 프로젝트 목표를 만족시킬 가능성을 높이게 됩니다.

평가에서 팀의 효과성을 입증하는 지표로는 개인 기술 향상, 팀 역량 향상, 이직률 감소, 팀 응집도 증가 등이 있습니다. 팀의 전체적인 성과를 평가하게 되면, 팀의 성과 향상을 위해서 필요한 특정한 훈련 방법을 확인할 수 있습니다.

프로젝트 관리 계획 갱신은 자원 관리 계획 등을 포함합니다. 프로젝트 문서들 갱신은 학습된 교훈 등록부, 프로젝트 일정, 프로젝트 팀 배정, 자원 캘린더, 팀 헌장 등을 포함합니다.

## 5 팀 관리하기

프로젝트 자원 관리의 다섯 번째 프로세스인 팀 관리하기(Manage Team)는 프로젝트 성과를 최적화하기 위하여 팀원 성과를 추적하고, 피드백을 제공하고, 쟁점을 해결하며, 팀 변화를 관리하는 프로세스입니다. 프로젝트 관리자는 팀원의 작업 수행 의지와 능력에 민감할 필요가 있고, 이에 맞게 관리 및 리더십 스타일을 조정해야 합니다.

이 프로세스의 핵심 효용은 팀 행위에 영향을 미치고, 갈등을 관리하고, 쟁점을 해결하는 데 있습니다.

이 프로세스에서 사용할 수 있는 도구 및 기법으로는 대인 및 팀 기술(갈등 관리, 의사결정, 감성 지능, 리더십, 영향력 행사), 프로젝트 관리 정보시스템 등이 있습니다.

갈등 관리(Conflict Management)는 프로젝트에서 갈등이 불가피함을 인정하는 것으로부터 출발해야 합니다. 갈등의 원인으로는 부족한 자원, 일정계획 우선순위, 개인 작업 스타일 등이 있습니다. 성공적인 갈등 관리는 생산성 향상과 긍정적인 작업 관계로 귀결됩니다. 적절하게 관리될 경우 다양한 의견이 창의성을 높이고 더 좋은 의사결정으로 이끌 수 있습니다. 의견이 달라서 갈등이 커지면, 프로젝트 관리자는 만족스러운 해결책이 용이해지도록 도와주어야 합니다. 갈등은 직접적이고 협력적인 방식으로, 가급적 조기에, 사적으로 해결되는 것이 보통입니다. 지장을 주는 갈등이 계속되면, 공식적 절차가 사용될 수 있습니다. 프로젝트 관리자의 성공은 갈등을 해결하는 능력에 상당히 의존하는 경우가 많습니다. 갈등을 해결하지 못하면 프로젝트 관리자로서 존립하기 어렵습니다.

갈등 해결을 위한 5가지 일반적 갈등 관리 기법은 아래 그림과 같이 문제 해결, 강경, 타협, 회피, 유연입니다. 수평축에는 상대방의 동조 정도를 배치하고, 수직축에는 자기주장의 정도를 배치하고 있습니다. 자기주장이 높고 상대방의 동조 정도가 낮다면 강경하게 대응해야 합니다. 자기주장이 높고 상대방의 동조 정도도 높으면 문제가 저절로 해결된 것입니다. 자기주장이 낮은데, 상대방의 동조 정도도 낮으면 회피하면 되겠습니다. 자기주장이 낮은데, 상대방의 동조 정도가 높다면 유연하게 대응하면 되겠습니다. 자기주장이나 상대방의 동조 정도가 어중간하면 타협을 하면 되겠습니다.

갈등 해결을 위한 5가지 기법을 좀 더 살펴보도록 하겠습니다. 회피(Withdraw/Avoid)는 실제적·잠재적 갈등 상황에서 후퇴하는 것으로, 쟁점에 대해 더 잘 준비하기 위해서, 또는 다른 요인에 의해서 해결되기를 바라면서 쟁점을 연기하는 것입니다. 유연(Smooth/Accommodate)은 차이점보다는 합의점을 강조하며, 조화와 관계를 유지하기 위해서 자신의 위치를 다른 사람에게 양보하는 것입니다. 타협(Compromise/Reconcile)은 일시적으로 또는 부분적으로 갈등을 해결하기 위해서 모든 당사자가 어느 정도 만족할 수 있는 해결책을 찾는 것입니다. 강경(Force/Direct)은 한 사람의 관점을 밀어붙이는 것으로, 비상사태를 해결하기 위하여 권력 지위를 통해서 강요되는 Win-Lose 상황에 도달하는 것이 보통입니다. 한 사람은 이기고 상대방은 지는 솔루션을 제공하게 됩니다. 문제해결(Collaborate/Problem Solve)은 다수의 관점과 다른 측면에서의 통찰력을 수용하며, 협력적 자세와 개방적 대화를 요구합니다. 전형적으로 합의와 약속을 통해서 Win-Win 상황에 도달할 수 있습니다.

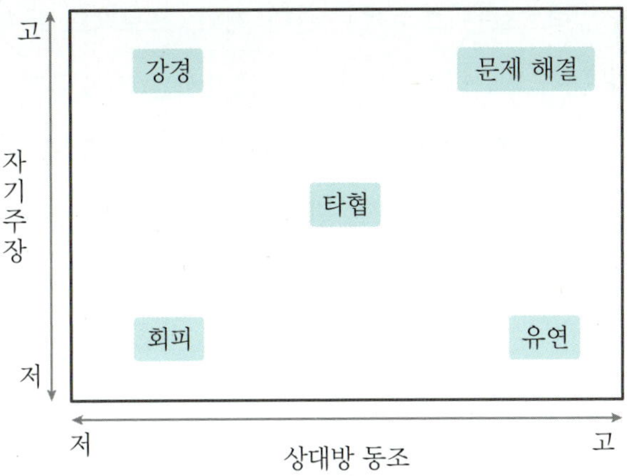


그림 9-4 5가지 일반적 갈등 관리 기법

리더십 스타일을 정의하는 다수의 리더십 모델이 존재하므로, 리더십(Leadership)은 각 상황이나 팀에 맞게 사용해야 합니다. 팀원에 대한 영향력 행사(Influencing)는 다음 그림과 같이 공식 지시, 보상 분배, 흡입력, 전문가적 역량, 페널티 부과의 5가지 방법을 이용할 수 있습니다.

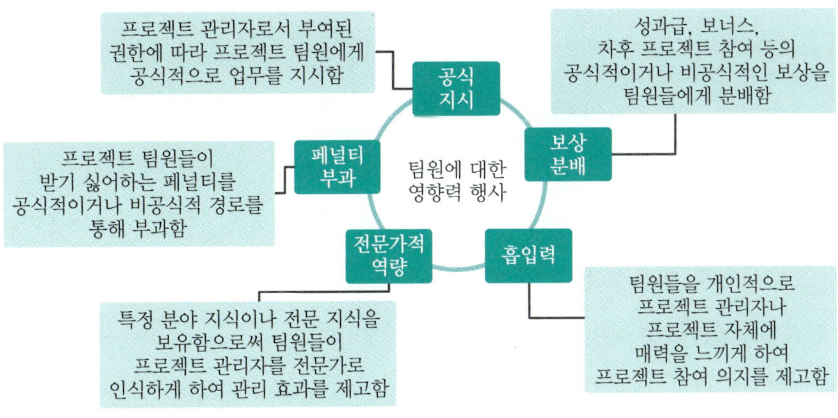


그림 9-5 영향력 행사 방법

이 프로세스의 입력으로는 프로젝트 관리 계획, 프로젝트 문서들, 작업 성과 보고서, 팀 성과 평가 등이 있습니다. 작업 성과 보고서는 I5(프로젝트 작업 감시 및 통제하기)로부터, 팀 성과 평가는 RE4(팀 개발하기)로부터 각각 송부받습니다. 주로 사용되는 프로젝트 관리 계획으로는 자원 관리 계획 등이 있습니다. 주로 사용되는 프로젝트 문서들로는 쟁점 기록부, 학습된 교훈 등록부, 프로젝트 팀 배정, 팀 헌장 등이 있습니다.

이 프로세스의 출력으로는 변경 요청, 프로젝트 관리 계획 갱신, 프로젝트 문서들 갱신 등이 있습니다. 변경 요청은 프로젝트 통합 관리에서 다루었던 것입니다.

프로젝트 관리 계획 갱신은 자원 관리 계획, 일정 기준선, 비용 기준선 등을 포함합니다. 프로젝트 문서들 갱신은 쟁점 기록부, 학습된 교훈 등록부, 프로젝트 팀 배정 등을 포함합니다.

## 6 자원 통제하기

자원 통제하기(Control Resources)는 계획 대비 자원의 실제 활용도를 감시하고, 필요한 경우 교정 활동을 하는 것뿐만 아니라, 프로젝트에 배정된 물리적 자원이 계획된 바와 같이 이용 가능함을 보장하는 프로세스입니다. 팀원에 대한 관리는 RE5(팀 관리하기)에서 이루어지기 때문에, 이 프로세스에서는 물리적 자원만을 다룹니다.

이 프로세스의 핵심 효용은 배정된 자원이 프로젝트에서 적시 적소에 이용 가능하며, 필요하지 않을 경우 방출됨을 보장하는 것입니다.

이 프로세스에서 사용할 수 있는 도구 및 기법으로는 데이터 분석(대안 분석, 비용–효과 분석, 성능 검토, 추세 분석), 문제 해결, 대인 및 팀 기술(협상, 영향력 행사), 프로젝트 관리 정보시스템 등이 있습니다. 여기서는 대안 분석, 성능 검토에 대해서 알아보도록 하겠습니다.

대안 분석(Alternatives Analysis)은 자원 활용에서의 변동을 교정하기 위한 최선의 해결책을 선택하기 위해서 사용됩니다. 지연되거나 단계적으로 배송되는 자원에 대해서는 초과 근무에 따른 추가 비용 지급과 같은 대안에 우선순위를 줄 수 있습니다.

성과 검토(Performance Review)는 자원의 계획 대비 실제 활용도를 측정하고, 검토하고, 분석한 것입니다. 자원 활용도에 영향을 미칠 수 있는 쟁점들을 뽑아내기 위하여 비용과 일정 성과 정보를 분석하기도 합니다.

이 프로세스의 입력으로는 프로젝트 관리 계획, 프로젝트 문서들, 작업 성과 데이터, 합의 등이 있습니다. 작업 성과 보고서는 I3(프로젝트 작업 지시 및 관리하기)로부터, 합의는 P3(조달 수행하기)로부터 각각 송부받습니다. 주로 사용되는 프로젝트 관리 계획으로는 자원 관리 계획 등이 있습니다. 주로 사용되는 프로젝트 문서들로는 쟁점 기록부, 학습된 교훈 등록부, 물리적 자원 배정, 프로젝트 일정, 자원 분해구조, 자원 요구사항, 리스크 등록부 등이 있습니다.

이 프로세스의 출력으로는 작업 성과 정보, 변경 요청, 프로젝트 관리 계획 갱신, 프로젝트 문서들 갱신 등이 있습니다. 작업 성과 정보와 변경요청은 통합 관리에서 다루었던 것들입니다.

프로젝트 관리 계획 갱신은 자원 관리 계획, 일정 기준선, 비용 기준선 등을 포함합니다. 프로젝트 문서들 갱신은 가정 기록부, 쟁점 기록부, 학습된 교훈 등록부, 물리적 자원 배정, 자원 분해 구조, 리스크 등록부 등을 포함합니다.

지금까지 학습한 내용을 정리하면 다음과 같습니다.

### 핵심정리

- 자원 획득하기(Acquire Resources): 프로젝트 작업을 완료하는 데 필요한 팀원, 설비, 장비, 재료, 소모품 등의 자원을 획득하는 프로세스
- 팀 개발하기(Develop Team): 프로젝트 성과를 향상시키기 위하여 역량, 팀원 상호작용, 전반적 팀 환경을 개선하는 프로세스
- 팀 관리하기(Manage Team): 프로젝트 성과를 최적화하기 위하여 팀원 성과를 추적하고, 피드백을 제공하고, 쟁점을 해결하며, 팀 변화를 관리하는 프로세스
- 자원 통제하기(Control Resources): 계획 대비 자원의 실제 활용도를 감시하고, 필요한 경우 교정 활동을 하는 것뿐만 아니라, 프로젝트에 배정된 물리적 자원이 계획된 바와 같이 이용 가능함을 보장하는 프로세스
- 갈등 해결을 위한 5가지 일반적 갈등관리 기법: 강경, 유연, 타협, 문제해결, 회피, 문제해결

## 생각해보기

다음 내용은 톰 디 마르코의 "데드라인"에 나오는 이야기입니다. 프로젝트 관리와 관련해서 꼭 필요한 프로젝트 관리자 상에 대하여 생각해보시기 바랍니다. (면접 인터뷰를 끝내고 복도로 다시 나왔을 때, 톰킨스는 벨린다를 돌아보면서 어떻게 된 것인지 물었습니다. 벨린다가 왜 카르탁을 선택했는지를 차근하게 설명합니다.)

"당신이 화장실 갔을 때 제가 그와 같이 일하는 사람들 몇 명과 이야기를 나눴어요. 카르탁에 대해 물어보자 사람들 눈이 반짝거렸어요. 혹시 그 사람 사무실이 어땠는지 눈 여겨 보셨나요. 전혀 사무실 같지 않았어요. 마치 전쟁 상황실 같았어요. 벽면에 모든 작업 산출물이 붙어 있는 사령부 지휘센터 같았지요. 설계서, 인터페이스 템플릿, 스케줄, 마일스톤 차트, 정말 훌륭했어요. 책상도 없고, 의자가 여러 개 놓여 있는 기다란 테이블만 하나 있었어요. 전쟁 상황실을 운영하는 데 모든 사람들이 참여하고 있다는 확실한 증거죠. 우리가 찾는 사림은 필요한 대로 세상을 바꿔서, 자기 자신과 더불어 함께 일하는 사람들이 성취하고자 하는 것이 서로 조화를 이루도록 만들 수 있는 깨어 있는 관리자예요."

## 연 습 문 제

**1.** 다음 중 팀에서 누가 무엇을 하는가를 표현하는 것은?

① OBS ② WBS
③ RAM ④ Colocation

**2.** 가상 팀의 단점이 아닌 것은?

① 고립된 느낌
② 팀원 간의 지식과 경험을 공유하는 데 있어서의 간격
③ 진척도나 생산성 추적의 어려움
④ 비용 상승

**3.** 팀 구축에 대한 설명으로 잘못된 것은?

① 팀 구축 활동은 프로젝트 초기에만 필수적임
② 팀원들이 면대면 접촉 없이 원격지에서 활동하는 경우 특히 유용함
③ 효과적으로 팀원들이 함께 작업하도록 도와주는 것이 목표임
④ 팀 구축을 위한 터크맨의 사다리 모형은 5단계로 구성됨

**4.** 인정과 보상에 대한 설명으로 잘못된 것은?

① 바람직한 행위를 인정하고 보상하는 것
② 무형의 보상은 돈만큼 효과적이지 못하므로 보조적으로 사용함
③ 사람은 자신이 조직에서 가치 있는 존재로 느껴질 때 동기를 부여받는데, 이러한 가치는 주어지는 보상에 의해서 입증됨
④ 개인이 가치를 인정하는 보상인 경우에만 효과적임

**5.** 자기 주장의 정도가 높고, 상대방의 동조 정도가 낮을 때 사용할 수 있는 갈등 관리 기법은 무엇인가?

① 강경　② 회피

③ 타협　④ 문제 해결

**6.** 갈등 관리에 대한 설명으로 잘못된 것은?

① 프로젝트에서 갈등은 불가피함

② 갈등의 원인으로는 부족한 자원, 일정계획 우선순위, 개인 작업 스타일 등이 있음

③ 성공적인 갈등 관리는 생산성 향상과 긍정적인 작업 관계로 귀결됨

④ 지장을 주는 갈등이 계속되더라도 공식적 절차를 사용해서는 안됨

**7.** 팀 능력을 향상시키기 위해서 모든 또는 대다수의 팀원들을 동일한 물리적 장소에 배치하는 것을 무엇이라고 하는가?

① Colocation　② War Room

③ Ground Rules　④ Coaching

**8.** 팀 구축을 위한 터크맨의 사다리 모형에서 프로젝트 작업이나 프로젝트 관리 접근방법 등을 다루기 시작하는 단계를 무엇이라고 하는가?

① 산회　② 폭풍

③ 규범화　④ 수행

**9.** 팀원에 대한 영향력 행사 방법에 해당되지 않는 것은?

① 공식 지시　② 페널티 부과

③ 전문가적 역량　④ 강경함

## 연 습 문 제

**10.** 조직의 기존 부서들을 구조에 따라서 정리한 것으로, 각 부서의 하단에는 담당하는 프로젝트 활동이나 작업 패키지를 열거할 수도 있는 도표를 무엇이라고 하는가?

① RACI ② RAM

③ OBS ④ War Room

**정답** 1. ③ 2. ④ 3. ① 4. ② 5. ① 6. ④ 7. ① 8. ② 9. ④ 10. ③

CHAPTER

# 10

# 프로젝트 의사소통 관리

## 학습 목차



## 학습 목표

- 프로젝트 이해관계자들과의 효율적이고 효과적인 의사소통을 통해서 성공적인 프로젝트 결과를 얻기 위한 프로세스들을 파악할 수 있다.

## 0 프로젝트 의사소통 관리 개요

이번 장에서는 프로젝트 의사소통 관리에 대하여 알아보겠습니다. 프로젝트가 성공적으로 진행되기 위해서는 팀원을 비롯한 다양한 이해관계자들과의 의사소통이 원활해야 하겠습니다. 그런 만큼 프로젝트 의사소통 관리도 중요하다고 하겠습니다. 그래서 이번 장에서는 프로젝트 이해관계자들과의 효율적이고 효과적인 의사소통을 통해서 성공적인 프로젝트 결과를 얻기 위한 프로세스들을 알아보도록 하겠습니다.

프로젝트 의사소통 관리(Project Communications Management)는 효과적인 정보 교환을 달성할 수 있도록 설계된 활동들을 실행하고, 인공적인 결과물들을 개발해서 프로젝트와 이해관계자들의 정보 필요성이 만족되도록 보장하는 지식 영역입니다. 여기서 의사소통(Communication)은 무엇을 하려고 하는 마음이나 생각을 상대방과 주고받는 과정이나 행위를 말합니다. 그리고 프로젝트 관리자는 팀원 및 프로젝트 이해관계자와 의사소통 하는 데 대부분의 시간을 소비합니다. 그렇기 때문에 프로젝트 관리자 입장에서 의사소통 관리가 중요할 수밖에 없습니다. 효과적인 의사소통은 다양한 이해관계자들 간의 가교 역할을 하게 됩니다.

이해관계자들의 효과적인 참여의 가치에 대한 인식이 생기면서, 적절한 의사소통 전략의 개발과 구현이 이해관계자들과의 효과적 관계 유지에 필수적이라는 인식이 확산되고 있습니다. 이와 관련된 새로운 추세로는 다음과 같은 것들이 있습니다. 먼저 프로젝트 성공에 꼭 필요한 이해관계자들이 누구인지를 주기적으로 그리고 적절한 시기에 재검토하는 것이 효과적인 의사소통 전략에 중요해지고 있습니다. 적절한 경우 프로젝트 외부 심지어는 조직 외부의 이해관계자들을 프로젝트 회의에 참여시키기도 합니다. 그리고 사람들이 비즈니스를 하는 방법을 변화시키고 있는 소셜 미디어를 활용하는 경우가 늘고 있으며, 다양한 기술과 문화적/개인적 신호사항들을 포용하는 다면적 접근법이 대세가 되고 있습니다.

프로젝트 의사소통에는 다양한 차원이 있는데, 몇 가지를 소개해보면, 프로젝트 내부와 외부, 공식적인 것과 비공식적인 것, 수직적인 것과 수평적인 것, 문서에 의한 것과 구두에 의한 것 등이 있습니다. 프로젝트 내부에서 이루어지는 팀원과의 의사소통이 있을 수 있고, 프로젝트 외부에 있는 이해관계자와의 의사소통도 있겠죠. 공식적인 의사소통으로는 보고서 등을 있고, 비공식적인 것으로는 이메일 등을 있습니다. 수직적인 것은 상사와 부하 간의 의사소통을 말하는 것이고, 수평적인 것은 동료 간의 의사소통을 말합니다. 문서에 의한 의사소통은 명확성(복잡한 문제를 명확하게 표현함), 보존성(의사소통 내용을 영구적으로 보존함), 공유성(의사소통 내용을 여러 사람들이 반복적으로 사용함), 무미건조(구두 의사소통에 비해서 집중도가 부족함), 시간 지연(문서작성에 시간이 소요되고, 피드백이 불확실함) 등의 특징이 있습니다. 프로젝트 계획과 같은 공식 문서, 전자우편, 메모 등이 여기에 해당됩니다. 구두에 의한 의사소통은 정보에 대한 집중도가 높고, 수신자의 반응을 즉시 확인할 수 있으며, 문서에 의한 의사소통을 보완할 수 있고, 갈등해결과 동기부여를 통해 팀의 역량 개발도 가능하며, 녹음/녹화를 이용해서 보존성과 공유성 확보가 가능합니다. 프레젠테이션, 대면 회의 등이 여기에 해당됩니다. 이 차원에서는 문서와 구두를 제외한 기타의 것도 매우 중요합니다. 얼굴 표정, 몸짓, 자세 등이 여기에 해당되는데, 실제로 상대방에게 정보를 전달하는 데 있어서 문서나 구두 이상의 중요한 역할을 하게 됩니다.

성공적인 의사소통에 필요한 두 가지가 있는데요, 하나는 프로젝트와 프로젝트 이해관계자의 필요를 바탕으로 한 적절한 의사소통 전략을 개발하는 것이고, 다른 하나는 이러한 전략으로부터 개발된 의사소통 관리 계획을 준수해서 이해관계자들에게 여러 형식과 여러 수단을 이용하는 적절한 메시지들이 전달됨을 보장하는 것입니다. 이렇게 전달된 메시지들이 프로젝트 의사소통(Project Communications)이 됩니다. 그리고 의사소통 전략과 의사소통 관리 계획은 의사소통의 효과를 감시하기 위한 근거를 제공합니다. 이런 이유로 프로젝트 의사소통 관리에는 아래 그림과 같이 3개의 프로세스들이 있습니다. 이 그림은 2장에서도 간략히 살펴본 바가 있습니다만, 이번 장이 의사소통 관리 지식 영역을 집중적으로 다루는 장이므로, 이들을 자세하게 들여다보도록 하겠습니다.

CC1은 Plan Communications Management, 즉 의사소통 관리 계획하기입니다. 프로세스의 약칭인 CC1에서 CC는 Communications에서 따온 약어입니다. CC2는 Manage Communications(의사소통 관리하기)이고, CC3는 Monitor Communications(의사소통 감시하기)입니다. CC1은 계획 그룹에, CC2는 실행 그룹에, CC3는 감시 및 통제 그룹에 각각 속합니다.

| 지식 영역 | 프로세스 그룹 | | | | |
|---|---|---|---|---|---|
| | 개시 | 계획 | 실행 | 감시 및 통제 | 종료 |
| 의사소통 관리 | | CC1 | CC2 | CC3 | |

CC1: Plan Communications Management(의사소통 관리 계획하기)
CC2: Manage Communications(의사소통 관리하기)
CC3: Monitor Communications(의사소통 감시하기)

그림 10-1 프로젝트 의사소통 관리 지식 영역의 프로세스들

이들 3개 프로세스들을 전체적인 맥락에서 이해하기 위하여 자료흐름도를 그려보았습니다. CC1에서는 프로젝트 승인서, 프로젝트 관리 계획과 프로젝트 문서들을 받아들여서 의사소통 관리 계획을 생성하고 이를 프로젝트 관리 계획 저장소에 추가합니다. 부수적으로 프로젝트 문서들 갱신을 프로젝트 문서들 저장소에 합니다. CC2에서는 프로젝트 관리 계획과 프로젝트 문서들, 그리고 작업 성과 보고서를 받아서 프로젝트 의사소통을 생성하고 이를 프로젝트 문서들 저장소에 추가합니다. 부수적으로 프로젝트 관리 계획 갱신과 프로젝트 문서들 갱신을 각각의 저장소에 합니다. CC3에서는 프로젝트 관리 계획과 프로젝트 문서들, 그리고 작업 성과 데이터를 받아들여서 의사소통을 감시하며, 작업 성과 정보를 생성하여 I5에 송부합니다. 필요한 경우 I6에 변경 요청을 합니다.

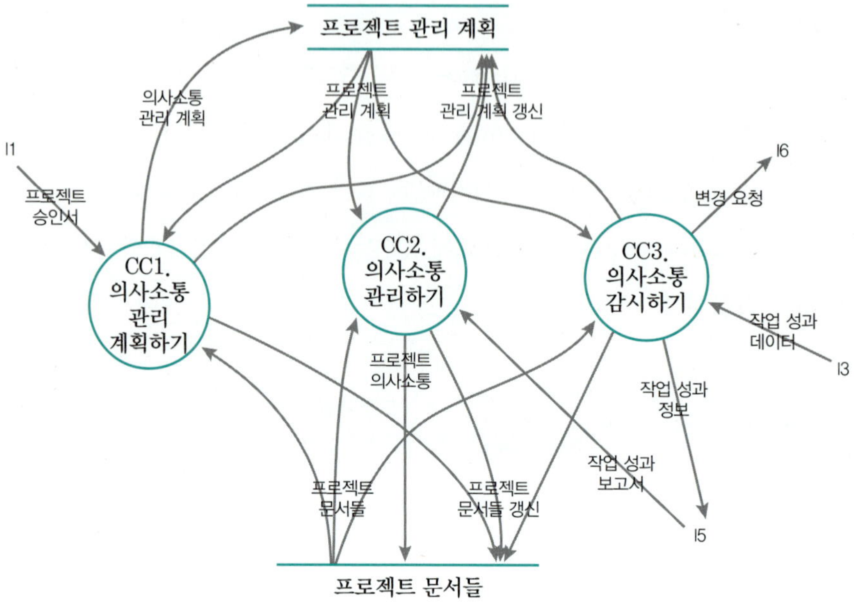


그림 10-2 프로젝트 의사소통 관리 자료흐름도

## 1 의사소통 관리 계획하기

프로젝트 의사소통 관리의 첫 번째 프로세스인 의사소통 관리 계획하기(Plan Communications Management)는 이해관계자들의 정보 필요성에 근거하여 프로젝트 의사소통 활동들에 대한 적절한 접근법과 계획을 개발하는 프로세스입니다. 부적절한 의사소통 계획은 메시지 전달 지연, 잘못된 청중과의 정보 교환, 이해관계자와의 불충분한 의사소통, 메시지의 잘못된 이해나 해석 등과 같은 문제를 초래할 수 있습니다. 그래서 효과적인 의사소통과 효율적인 의사소통이 필요합니다. 효과적인 의사소통은 올바른 형식으로, 올바른 시간에, 올바른 대상에게, 올바른 영향력으로 정보가 제공됨을 의미하며, 효율적인 의사소통은 필요한 정보만을 제공함을 의미합니다. 불필요한 정보를 보내는 것은 의사소통을 방해해서 효율성을 나쁘게 만듭니다.

대부분의 프로젝트에서 의사소통 관리 계획은 프로젝트 관리 계획 개발 초기에 이해관계자들이 확인되면서 수립되지만, 규칙적으로 검토되고 필요한 경우 수정되어야 합니다. 특히 이해관계자들이 변화하거나, 새로운 단계가 시작될 때 검토와 수정이 필요합니다.

이 프로세스의 핵심 효용은 적절한 정보를 시기적절하게 제시함으로써 이해관계자들을 효과적으로 그리고 효율적으로 참여시킬 수 있는 문서화된 접근법이라는 것입니다.

의사소통 계획하기에서 중요한 고려사항으로는 다음과 같은 것들이 있습니다.

- 누가 어떤 정보가 필요한가?
- 누가 그 정보에 대한 접근 권한을 가지고 있는가?
- 그 정보가 언제 필요한가?
- 그 정보는 어디에 저장되어 있는가?
- 그 정보는 어떤 형식으로 저장되어 있는가?
- 그 정보는 어떻게 추출될 수 있는가?
- 시간대, 언어장벽, 문화적 차이 등이 고려될 필요가 있는가?

이 프로세스에서 사용할 수 있는 도구와 기법으로는 전문가 판단, 의사소통 요구사항 분석, 의사소통 기술, 의사소통 모형, 의사소통 방법, 대인 및 팀 기술(의사소통 스타일 평가, 정치적 의식, 문화적 의식), 데이터 표현(이해관계자 참여 평가 표), 회의 등 여러 가지가 있습니다. 여기서는 의사소통 요구사항 분석, 의사소통 기술, 의사소통 모형, 의사소통 방법, 의사소통 스타일 평가, 정치적 의식, 문화적 의식, 이해관계자 평가 표에 대하여 알아보도록 하겠습니다.

우선 의사소통 요구사항 분석(Communications Requirements Analysis)은 프로젝트 이해관계자의 정보 요구사항을 결정하는 것입니다. 의사소통 요구사항은 필요한 정보의 유형과 형식을 분석된 정보의 가치와 함께 정의해주면 되겠습니다. 전형적인 정보의 출처로는 이해관계자 등록부와 이해관계자 참여 계획에 포함된 이해관계자 정보 및 의사소통 요구사항, 잠재적 의사소통 채널 수, 조직도, 프로젝트 조직 및 이해관계자의 의무/관계/의존성, 개발 접근법, 프로젝트에 참여하는 사람들의 배치 등이 있습니다.

의사소통 채널은 하나의 송신자와 하나의 수신자 간 연결 통로를 의미합니다. 우리가 TV의 채널을 선택해서 방송을 시청하는 것과 같은 채널을 의미합니다. n명의 이해관계자가 있는 경우, n*(n−1)/2개의 채널이 존재합니다. 이것은 n개 중에서 2개씩을 뽑는 방법의 수입니다. 즉 2명씩 선택할 수 있는 방법의 수만큼 채널이 존재한다는 것입니다. 아래 그림에는 이해관계자 수가 2, 3, 4명일 때의 채널 수를 사례로서 보여주고 있습니다. n이 10인 경우의 채널 수는 어떻게 되나요? 위 공식에 대입해보면 10*(10−1)/2하면 45개의 채널이 존재함을 알 수 있습니다. 이와 같이 참여하는 이해관계자가 늘어나면 채널의 수가 기하급수적으로 증가하므로 누가 누구와 어떤 정보를 주고받을지를 결정해서 그 수를 제한하는 것이 중요합니다.

| 이해관계자 수 | 2명 | 3명 | 4명 |
| --- | --- | --- | --- |
| 의사소통 네트워크 |  | 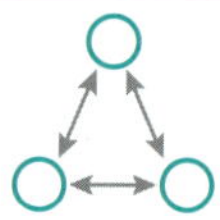 | 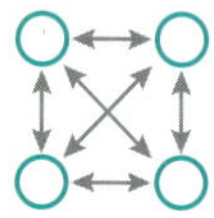 |
| 채널 수 | 1 | 3 | 6 |

그림 10-3 이해관계자 수와 채널 수

또 다른 도구와 기법으로는 의사소통 기술(Communication Technology)이 있습니다. 프로젝트 이해관계자들 간에 정보를 전달하는 방법은 매우 다양합니다. 정보 교환과 협업에 사용되는 보통의 방법으로는 대화, 회의, 문서, 소셜 미디어, 웹 사이트 등이 있습니다. 의사소통 기술 선택 시 영향을 미치는 요인으로는 정보 필요성의 긴급함, 기술 가용성과 신뢰성, 사용의 편리성, 프로젝트 환경(면대면/가상, 단일/다수 시간대, 단일/다 언어 등), 정보의 민감성/기밀성 등이 있습니다.

의사소통 모형(Communication Model)은 의사소통 과정을 개념적으로 표현한 것입니다. 송신자와 수신자가 전송매체를 통해서 전송 메시지와 회신 메시지를 교환하는 기본적인 대화형 의사소통 모형은 아래 그림과 같습니다. 좌측에는 송신자가 있고, 우측에는 수신자가 있습니다. 이 둘 사이에는 전화선과 같은 전송매체가 있습니다. 송신자가 먼저 수신자에게 전달하고자 하는 내용을 부호화해서 전송 메시지로 만들어 수신자에게 보냅니다. 수신자는 이를 복호화하고 송신자에게 전송 메시지를 받았음을 수신 알림 메시지를 보내줍니다. 복호하를 통해서 송신자가 보낸 내용을 이해하고 자신이 해야 할 사항을 수행해서 결과를 얻게 됩니다. 수신자는 이 결과를 부호화해서 송신자에게 회신 메시지로 보내줍니다.

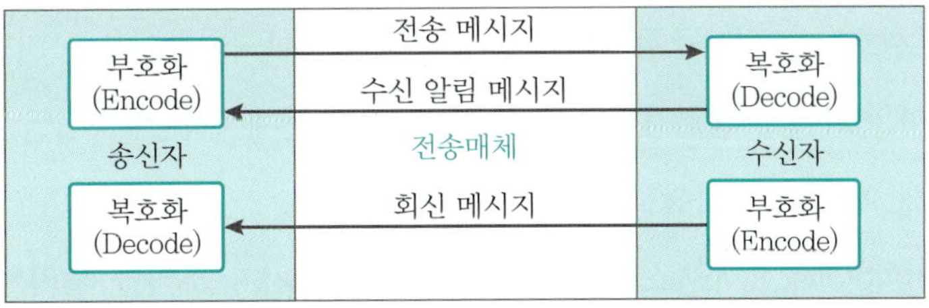


그림 10-4 기본적인 대화형 의사소통

부호화는 생각을 언어 부호로 변환하는 것이고, 전송 메시지는 매체를 통해서 전송되는 송신자의 메시지입니다. 복호화는 전송 메시지의 언어 부호를 생각으로 복원하는 것이고, 수신 알림 메시지는 전송 메시지를 수신하였음을 알려주는 수신자의 메시지입니다. 회신 메시지는 수신한 전송 메시지를 이해한 뒤, 회신으로 전송하는 수신자의 메시지입니다. 전송 메시지, 수신 알림 메시지, 회신 메시지는 전송 매체를 통해서 전달됩니다. 수신자가 송신자의 메시지를 복호화하는 과정에서 수신자의 교육 정도, 경험, 사용 언어, 문화적 배경에 따라서 송신자의 의도와는 다르게 이루어질 수 있으므로, 수신자의 수준에 맞게 정보를 부호화하는 것이 중요합니다.

의사소통 방법(Communication Method)은 대화형 의사소통, 밀기 의사소통, 끌기 의사소통이 있습니다. 대화형(Interactive) 의사소통은 둘 이상의 참가자들이 정보를 다수의 방향으로 교환하는 방법이며, 모든 참가자들이 특정 주제에 관하여 공통으로 이해하는 데 가장 효율적이며, 회의, 전화, 화상회의 등이 포함됩니다. 밀기(Push) 의사소통은 정보를 수신할 필요가 있는 사람들에게 배포하는 방법으로, 수신자가 수신하고 이해했음을 보장하지 않으며, 편지, 메모, 이메일, 팩스 등이 포함됩니다. 웹이 발전하면서 광고, 뉴스 등 밀기 방식의 의사소통도 많이 사용되고 있습니다. 끌기(Pull) 의사소통은 정보의 규모가 매우 크거나 청중이 매우 많은 경우, 수신자의 재량에 따라서 정보를 접근하게 하는 방법으로, 웹 포털, 인트라넷 사이트, 이러닝, 지식저장소 등이 포함됩니다.

의사소통 스타일 평가(Communication Styles Assessment)는 계획된 의사소통 활동에 대하여 선호하는 의사소통 방법, 형식, 그리고 내용을 확인하는 기법입니다. 이해관계자 참여 평가에서 협조적이지 않은 이해관계자들에 대한 추가적인 맞춤형 의사소통을 위해서 이 평가가 시행될 수도 있습니다.

정치적 의식(Political Awareness)은 프로젝트 관리자가 조직을 둘러싸고 있는 환경뿐만 아니라 프로젝트의 환경을 고려하여 프로젝트 의사소통 계획을 수립하도록 돕습니다. 여기서 정치적 의식은 공식/비공식의 권력 관계와 이러한 구조 안에서 운영할 의지에 대한 인식에 영향을 미칩니다.

문화적 의식(Cultural Awareness)는 개인과 그룹(조직 등) 간의 차이에 대한 이해로서, 이러한 차이를 고려하여 프로젝트의 의사소통 전략을 적응시키는 데 이용될 수 있습니다. 이러한 차이에 대한 이해와 이에 기반한 행위들은 잘못된 이해와 의사소통을 최소화할 수 있습니다.

이해관계자 참여 평가 표(Stakeholder Engagement Assessment Matrix)는 이해관계자 관리 지식영역에서 작성되며, 각 이해관계자의 현재 참여 수준과 바라는 참여 수준의 차이를 보여줍니다. 이 프로세스에서는 추가적인 분석을 통해서 이러한 갭을 없애기 위한 추가적인 의사소통 요구사항을 확인할 수 있습니다.

이 프로세스의 입력으로는 프로젝트 승인서, 프로젝트 관리 계획, 프로젝트 문서들 등이 있습니다. 주로 사용되는 프로젝트 관리 계획으로는 자원 관리 계획, 이해관계자 참여 계획 등이 있습니다. 주로 사용되는 프로젝트 문서들로는 요구사항 기록문서, 이해관계자 등록부 등이 있습니다.

이 프로세스의 출력으로는 의사소통 관리 계획, 프로젝트 관리 계획 갱신, 프로젝트 문서들 갱신이 있습니다.

의사소통 관리 계획(Communications Management Plan)은 프로젝트의 의사소통이 어떻게 효과적으로 계획되고, 구조화되고, 구현되고, 감시되는지를 기술한 것입니다. 주요 내용으로는 다음과 같은 것들이 있습니다.

- 이해관계자의 의사소통 요구사항
- 의사소통에서 교환될 정보
- 정보 교환에 대한 책임자
- 정보 배포의 이유, 기간, 및 횟수
- 기밀 정보의 배포 허용에 대한 책임자
- 정보 수신자 또는 수신자 그룹
- 정보를 전달하는 데 사용되는 기술이나 방법
- 시간, 예산 등과 같이 의사소통에 배정된 자원
- 의사소통 관리 계획 갱신 방법

프로젝트 관리 계획 갱신은 이해관계자 참여 계획을 포함합니다. 프로젝트 문서들 갱신은 프로젝트 일정, 이해관계자 등록부 등을 포함합니다.

지금까지 학습한 내용을 정리하면 다음과 같습니다.

**핵심정리**

- 프로젝트 의사소통 관리(Project Communications Management): 효과적인 정보 교환을 달성할 수 있도록 설계된 활동들을 실행하고, 인공적인 결과물들을 개발해서 프로젝트와 이해관계자들의 정보 필요성이 만족되도록 보장하는 지식 영역
- 프로젝트 관리자는 팀원 및 프로젝트 이해관계자와의 의사소통하는데 대부분의 시간을 소비함
- 의사소통 관리 계획하기(Plan Communications Management): 이해관계자들의 정보 필요성에 근거하여 프로젝트 의사소통 활동들에 대한 적절한 접근법과 계획을 개발하는 프로세스
- 의사소통 관리 계획(Communications Management Plan): 프로젝트 의사소통이 어떻게 효과적으로 계획되고, 구조화되고, 구현되고, 감시되는지를 기술함

## 2 의사소통 관리하기

프로젝트 의사소통 관리의 두 번째 프로세스인 의사소통 관리하기(Manage Communications)는 의사소통 관리 계획에 따라서 프로젝트 정보를 적절하게 생성하고, 수집하고, 배포하고, 저장하고, 추출하고, 관리하고, 감시하고, 최종적으로 폐기하는 프로세스입니다.

이 프로세스의 핵심 효용은 이해관계자들 간의 효율적이고 효과적인 정보 흐름이 가능하도록 하는 것입니다.

이 프로세스에서 사용할 수 있는 도구와 기법으로는 의사소통 기술, 의사소통 방법, 의사소통 재능(의사소통 능숙도, 피드백, 비언어 의사소통, 프레젠테이션), 프로젝트 관리 정보시스템, 프로젝트 보고, 대인 및 팀 기술(적극적 경청, 갈등 관리, 정치적 의식, 문화적 의식, 회의 관리, 네트워킹), 회의 등이 있습니다. 여기서는 프로젝트 보

고, 적극적 경청, 회의 관리, 네트워킹에 대하여 알아보도록 하겠습니다.

프로젝트 보고(Project Reporting)는 프로젝트 정보를 수집하고 분배하는 행위입니다. 프로젝트 정보는 많은 그룹의 이해관계자들에게 배포되므로, 각 이해관계자 유형에 맞도록 정보의 수준과 형식, 그리고 자세함이 적절하게 조정되어야 합니다. 작업 성과 보고서와 달리, 이 프로세스는 예외적이고 특별한 보고서, 프레젠테이션, 블로그 등을 개발합니다.

적극적 경청(Active Listening)은 적극적으로 귀뿐만 아니라 눈과 마음을 기울여 듣는 것으로, 인정하기(Acknowledging), 명확히 하기(Clarifying)와 확인하기(Confirming), 이해하기(Understanding)와 이해에 부정적 영향을 미치는 요인 제거하기 등의 기법을 포함합니다.

회의 관리(Meeting Management)는 회의가 의도한 목적을 효과적이고 효율적으로 달성할 수 있도록 보장하는 조치를 취하는 것입니다. 회의를 계획할 때 사용되어야 할 조치들로는 회의의 목적을 기술하는 안건을 준비하여 배포하기, 공지된 시간에 회의가 시작되고 종료됨을 보장하기, 회의 참여자들이 적절하게 초대되고 참석함을 보장하기, 설정된 주제에 집중하기, 회의 중의 기대, 쟁점, 갈등에 대한 관리 준비하기, 모든 행위들과 각각의 행위에 역할이 배정된 사람들을 기록하기 등입니다.

네트워킹(Networking)은 정보를 교환하고 계약을 개발하기 위하여 다른 사람들과 상호작용하는 것입니다. 네트워크는 프로젝트 관리자와 팀이 문제를 해결하고, 이해관계자들의 행위에 영향을 미치고, 프로젝트 작업에 대한 이해관계자들의 지지를 증대시키며, 결과적으로 프로젝트 성과를 개선하기 위하여, 비공식적으로 조직에 대한 접근을 제공합니다.

이 프로세스의 입력으로는 작업 성과 보고서, 프로젝트 관리 계획, 프로젝트 문서들 등이 있습니다. 주로 사용되는 프로젝트 관리 계획으로는 자원 관리 계획, 의사소통 관리 계획, 이해관계자 참여 계획 등이 있습니다. 주로 사용되는 프로젝트 문서들로는 변경 기록부, 쟁점 기록부, 학습된 교훈 등록부, 품질 보고서, 리스크 보고서,

이해관계자 등록부 등이 있습니다.

이 프로세스의 출력으로는 프로젝트 의사소통, 프로젝트 관리 계획 갱신, 프로젝트 문서들 갱신 등이 있습니다.

프로젝트 의사소통(Project Communications)은 이해관계자들에게 전달되는 메시지들을 말하는데, 이것의 가공품으로는 성과 보고서, 전달물 상태, 일정 진척도, 발생 비용 등이 있습니다.

프로젝트 관리 계획 갱신은 의사소통 관리 계획, 이해관계자 참여 계획을 포함합니다. 프로젝트 문서들 갱신은 쟁점 기록부, 학습된 교훈 등록부, 프로젝트 일정, 리스크 등록부, 이해관계자 등록부 등을 포함합니다.

## 3 의사소통 감시하기

프로젝트 의사소통 관리의 세 번째 프로세스인 의사소통 감시하기(Monitor Communications)는 프로젝트 및 프로젝트 이해관계자들의 정보 요구사항이 충족되도록 보장하기 위하여 의사소통을 감시하는 프로세스입니다.

이 프로세스의 핵심 효용은 의사소통 관리 계획과 모든 의사소통 참가자 간 최적의 정보흐름을 보장하는 데 있습니다.

이 프로세스에서 사용할 수 있는 도구 및 기법으로는 전문가 판단, 프로젝트 관리 정보시스템, 데이터 표현(이해관계자 참여 평가 표), 대인 및 팀 기술(관찰/대화), 회의 등이 있습니다. 여기서는 이해관계자 참여 평가 표에 대하여 알아보도록 하겠습니다.

이해관계자 참여 평가 표(Stakeholder Engagement Assessment Matrix)는 이해관계자 관리 지식 영역에서 다뤄지는 내용으로 의사소통 활동의 효과성에 관한 정보를 제공합니다. 현재의 참여와 바라는 참여 간에 필요한 변경을 검토하고 필요한 만큼 의사소통을 조정하는 것으로 이것을 성취할 수 있습니다.

이 프로세스의 입력으로는 작업 성과 데이터, 프로젝트 관리 계획, 프로젝트 문서들 등이 있습니다. 주로 사용되는 프로젝트 관리 계획으로는 자원 관리 계획, 의사소통 관리 계획, 이해관계자 참여 계획 등이 있습니다. 주로 사용되는 프로젝트 문서들로는 쟁점 기록부, 학습된 교훈 등록부, 프로젝트 의사소통 등이 있습니다.

이 프로세스의 출력으로는 작업 성과 정보, 변경 요청, 프로젝트 관리 계획 갱신, 프로젝트 문서들 갱신이 있습니다.

프로젝트 관리 계획 갱신은 의사소통 관리 계획, 이해관계자 참여 계획 등을 포함합니다. 프로젝트 문서들 갱신은 쟁점 기록부, 학습된 교훈 등록부, 이해관계자 등록부 등을 포함합니다.

지금까지 학습한 내용을 정리하면 다음과 같습니다.

### 핵심정리

- 의사소통 관리하기(Manage Communications): 의사소통 관리 계획에 따라서 프로젝트 정보를 적절하게 생성하고, 수집하고, 배포하고, 저장하고, 추출하고, 관리하고, 감시하고, 최종적으로 폐기하는 프로세스
- 의사소통 감시하기(Monitor Communications): 프로젝트 및 프로젝트 이해관계자들의 정보 요구사항이 충족되도록 보장하기 위하여 의사소통을 감시하는 프로세스

## 생각해보기

다음 내용은 톰 디 마르코의 "데드라인"에 나오는 이야기입니다. 프로젝트 관리와 관련해서 회의 진행 방법에 대하여 생각해보시기 바랍니다. (딱 정해진 의제도 없이 단지 프로젝트가 돌아가게 하기 위해 31명이나 모인 지루한 회의에서 컨설턴트인 위니펙은 무엇이 문제인지를 설명합니다.)

"그렇다면 인쇄된 회의 의제는 없겠군요. 문서로 된 회의 의제도 없이 회의를 주관한 사람은 당신이 처음이 아니죠. 이런 회의 직전에 회의에 참석해야 할지 말아야 할지를 무엇을 보고 결정할 수 있을까요? 참석하지 않아도 정말 괜찮다는 것을 어떻게 알겠습니까? 그걸 알 수 있는 방법은 없습니다. 따라서 만약 사람들이 불안감을 갖고 있는데다가 의제도 없이 회의가 진행된다면, 무슨 일이 있어도 회의에 참석해야 하겠죠. 무슨 말인지 아시겠습니까?

그렇다고 큰 잘못을 하신 건 아니고요. 프로젝트 초반에는 좀 혼란스럽기 마련입니다. 초기 회의에서 핵심 의제는 항상 누가 중요 인물인가를 파악하는 것입니다. 그렇다면 의제를 공고했더라도 많은 사람이 참석했을 것입니다. 하지만 이렇게 하루 종일 자리를 지킬 필요는 없었을 겁니다.

원만한 진행을 위해서는 한 가지가 더 필요합니다. 그게 무엇이겠습니까? 의제에 따라 회의를 진행할 거라는 확신입니다. 그 부분에 관해 사람들을 만족시키고 나면, 그들은 남아 있는 의제를 살펴보고 참석하지 않아도 된다고 생각하면 자리를 뜰 겁니다.

이렇게 한번 해보십시요. 각 회의마다 의제를 공고합니다. 회의는 각 주제에 알맞게 짧게 합니다. 사람들이 안심할 수 있도록 추가 주제가 발표되지 않게 회의 의제에 따라 정확히 회의를 주관합니다. 그렇게 되면 회의 규모도 축소되고 불만도 줄어들게 될 겁니다.

하지만 그래도 회의실이 꽉 차는 경우가 있을 것입니다. 특히나 주제가 흥미롭거나 불꽃 튀는 논쟁이 예상된다면 그럴 겁니다. 그런 경우에는 어떻게 하시겠습니까?"

1. 다음 중 문서에 의한 의사소통의 특징이 아닌 것은?
   ① 복잡한 문제를 명확하게 표현함
   ② 의사소통 내용을 영구적으로 보존함
   ③ 수신자의 반응을 즉시 확인함
   ④ 의사소통 내용을 여러 사람이 반복적으로 사용함

2. 참여하는 이해관계자가 5명일 경우 고려해야 하는 채널 수는?
   ① 1 ② 3
   ③ 6 ④ 10

3. 정보를 수신할 필요가 있는 사람들에게 배포하는 방법으로, 수신자가 수신하고 이해했음을 보장하지 않는 의사소통 방법은?
   ① 대화형 의사소통 ② 밀기형 의사소통
   ③ 끌기형 의사소통 ④ 감성형 의사소통

4. 적극적 경청의 기법이 아닌 것은?
   ① 변명하기 ② 인정하기
   ③ 이해하기 ④ 확인하기

5. 문서 의사소통과 비교할 경우 구두 의사소통의 특징이 아닌 것은?
   ① 정보에 대한 집중도가 높음
   ② 문서에 의한 의사소통을 보완
   ③ 갈등해결과 동기부여를 통해 팀의 역량 개발도 가능
   ④ 피드백이 불확실

## 연 습 문 제

**6.** 기본적인 대화형 의사소통 모형에 대한 설명으로 잘못된 것은?

① 송신자의 수준에 맞게 정보를 부호화하는 것이 중요함

② 전송 메시지는 매체를 통해서 전송되는 송신자의 메시지임

③ 복호화는 전송 메시지의 언어 부호를 생각으로 복원함

④ 회신 메시지는 수신한 전송 메시지를 이해한 뒤, 회신으로 전송하는 수신자의 메시지임

**7.** 기본적인 대화형 의사소통 모형의 구성 요소가 아닌 것은?

① 부호화 ② 회신 알림 메시지

③ 회신 메시지 ④ 전송 메시지

**8.** 이러닝이나 지식저장소 등에서 주로 사용되는 의사소통 방법은 무엇인가?

① 대화형 의사소통 ② 밀기형 의사소통

③ 끌기형 의사소통 ④ 감성형 의사소통

**9.** 기본적인 대화형 의사소통 모형에서 발생하는 메시지 순서가 올바르게 제시된 것은?

① 전송 메시지 → 수신 알림 메시지 → 회신 메시지

② 전송 메시지 → 회신 메시지 → 수신 알림 메시지

③ 회신 메시지 → 회신 알림 메시지 → 수신 메시지

④ 회신 메시지 → 수신 메시지 → 회신 알림 메시지

**10.** 부적절한 의사소통 계획이 초래하는 문제가 아닌 것은?

① 메시지 전달 지연

② 잘못된 청중과의 정보 교환

③ 의제에 따라서 회의를 진행할 것이라는 확신

④ 이해관계자와의 불충분한 의사소통

**정답** 1. ③ 2. ④ 3. ② 4. ① 5. ④ 6. ① 7. ② 8. ③ 9. ① 10. ③

CHAPTER

# 11

# 프로젝트 리스크 관리

## 학습 목차



## 학습 목표

- 긍정적 리스크의 가능성과 영향을 증가시키고 부정적 리스크의 가능성과 영향을 감소시키기 위한 리스크 관리 프로세스들에 대하여 구체적으로 파악할 수 있다.

# 0 프로젝트 리스크 관리 개요

이번 장에서는 프로젝트 리스크 관리에 대하여 알아보겠습니다. 리스크 관리는 조직이든 사람이든 범용성이 있는 주제가 되겠습니다. 주제에 상관없이 처한 상황에서 리스크를 어떻게 잘 다루어서 성공으로 이어지게 할 것인가 하는 것이 되겠습니다. 여러분이 근무하는 직장에서나 여러분의 가정에서나 리스크의 기본적인 원칙들은 동일하게 활용 가능합니다. 과거 경험이나 현재 처한 상황에 리스크 관리를 적용해보면서 생각한다면 좀 더 이해하는 데 도움이 되지 않을까 합니다. 프로젝트와 관련된 리스크 관리를 위한 일곱 개 프로세스들에 대하여 개요와 함께 하나씩 알아보도록 하겠습니다.

프로젝트에서는 이해관계자들의 상치되거나 변화될 수 있는 기대에 반응하면서 제약과 가정을 고려해서 혜택을 전달하기 위한 임무를 수행하므로, 모든 프로젝트는 리스크를 안고 있습니다. 리스크와 보상 간의 균형을 취하면서 가치를 창출하기 위하여 프로젝트의 리스크는 통제되고 의도된 방식으로 수용되어야 합니다. 적절하게 관리되지 못했을 때, 리스크는 프로젝트가 계획에서 벗어나 목적 달성에 실패하게 만들 가능성을 가지고 있습니다. 프로젝트 리스크 관리(Project Risk Management)는 다른 프로제트 관리 프로세스들에 의해서 다뤄지지 못한 리스크를 확인하고 관리하는 것을 목적으로 합니다. 리스크는 프로젝트 수명주기 동안 언제든 발생할 수 있으므로, 이들 프로세스들은 반복적으로 수행되어야 합니다.

프로젝트에서 리스크는 두 가지 수준에서 존재합니다. 하나는 프로젝트 목표 달성에 영향을 미칠 수 있는 개별 프로젝트 리스크(Individual Project Risk)이고, 다른 하나는 개별 프로젝트 리스크들과 다른 불확실성들이 결합된 전체 프로젝트 리스크(Overall Project Risk)입니다. 개별 프로젝트 리스크는 프로젝트 목표에 부정적 또는 긍정적 영향을 미치는 불확실한 사건이나 조건을 말합니다. 전체 프로젝트 리스크도 긍정적이거나 부정적일 수 있습니다. 그래서 프로젝트 리스크 관리에서는 긍정적 리스크의 가능성과 영향을 증가시키고, 부정적 리스크의 가능성과 영향을 감소시키고자 합니다.

프로젝트 리스크 관리를 잘 이해하기 위해서는 먼저 리스크란 무엇인지를 잘 파악해야 하겠습니다. 리스크를 우리말로 번역하지 않고 리스크라고 그대로 사용하는 이유가 여러 가지의 의미가 복합적으로 포함되어 있기 때문입니다. 리스크는 발생할 경우 목표에 긍정적인 또는 부정적인 효과를 가져 올 사건이나 조건입니다. 그래서 리스크는 아래 그림과 같이 기회(긍정적인 리스크)와 위험 또는 위협(부정적인 리스크)으로 구분할 수 있습니다. 위험을 순수 리스크라고 부르기도 합니다. 보통 우리가 리스크하면 위험이라고 생각하는 경우가 많기 때문에 순수 리스크라고 부르는 것입니다. 리스크를 굳이 번역한다면 위기가 적합한데요, 위험에서 온 위(危)와 기회에서 온 기(機)를 합한 것이고, 리스크에는 위험과 기회가 함께 내재돼 있다고 생각하면 좋겠습니다. 따라서 프로젝트 리스크는 발생할 경우 범위, 일정, 비용, 품질 등의 프로젝트 목표에 긍정적인 또는 부정적인 효과를 가져 올 사건이나 조건을 지칭합니다.

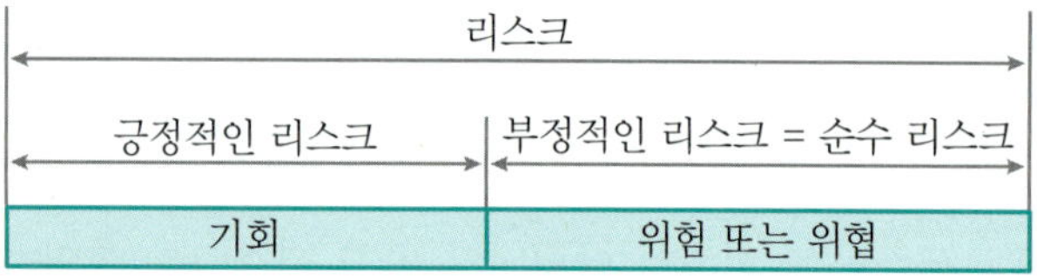


그림 11-1 리스크

모든 프로젝트에 존재하는 불확실성이 프로젝트 리스크의 출발점입니다. 알려진 리스크(Known Risk)는 확인되고 분석된 리스크로서, 사전 대응책을 계획하는 것이 가능합니다. 사전 대응책이 마련되지 못한 경우에, 알려진 리스크(Known Risk)는 비상 준비(Contingency Reserve)에 배정되어야 하며, 알려지지 않은 리스크(Unknown Risk)는 관리 준비(Management Reserve)에 배정되어야 합니다. 이 얘기는 비용 관리 지식 영역에서도 설명한 내용입니다. 발생한 부정적 프로젝트 리스크는 쟁점으로 고려되어야 합니다.

프로젝트 리스크는 하나 이상의 원인(Cause)과 하나 이상의 영향(Impact) 또는 결과(Outcome)를 가지고 있습니다. 원인은 주어진 또는 잠재적인 요구사항, 가정, 제약, 또는 조건으로서, 긍정적 또는 부정적 결과의 확률(가능성)을 생성합니다. 예를 들면 프로젝트를 설계하는 데 배정된 직원이 부족함이 원인이 될 수 있고, 부정적 결과의 확률을 생성합니다. 아래 그림은 리스크와 관련된 3요소를 보여줍니다.

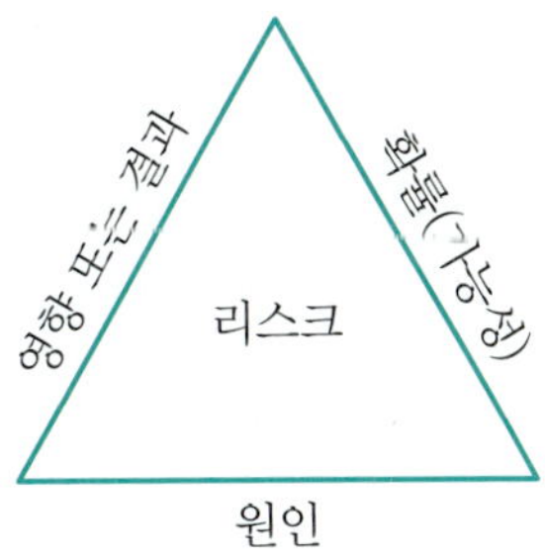


그림 11-2 리스크 관련 요소

조직과 이해관계자의 리스크에 대한 태도(Attitude)는 여러 요인들에 의해서 영향을 받을 수 있으며, 이들은 크게 3가지로 분류됩니다. 리스크 욕구(Risk Appetite)는 보상을 기대하고 불확실성을 받아들이는 정도입니다. 리스크 허용 범위(Risk Tolerance)는 인내할 수 있는 리스크의 정도나 양을 말합니다. 리스크 한계치(Risk Threshold)는 불확실성이나 영향의 수준에서 특별한 관심이 있는 한계치입니다. 리스크 허용 범위 내에 있으며, 수용함으로써 얻게 되는 보상과 균형을 이룰 수 있는 리스크를 수용하며, 리스크 허용 범위 내에서 기회를 제공하는 긍정적인 리스크는 가치 향상을 위하여 추구할 필요가 있습니다. 리스크에 대한 일관되고 사전 준비된 접근 방법이 각 프로젝트에서 개발되어야 하며, 리스크에 대한 의사소통과 조치는 개방되고 정직해야 합니다.

프로젝트 리스크 관리의 초점은 모든 유형의 리스크들이 고려되고, 각 리스크가 보다 넓은 문맥에서 이해되도록 보장하는 것입니다. 그래서 새롭게 등장하는 주제로는 사건이 아닌 리스크, 프로젝트 회복탄력성, 통합 리스크 관리 등이 있습니다.

사건이 아닌 리스크로는 두 가지 유형이 있습니다. 변동성 리스크(Variability Risk)는 계획된 사건, 활동이나 의사결정의 핵심 특성이 변할 수 있다는 불확실성이 존재하는 리스크이고, 애매모호 리스크(Ambiguity Risk)는 미래에 무엇이 발생할 것인지를 알 수 없는 리스크입니다.

발생한 이후에야 인지될 수 있는 알려지지 않은 리스크에는 프로젝트의 회복탄력성(Resilience)을 개발함으로써 대응할 수 있습니다. 프로젝트 회복탄력성을 개발하기 위해서는 적절한 수준의 비상용 예산과 일정 확보, 새로운 리스크에 대응할 수 있는 유연한 프로세스 확립, 명확한 목표와 합의된 한계를 준수해서 업무를 수행할 수 있는 신뢰받는 프로젝트 팀의 구축, 새로운 리스크를 빨리 확인할 수 있는 초기의 경고 징후에 대한 빈번한 검토, 새로운 리스크에 대응해서 범위나 전략의 조정 가능한 영역을 이해관계자들로부터 받아서 명확히 해 두는 것 등이 있습니다.

프로젝트는 조직 환경 아래에 있으며, 프로그램이나 포트폴리오의 일부분이 되기도 합니다. 이러한 각각의 수준에는 리스크가 존재합니다. 리스크는 적절한 수준에서 소유되고 관리되어야 합니다. 높은 수준에서 확인된 일부 리스크들은 프로젝트 팀에 관리가 위임되기도 하며, 그 반대의 경우도 있습니다. 기업 전체의 리스크에 대해 통합적으로 조정하는 접근법, 즉 통합 리스크 관리(Integrated Risk Management)는 모든 수준의 리스크 관리에 정렬과 일관성을 보장합니다.

프로젝트 리스크 관리에는 아래 그림과 같이 일곱 개의 프로세스들이 있습니다. 이 그림은 2장에서도 간략히 살펴본 바가 있습니다만, 이번 장이 리스크 관리 지식 영역을 집중적으로 다루는 장이므로, 이들을 자세하게 들여다보도록 하겠습니다.

RI1은 Plan Risk Management, 즉 리스크 관리 계획하기입니다. 프로세스의 약칭인 RI1에서 R은 Risk에서 따온 약어입니다. RI2는 Identify Risks(리스크 확인하기), RI3는 Perform Qualitative Risk Analysis(질적 리스크 분석 수행하기), RI4는 Perform

Quantitative Risk Analysis(양적 리스크 분석 수행하기), RI5는 Plan Risk Responses(리스크 대응책 계획하기), RI6는 Implement Risk Responses(리스크 대응책 구현하기), RI7은 Monitor Risks(리스크 감시하기)입니다. 프로세스 그룹으로 보면, RI6는 실행 그룹에, RI7은 감시 및 통제 그룹에 속하고, 나머지 다섯 개 프로세스들은 모두 계획 그룹에 속합니다.

| 지식 영역 | 프로세스 그룹 | | | | |
|---|---|---|---|---|---|
| | 개시 | 계획 | 실행 | 감시 및 통제 | 종료 |
| 자원 관리 | | RI1, RI2, RI3, RI4, RI5 | RI6 | RI7 | |

RI1: Plan Risk Management(리스크 관리 계획하기)
RI2: Identify Risks(리스크 확인하기)
RI3: Perform Qualitative Risk Analysis(질적 리스크 분석 수행하기)
RI4: Perform Quantitative Risk Analysis(양적 리스크 분석 수행하기)
RI5: Plan Risk Responses(리스크 대응책 계획하기)
RI6: Implement Risk Responses(리스크 대응책 구현하기)
RI7: Monitor Risks(리스크 감시하기)

그림 11-3 프로젝트 리스크 관리 지식 영역의 프로세스들

이들 일곱 개 프로세스들을 전체적인 맥락에서 이해하기 위하여 자료흐름도를 그려보았습니다. 모든 프로세스들은 프로젝트 관리 계획과 프로젝트 문서들을 참조합니다. RI1에서는 프로젝트 승인서, 프로젝트 관리 계획, 프로젝트 문서들을 바탕으로 리스크 관리 계획을 만들고, 프로젝트 관리계획 저장소에 추가합니다. RI2에서는 조달 관리 지식 영역으로부터 전달받은 조달 기록 문서와 합의, 그리고 프로젝트 관리 계획 및 프로젝트 문서들을 바탕으로 리스크 등록부와 리스크 보고서를 만들고, 프로젝트 문서들에 추가합니다. RI3와 RI4에서는 프로젝트 관리 계획과 프로젝트 문서들을 바탕으로 질적 리스크 분석, 양적 리스크 분석을 각각 시행하고, 프로젝트 문서들 갱신을 프로젝트 문서들 저장소에 합니다. RI5에서는 프로젝트 관리 계획과 프로젝트

문서들을 바탕으로 리스크 대응책을 계획하고, 프로젝트 관리 계획 갱신과 프로젝트 문서들 갱신을 각각의 저장소에 합니다. 변경이 필요할 경우 I6(통합 변경 통제 수행하기)에 변경 요청을 송부합니다. RI6에서는 프로젝트 관리 계획과 프로젝트 문서들을 바탕으로 리스크 대응책을 구현하고, 프로젝트 문서들 갱신을 프로젝트 문서들 저장소에 합니다. 변경이 필요할 경우 I6에 변경 요청을 송부합니다. RI7에서는 프로젝트 관리 계획, 프로젝트 문서들뿐만 아니라, 작업 성과 데이터, 작업 성과 보고서를 받아들여서 리스크를 감시하고, 프로젝트 관리 계획 갱신과 프로젝트 문서들 갱신을 각각의 저장소에 합니다. 변경이 필요할 경우 I6에 변경 요청을 송부하며, I3(프로젝트 작업 지시 및 관리하기)로부터 받은 작업 성과 데이터를 바탕으로 작업 성과 정보를 만들어서 I5(프로젝트 작업 감시 및 통제하기)에 송부합니다.

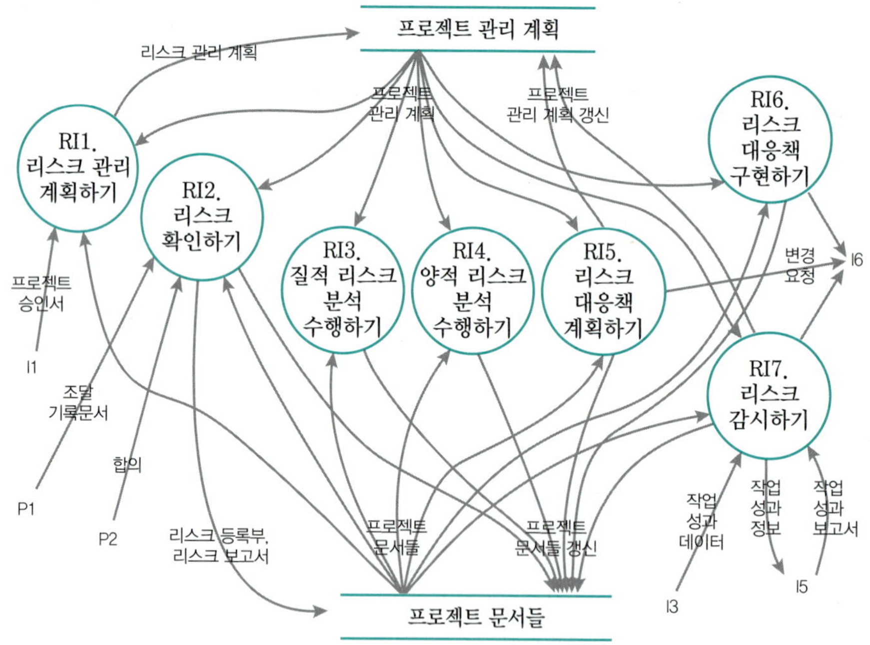


그림 11-4 프로젝트 리스크 관리 자료흐름도

## 1 리스크 관리 계획하기

프로젝트 리스크 관리의 첫 번째 프로세스인 리스크 관리 계획하기(Plan Risk Management)는 리스크 관리 활동들을 수행하는 방법을 정의하는 프로세스입니다. 주의 깊고 명시적인 계획은 리스크 관리를 위한 다른 프로세스들의 성공 확률을 향상시킵니다. 충분한 자원을 리스크 관리 활동에 배정하고, 리스크 평가를 위한 합의된 기반을 수립하는 데 기여합니다.

이 프로세스의 핵심 효용은 리스크 관리의 정도, 유형, 가시성이 프로젝트의 리스크 및 중요성과 어울리도록 보장하는 것입니다.

이 프로세스에서 사용할 수 있는 도구와 기법으로는 전문가 판단, 데이터 분석(이해관계자 분석), 회의 등이 있습니다. 여기서는 이해관계자 분석에 대하여 알아보도록 하겠습니다.

이해관계자 분석(Stakeholder Analysis)은 프로젝트 이해관계자들의 리스트와 각 이해관계자에 대한 정보를 정리하는 작업입니다. 이해관계자 정보로는 조직에서의 직위, 프로젝트에서의 역할, 이해관계, 기대사항, 태도(프로젝트에 대한 지지 수준), 프로젝트 정보에 대한 관심사 등이 있습니다. 이해관계자의 이해관계로는 이익, 법률적 또는 도덕적 권리, 소유권, 전문가 지식, 공헌 등이 있습니다.

이 프로세스의 입력으로는 프로젝트 승인서, 프로젝트 관리 계획, 프로젝트 문서들 등이 있습니다. 프로젝트 관리 계획의 모든 구성요소들이 사용됩니다. 주로 사용되는 프로젝트 문서들로는 이해관계자 등록부 등이 있습니다.

이 프로세스의 출력으로는 리스크 관리 계획(Risk Management Plan)이 있습니다. 이것은 프로젝트의 리스크 관리 활동들의 구조화 및 수행 방법을 기술한 문서입니다. 리스크 관리 계획의 주요 내용으로는 리스크 전략(리스크를 관리하는 일반적인 접근법), 방법론(접근법, 도구, 데이터 출처), 역할과 책임(리스크 관리 활동들에 팀원을 배정하고 책임을 명확히 함), 자금조달(필요한 자금을 확인하고 준비 적용 규약을 수립), 타이밍(언제 얼마나 자주 활동들을 수행할 것인가를 정의하고 프로젝트 일정계획에 반영), 리스크 범주화(개별 리스크들을 범주로 분류하는 수단을 제공), 핵심 이해관계자의 리스크 욕구(각 프로젝트 목표에 대한 측정 가능한 리스크 한계치로 표현되어야 함), 리스크 확률과 영향에 대한 정의(필요한 등급의 수와 이들 각각에 대한 확률과 목표에 대한 영향을 정의), 확률 영향 표(리스크의 발생 확률과 영향에 따라서 리스크에 노출되는 정도를 표 형식으로 정리한 것), 보고 형식(결과물의 내용과 형식), 추적(리스크 관리 활동들이 기록되고 감사받는 방법) 등이 있습니다. 리스크 범주화의 통상적인 수단은 리스크 분해 구조(Risk Breakdown Structure, RBS)를 이용해서 리스크 범주들을 구조화하는 것입니다. 리스크 확률과 영향에 대한 정의는 조직과 프로젝트 핵심 이해관계자들의 리스크 욕구와 리스크 한계치를 반영해야 합니다. 필요한 등급의 수는 복잡한 경우에는 5개, 단순한 경우에는 3개 정도가 일반적으로 사용됩니다.

확률 영향 표(Probability and Impact Matrix)는 리스크의 발생 확률을 세로 축에, 리스크의 영향을 가로 축에 배치하고, 각 칸에 해당되는 리스크 노출(Exposure)을 표 형식으로 정리한 것입니다. 사례로서 다음 표와 같이 확률과 영향의 수준을 배정할 수 있습니다. 여기서는 리스크 발생 확률을 0.9, 0.7, 0.5, 0.3, 0.1로 해서 세로축에 배치하고 있는데, 프로젝트에 따라서 개수나 간격을 조정할 수 있겠습니다. 영향은

**표 11-1** 확률과 영향의 수준 배정 사례

| 확률 | 위험 | | | | | 기회 | | | | | 확률 |
|---|---|---|---|---|---|---|---|---|---|---|---|
| 0.9 | | | | | | | | | | | 0.9 |
| 0.7 | | | | | | | | | | | 0.7 |
| 0.5 | | | | | | | | | | | 0.5 |
| 0.3 | | | | | | | | | | | 0.3 |
| 0.1 | | | | | | | | | | | 0.1 |
| | 0.05 | 0.10 | 0.20 | 0.40 | 0.80 | 0.80 | 0.40 | 0.20 | 0.10 | 0.05 | |
| | 부정적 영향 | | | | | 긍정적 영향 | | | | | |

위험과 기회로 나눠서 표현하고 있는데, 오른쪽으로 갈수록 위험의 영향은 커지도록 하고, 반대로 기회의 영향은 감소하는 방식으로 배치하고 있습니다. 영향은 같은 간격이 아니라 2배씩 증가하는 방식으로 값들이 배치되어 있음을 알 수 있습니다. 그리고 위험과 기회의 영향이 접면을 축으로 해서 좌우 대칭임을 알 수 있습니다.

확률 영향표에서 노출은 확률과 영향을 곱하여 계산하면 됩니다. 그래서 아래 그림과 같은 결과를 얻게 됩니다. 각 칸마다 해당되는 확률과 영향이 있으므로, 이 둘을 곱해서 얻은 값이 노출이 됩니다. 이 값을 해당 칸에다 기입하면 아래 표와 같은 결과를 얻게 됩니다.

표 11-2 리스크 노출 계산 사례

| 확률 | 위험 | | | | | 기회 | | | | | 확률 |
|---|---|---|---|---|---|---|---|---|---|---|---|
| 0.9 | 0.05 | 0.09 | 0.18 | 0.36 | 0.72 | 0.72 | 0.36 | 0.18 | 0.09 | 0.05 | 0.9 |
| 0.7 | 0.04 | 0.07 | 0.14 | 0.28 | 0.56 | 0.56 | 0.28 | 0.14 | 0.07 | 0.04 | 0.7 |
| 0.5 | 0.03 | 0.05 | 0.10 | 0.20 | 0.40 | 0.40 | 0.20 | 0.10 | 0.05 | 0.03 | 0.5 |
| 0.3 | 0.02 | 0.03 | 0.06 | 0.12 | 0.24 | 0.24 | 0.12 | 0.06 | 0.03 | 0.02 | 0.3 |
| 0.1 | 0.01 | 0.01 | 0.02 | 0.04 | 0.08 | 0.08 | 0.04 | 0.02 | 0.01 | 0.01 | 0.1 |
| | 0.05 | 0.10 | 0.20 | 0.40 | 0.80 | 0.80 | 0.40 | 0.20 | 0.10 | 0.05 | |
| | 부정적 영향 | | | | | 긍정적 영향 | | | | | |

그리고 조직의 방침을 반영하여 리스크를 등급화하게 됩니다. 일반적으로 노출에 대한 기준을 정해서 높음(High), 보통(Moderate), 낮음(Low)으로 구분하게 됩니다. 아래 그림에서는 0.05 미만은 낮음, 0.15 이상은 높음, 나머지는 보통으로 해서 등급화를 한 결과입니다. 높음에 해당되는 칸은 진한 회색, 낮음에 해당되는 칸은 옅은 회색, 보통에 해당되는 칸은 흰색으로 채워서 쉽게 파악할 수 있도록 하고 있습니다. 이렇게 등급을 3개로 나누고 놓으면 이 기준에 따라서 일관되게 판단할 수 있게 됩니다.

**표 11-3** 리스크 등급화 사례

| 확률 | 위험 | | | | | 기회 | | | | | 확률 |
|---|---|---|---|---|---|---|---|---|---|---|---|
| 0.9 | 0.05 | 0.09 | 0.18 | 0.36 | 0.72 | 0.72 | 0.36 | 0.18 | 0.09 | 0.05 | 0.9 |
| 0.7 | 0.04 | 0.07 | 0.14 | 0.28 | 0.56 | 0.56 | 0.28 | 0.14 | 0.07 | 0.04 | 0.7 |
| 0.5 | 0.03 | 0.05 | 0.10 | 0.20 | 0.40 | 0.40 | 0.20 | 0.10 | 0.05 | 0.03 | 0.5 |
| 0.3 | 0.02 | 0.03 | 0.06 | 0.12 | 0.24 | 0.24 | 0.12 | 0.06 | 0.03 | 0.02 | 0.3 |
| 0.1 | 0.01 | 0.01 | 0.02 | 0.04 | 0.08 | 0.08 | 0.04 | 0.02 | 0.01 | 0.01 | 0.1 |
| | 0.05 | 0.10 | 0.20 | 0.40 | 0.80 | 0.80 | 0.40 | 0.20 | 0.10 | 0.05 | |
| | 부정적 영향 | | | | | 긍정적 영향 | | | | | |

H / M / L

마지막으로 각 리스크의 확률과 영향을 평가하여 리스크의 등급을 확인하게 됩니다. 예를 들어서 확률이 0.7이고 영향이 0.10인 위험 리스크의 등급은 어떻게 될까요? 아래 그림처럼 수직축에서 확률 0.7과 수평축에서 위험 영향 0.10이 교차하는 지점을 확인해보면 0.07로서 보통에 해당됨을 알 수 있습니다.

**표 11-4** 리스크 등급 확인 사례

| 확률 | 위험 | | | | | 기회 | | | | | 확률 |
|---|---|---|---|---|---|---|---|---|---|---|---|
| 0.9 | 0.05 | 0.09 | 0.18 | 0.36 | 0.72 | 0.72 | 0.36 | 0.18 | 0.09 | 0.05 | 0.9 |
| 0.7 | 0.04 | 0.07 | 0.14 | 0.28 | 0.56 | 0.56 | 0.28 | 0.14 | 0.07 | 0.04 | 0.7 |
| 0.5 | 0.03 | 0.05 | 0.10 | 0.20 | 0.40 | 0.40 | 0.20 | 0.10 | 0.05 | 0.03 | 0.5 |
| 0.3 | 0.02 | 0.03 | 0.06 | 0.12 | 0.24 | 0.24 | 0.12 | 0.06 | 0.03 | 0.02 | 0.3 |
| 0.1 | 0.01 | 0.01 | 0.02 | 0.04 | 0.08 | 0.08 | 0.04 | 0.02 | 0.01 | 0.01 | 0.1 |
| | 0.05 | 0.10 | 0.20 | 0.40 | 0.80 | 0.80 | 0.40 | 0.20 | 0.10 | 0.05 | |
| | 부정적 영향 | | | | | 긍정적 영향 | | | | | |

H / M / L

지금까지 학습한 내용을 정리하면 다음과 같습니다.

**핵심정리**

- 프로젝트 리스크 관리(Project Risk Management): 긍정적 리스크의 가능성과 영향을 증가시키고, 부정적 리스크의 가능성과 영향을 감소시키기 위한 지식 영역
- 프로젝트 리스크: 발생할 경우 범위, 일정, 비용, 품질 등의 프로젝트 목표에 긍정적인 또는 부정적인 효과를 가져올 사건이나 조건을 지칭함
- 프로젝트 리스크는 하나 이상의 원인(Cause)과 하나 이상의 영향(Impact) 또는 결과(Outcome)를 가지고 있음
- 리스크 관리 계획하기(Plan Risk Management): 리스크 관리 활동들을 수행하는 방법을 정의하는 프로세스

## 2 리스크 확인하기

프로젝트 리스크 관리의 두 번째 프로세스인 리스크 확인하기(Identify Risks)는 프로젝트에 영향을 미칠 리스크를 결정하고 그 특징을 문서화하는 프로세스입니다. 프로젝트를 시작했을 때 미래의 모든 리스크를 미리 알 수는 없습니다. 프로젝트가 진행되면서 새로운 개별 프로젝트 리스크가 알려지고 전체 프로젝트 리스크의 수준도 변화하기 때문에 리스크 확인하기는 반복적으로 이루어지게 됩니다.

개별 프로젝트 리스크에 대하여 서술할 때는 일관된 양식을 사용해서 각 리스크가 명확히 이해되었음을 보장해야 합니다. 그래야 효과적인 분석과 대응책 개발을 지원할 수 있습니다. 그리고 개별 리스크의 소유자도 이 프로세스에서 지정될 수 있으며, 이후 RI3(질직 리스크 분석 수행하기)에서 확인될 수 있습니다. 마찬가지로 예비적인 리스크 대응책도 확인되고 기록되어 RI5(리스크 대응책 계획하기)에서 확인될 수 있습니다. 이러한 문서화는 모든 정보를 한 데 모아서 프로젝트 팀이 확인된 리스크에

적절하게 대응할 수 있도록 해줍니다.

이 프로세스의 핵심 효용은 존재하는 개별 리스크들을 문서화하고, 전체 프로젝트 리스크의 근원도 문서화하는 것입니다.

이 프로세스에서 사용할 수 있는 도구와 기법으로는 전문가 판단, 데이터 수집(브레인스토밍, 체크리스트, 인터뷰), 데이터 분석(근본 원인 분석, 가정과 제약 분석, 스왓 분석, 문서 분석), 대인 및 팀 기술(촉진), 프람프트 리스트, 회의 등이 있습니다. 여기서는 가정과 제약 분석, 스왓 분석, 문서 분석, 프람프트 리스트에 대하여 알아보기로 하겠습니다.

모든 프로젝트에서는 가정과 제약 아래서 구상과 개발이 진행됩니다. 이러한 가정과 제약은 프로젝트 범위 기준선과 프로젝트 추정치에 이미 반영되어 있습니다. 가정과 제약 분석(Assumption and Constraint Analysis)은 이들의 타당성을 탐색해서 어떤 것이 프로젝트에 리스크를 초래할 것인지를 결정하는 것입니다. 가정의 부정확성, 불안정성, 불일치성, 불완전성으로부터 위험을 확인할 수 있을 것입니다. 실행에 영향을 미치는 제약 요소를 제거하거나 완화시켜서 기회를 만들 수도 있습니다.

스왓 분석(SWOT Analysis)은 강점(Strength), 약점(Weakness), 기회(Opportunities), 위협(Threats)의 관점에서 각각 프로젝트를 점검하는 기법입니다. 먼저 프로젝트, 조직, 또는 비즈니스 영역에 초점을 맞추고 강점과 약점을 확인하는 것부터 시작합니다. 이후 강점으로부터 얻을 수 있는 기회, 약점으로부터 초래되는 위협을 확인하며, 강점이 위협을 상쇄하는 정도를 검토하고, 약점이 기회를 방해할 수 있는지도 결정합니다.

문서 분석(Document Analysis)은 계획, 가정, 제약, 이전 프로젝트 보고서, 계약, 합의 등의 문서에 대한 구조적 검토를 통해서 리스크의 지표를 찾아내는 것입니다. 문서에 포함된 불확실성이나 애매모호함, 문서 내 또는 문서 간의 불일치성 등이 리스크의 지표가 될 수 있습니다.

프람프트 리스트(Prompt List)는 사전에 결정된 리스크 범주들의 리스트입니다. 여기에 포함된 리스크 범주는 개별 프로젝트 리스크를 일으킬 수 있거나 전체 프로젝트 리스크의 근원으로 작동할 수 있는 것입니다. 리스크를 확인하고자 할 때 프람프트 리스트는 아이디어 생성을 위한 틀로서 프로젝트 팀을 지원할 수 있습니다. 리스크 분해 구조의 최하위 수준에 있는 리스크 범주들이 개별 프로젝트 리스크를 위한 프람프트 리스트로 사용될 수 있습니다. 전체 프로젝트 리스크의 출처 확인은 PESTLE(Political, Economic, Social, Technological, Legal, Environmental), TECOP(Technical, Environmental, Commercial, Operational, Political) 등과 같은 공통의 전략적 틀을 이용하는 것이 보다 적합할 수 있습니다.

이 프로세스의 입력으로는 조달 기록문서, 합의, 프로젝트 관리 계획, 프로젝트 문서들 등이 있습니다. 주로 사용되는 프로젝트 관리 계획으로는 요구사항 관리 계획, 일정 관리 계획, 비용 관리 계획, 자원 관리 계획, 품질 관리 계획, 리스크 관리 계획, 범위 기준선, 일정 기준선, 비용 기준선 등이 있습니다. 주로 사용되는 프로젝트 문서들로는 가정 기록부, 비용 추정치, 기간 추정치, 쟁점 기록부, 학습된 교훈 등록부, 요구사항 기록문서, 자원 요구사항, 이해관계자 등록부 등이 있습니다.

이 프로세스의 출력으로는 리스크 등록부, 리스크 보고서, 프로젝트 문서들 갱신이 있습니다.

리스크 등록부(Risk Register)는 확인된 개별 프로젝트 리스크의 세부사항을 포착하기 위한 것입니다. 이 프로세스가 끝나게 되면, 리스크 등록부는 확인된 리스크 리스트, 잠재적 리스크 소유자들, 잠재적 리스크 대응책 리스트 등을 포함하게 됩니다. 이 프로세스뿐만 아니라, RI3, RI4, RI5, RI6, RI7의 실행 결과도 리스크 등록부에 반영되게 됩니다.

리스크 보고서(Risk Report)는 확인된 개별 프로젝트 리스크에 대한 요약과 함께, 전체 프로젝트 리스크의 근원 등에 대한 정보를 제시합니다. 이 프로세스뿐만 아니라, RI3, RI4, RI5, RI6, RI7의 실행 결과도 리스크 보고서에 반영되게 됩니다.

프로젝트 문서들 갱신은 가정 기록부, 쟁점 기록부, 합의된 교훈 등록부 등을 포함합니다.

## 3 질적 리스크 분석 수행하기

프로젝트 리스크 관리의 세 번째 프로세스인 질적 리스크 분석 수행하기(Perform Qualitative Risk Analysis)는 개별 프로젝트 리스크의 발생 확률과 영향 등을 평가하여 추가적인 분석을 위한 우선순위를 결정하는 프로세스입니다.

이 프로세스의 핵심 효용은 우선순위가 높은 리스크에 집중할 수 있도록 하는 것입니다.

이 프로세스에서 사용할 수 있는 도구 및 기법으로는 전문가 판단, 데이터 수집(인터뷰), 데이터 분석(리스크 데이터 품질 평가, 기타 리스크 매개변수 평가), 대인 및 팀 기술(촉진), 리스크 범주화, 데이터 표현(확률 영향 표, 다차원 도표), 회의 등이 있습니다. 여기서는 리스크 데이터 품질 평가, 기타 리스크 매개변수 평가, 리스크 범주화, 다차원 도표에 대하여 알아보기로 하겠습니다.

리스크 데이터 품질 평가(Risk Data Quality Assessment)는 개별 프로젝트 리스크에 관한 데이터가 질적 리스크 분석의 기초로서 정확하고 신뢰할 만한 정도를 평가합니다. 저품질 데이터가 사용될 경우, 프로젝트에서 전혀 사용되지 않는 질적 리스크 분석으로 전락할 수 있습니다. 데이터 품질을 수용할 수 없는 경우에는 더 좋은 데이터를 수집할 필요가 있습니다. 리스크 데이터 품질은 이해관계자들이 인식하고 있는 완전성, 객관성, 적절성, 시기적절함과 같은 여러 가지 특성들을 설문지로 평가할 수 있습니다. 선택된 데이터 품질 특성치들을 가중 평균하여 전체 품질 점수를 얻을 수 있습니다.

기타 리스크 매개변수 평가(Assessment of Other Risk Parameters)는 추가적인 분석을 위해서 개별 프로젝트 리스크들에 우선순위를 배정할 때 확률과 영향 이외에 긴급도(리스크 대응책이 구현되어야 하는 기간), 근접도(리스크가 하나 이상의 프로젝트 목표에 영향을 미치는 기간), 관리 가능성(리스크 발생이나 영향을 리스크 소유자가 관리할 수 있는 용이함), 검출 가능성(발생할 리스크의 결과를 검출하고 인식함이 용이

함), 연관성(다른 리스크들과 연관된 정도) 등의 리스크 특성들을 고려하는 것입니다.

리스크 범주화(Risk Categorization)는 리스크의 근원이나 리스크에 영향받는 프로젝트의 부분, 공통의 근본 원인, 다른 유용한 범주들(프로젝트 단계, 프로젝트 예산, 역할과 책임 등)에 따라서 리스크들을 그룹화하는 것으로, 효과적인 리스크 대응책 개발에 기여할 수 있습니다. 리스크 노출이 가장 높은 영역에 주의와 노력을 집중할 수 있고, 비슷한 리스크들을 모아놓으면 대응책도 유사할 것이기 때문에 도움이 될 것입니다. 리스크 범주화의 결과는 단순한 리스트에서 리스크 분해 구조(Risk Breakdown Structure, RBS)까지 다양한 형태로 표현될 수 있습니다. 예로서 자원 리스크는 아래 그림과 같이 사람에 관한 것, 조직에 관한 것, 자금에 관한 것, 시간에 관한 것으로 구분할 수 있습니다.

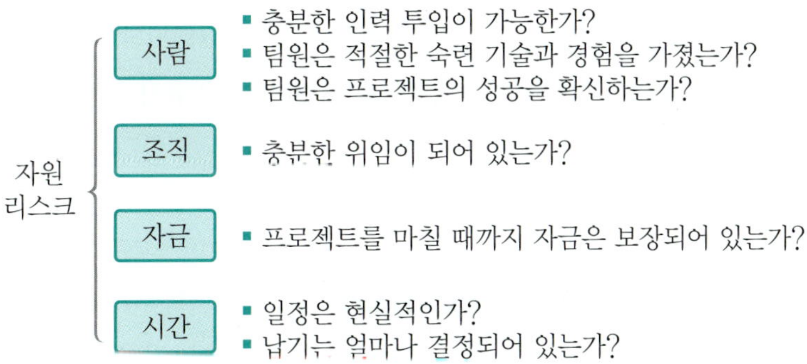


그림 11-5 리스크 범주화 사례

다차원 도표(Multi-dimensional Chart)는 3개 이상의 매개변수를 사용해서 리스크들을 범주화한 경우에 사용할 수 있는 도표입니다. 2개의 매개변수를 사용한 경우에는 확률 영향 표처럼 2차원으로 표현하면 됩니다. 사례로서 버블 차트(Bubble Chart)의 경우처럼, x축, y축 외에, 버블의 크기로 또 다른 매개변수를 표현할 수 있습니다. 그림 11-6과 같은 버블 차트에서는 x축에 검출가능성을, y축에 근접도를, 버블 크기로 영향을 표현합니다.

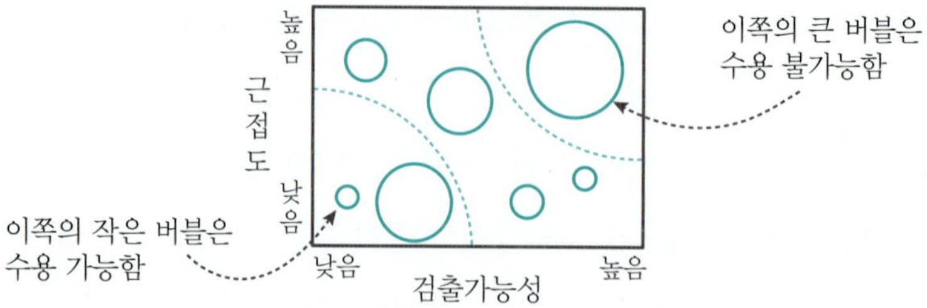


그림 11-6 버블 차트 사례

이 프로세스의 입력으로는 프로젝트 관리 계획, 프로젝트 문서들 등이 있습니다. 주로 사용되는 프로젝트 관리 계획으로는 리스크 관리 계획 등이 있습니다. 주로 사용되는 프로젝트 문서들로는 가정 기록부, 리스크 등록부, 이해관계자 등록부 등이 있습니다.

이 프로세스의 출력으로는 프로젝트 문서들 갱신이 있습니다. 프로젝트 문서들 갱신은 가정 기록부, 쟁점 기록부, 리스크 등록부, 리스크 보고서 등을 포함합니다.

## 4 양적 리스크 분석 수행하기

프로젝트 리스크 관리 네 번째 프로세스인 양적 리스크 분석 수행하기(Perform Quantitative Risk Analysis)는 확인된 개별 프로젝트 리스크들과 전체 프로젝트 목표에 대한 불확실성의 근원들의 복합적 효과를 숫자로 분석하는 프로세스입니다. 이 프로세스가 모든 프로젝트에서 수행되어야 하는 것은 아니며, 개별 프로젝트 리스크들과 다른 불확실성의 근원들에 대한 고품질 데이터가 이용 가능하고, 범위, 일정, 비용 기준선이 충실할 경우에만 탄탄한 분석이 가능합니다. 크고 복잡한 프로젝트, 전략적으로 중요한 프로젝트, 계약 요구사항에 양적 리스크 분석이 포함되어 있는 프로젝트, 핵심 이해관계자자의 요구가 있는 프로젝트 등에서 가장 적절합니다. 이 프로세스의 사용은 리스크 관리 계획에서 규정됩니다. 이 프로세스에서는 RI3(질적 리스크 분석 수행하기)에서 프로젝트 목표에 상당한 영향을 미칠 것으로 평가된 개별 프로젝트 리스크들에 관한 정보를 사용합니다. 이 프로세스의 출력은 RI5(리스크 대응책 계획하기)의 입력으로 사용되며, 핵심 개별 프로젝트 리스크와 전체 프로젝트 리스크 수준에 대한 대응책을 마련하는 데 특히 유용합니다. 또한 RI5에서 계획된 대응책이 효과적인지를 검증하기 위하여 이 프로세스가 실행될 수도 있습니다.

이 프로세스의 핵심 효용은 전체 프로젝트 리스크 노출을 계량화하며, 리스크 대응책 계획하기를 지원하기 위한 추가적인 양적 리스크 정보를 제공할 수 있다는 것입니다.

이 프로세스에서 사용할 수 있는 도구 및 기법으로는 전문가 판단, 데이터 수집(인터뷰), 대인 및 팀 기술(촉진), 불확실성의 표현, 데이터 분석(시뮬레이션, 민감도 분석, 의사결정 나무 분석) 등이 있습니다. 여기서는 불확실성 표현, 민감도 분석, 의사결정 나무 분석에 대하여 알아보도록 하겠습니다.

양적 리스크 분석에서는 개별 프로젝트 리스크들과 불확실성의 다른 근원들을 반영하는 모델을 사용합니다. 이러한 모델에서는 불확실성의 표현(Representation of Uncertainty)이 필요합니다. 계획된 활동의 기간, 비용, 또는 자원 요구사항이 불확실하다고 할 때, 가능한 값들의 범위는 모델에서 정규 분포와 같은 확률 분포로 표현될 수 있습니다. 또한 조건적으로 수행되는 활동들을 표현하기 위하여 확률 가지를 사용할 수도 있습니다. 이와 같이 개별 프로젝트 리스크는 확률 분포와 확률 가지로 표현될 수 있습니다. 불확실성의 다른 근원들은 프로젝트를 통과하는 대체 경로를 구성하는 확률 가지로 표현될 수 있습니다.

민감도 분석(Sensitivity Analysis)은 프로젝트 결과에 대한 잠재적 영향이 큰 개별 프로젝트 리스크들과 다른 불확실성의 근원들을 결정하기 위한 분석입니다. 민감도 분석 결과를 표현하는 전형적인 방법 중 하나가 토네이도 도표(Tornado Diagram)입니다. 하나의 변수를 제외한 다른 모든 변수는 평균 값으로 설정하고, 이 변수만을 변경하면서 프로젝트 목표가 변화하는 정도를 체크하는 작업을 실시하여 각 변수와 프로젝트 목표 간의 상관관계를 구합니다. 그리고 변동의 범위가 큰 변수부터 작은 변수 순으로 위에서 아래로 정렬시키게 됩니다. 이렇게 정렬시키면 그림 11-7처럼 회오리바람과 같은 형태가 되기 때문에 토네이도 도표라고 부르는 것입니다. 변수로는 개별 프로젝트 리스크, 다른 불확실성의 근원, 변동성이 매우 큰 활동 같은 것들이 사용될 수 있습니다.

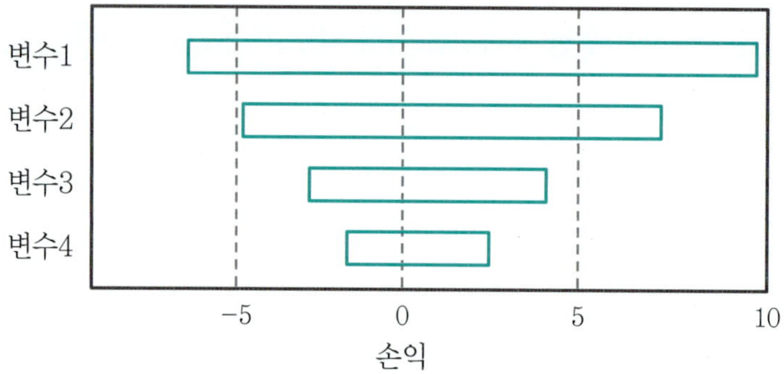


그림 11-7 토네이도 도표 사례

의사결정 나무 분석(Decision Tree Analysis)은 여러 대안 경로들이 있는 문제에서 최선의 선택을 지원하기 위해서 사용됩니다. 대안 경로들은 노드(Node)와 가지(Branch)들을 사용하여 의사결정 나무로 표현됩니다. 하나의 뿌리 노드에서 출발해서 다수의 잎 노드까지 분지하는 형태를 취하기 때문에 나무와 유사한 형태로 표현됩니다. 하나의 노드와 여러 개의 가지들로 표현되는 개개의 의사결정이나 사건(기회)은 연관된 비용과 관련된 개별 프로젝트 리스크를 가질 수 있습니다. 하나의 대안 경로에 해당되는 연결된 가지들의 끝(잎 노드)에는 이 경로의 의사결정들이 선택되고 사건들이 발생되었을 경우 얻게 되는 결과 값이 제시됩니다. 이렇게 표현된 의사결정 나무를 기대 화폐 가치(Expected Monetary Value, EMV)로 평가해서 최적의 경로를 선택할 수 있습니다.

그림 11-8과 같이 신규 공장을 건설할 것인지 아니면 기존 공장을 개선할 것인지

를 기대 화폐 가치를 이용해서 결정하는 사례를 살펴보겠습니다. 신규 공장을 건설할 경우에 수요가 많으면 8억원의 수익을 올릴 것으로 예상되고, 수요가 적으면 3억원의 손실을 입을 것으로 예상되고 있습니다. 기존 공장을 개선할 경우에 수요가 많으면 7억원의 수익을 올릴 것으로 예상되고, 수요가 적으면 1억원의 수익을 올릴 것으로 예상되고 있습니다. 수요가 많을 확률은 0.6이고, 반대로 수요가 적을 확률은 0.4로 판단되고 있습니다. 아래 그림에서 사각형은 의사결정(Decision) 노드로서 갈라져 나온 가지 중 하나를 선택해야 합니다. 원은 기회(Chance) 노드로서 여기서 갈라져 나온 각각의 가지가 하나의 사건을 표현합니다. 그리고 가장 오른쪽의 값들은 잎(Leaf) 노드로서 결과 값을 표현합니다. 신규 공장을 건설할 경우에는 0.6x8억 원과 0.4x(−3억 원)를 더해서 구하면 기대 화폐 가치가 3.6억 원이 되겠고, 기존 공장을 개선할 경우에는 0.6x7억 원과 0.4x1억 원을 더해서 4.6억 원이 되겠습니다. 따라서 기대 화폐 가치가 더 큰 개선 쪽을 선택하게 되고, 그 때의 기대 화폐 가치가 이 의사결정 나무의 값이 되겠습니다.

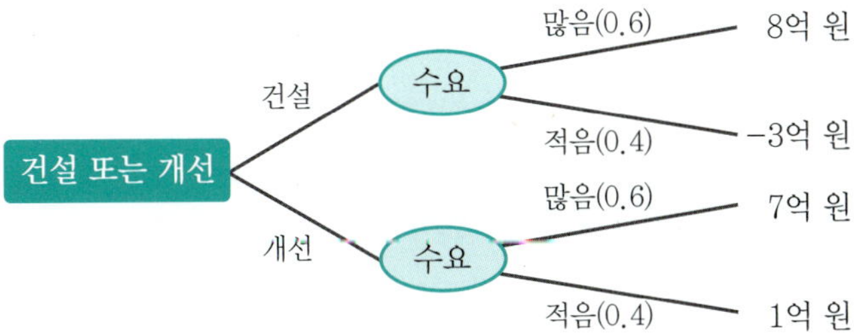


EMV = max(8억 원×0.6−3억 원×0.4, 7억 원×0.6+1억 원×0.4)
= 4.6억 원

그림 11-8 의사결정 나무 분석 사례

이 프로세스의 입력으로는 프로젝트 관리 계획, 프로젝트 문서들 등이 있습니다. 주로 사용되는 프로젝트 관리 계획으로는 리스크 관리 계획, 범위 기준선, 일정 기준선, 비용 기준선 등이 있습니다. 주로 사용되는 프로젝트 문서들로는 가정 기록부, 비용 추정치, 비용 예측치, 기간 추정치, 일정 예측치, 추정치 근거, 마일스톤 리스트, 자원 요구사항, 리스크 등록부, 리스크 보고서 등이 있습니다.

이 프로세스의 출력으로는 프로젝트 문서들 갱신이 있습니다. 프로젝트 문서들 갱신은 리스크 보고서 등을 포함합니다.

지금까지 학습한 내용을 정리하면 다음과 같습니다.

**핵심정리**

- 리스크 확인하기(Identify Risks): 프로젝트에 영향을 미칠 리스크를 결정하고 그 특징을 문서화하는 프로세스
- 질적 리스크 분석 수행하기(Perform Qualitative Risk Analysis): 개별 프로젝트 리스크의 발생 확률과 영향 등을 평가하여 추가적인 분석을 위한 우선순위를 결정하는 프로세스
- 양적 리스크 분석 수행하기(Perform Quantitative Risk Analysis): 확인된 개별 프로젝트 리스크들과 전체 프로젝트 목표에 대한 불확실성의 근원들의 복합적 효과를 숫자로 분석하는 프로세스

## 5 리스크 대응책 계획하기

프로젝트 리스크 관리 다섯 번째 프로세스인 리스크 대응책 계획하기(Plan Risk Responses)는 개별 프로젝트 리스크들을 처리하고, 전체 프로젝트 리스크에 대한 노출을 다루기 위하여, 선택사항을 개발하고, 전략을 선택하고, 행위에 합의하는 프로세스입니다.

효과적이고 적절한 리스크 대응책은 개별 위협을 최소화하고, 개별 기회를 최대화하며, 전체 프로젝트 리스크 노출을 감소시킬 수 있습니다. 일단 리스크가 확인되고, 분석되고, 우선순위가 주어지고 나면, 프로젝트 팀이 충분히 중요하다고 생각하

는 개별 프로젝트 리스크들을 다루기 위한 계획이 지정된 리스크 소유자에 의해서 수립되어야 합니다. 프로젝트 관리자는 전체 프로젝트 리스크의 현재 수준을 관리할 방법을 고민해야 합니다.

리스크 대응책은 리스크 중요성에 비례해야 하며, 비용 효과적이고, 프로젝트 상황에서 현실적이며, 모든 참여자들이 합의한 것이어야 합니다. 가장 효과적일 것으로 예상되는 리스크 대응 전략을 리스크마다 선택해서 사용해야 하며, 리스크 대응 전략을 구현하기 위한 구체적인 행위들도 개발되어야 합니다. 비상 계획(Contingency Plan)도 마련해서 선택된 전략이 충분히 효과적이지 못할 경우를 대비해야 합니다. 리스크 대응책을 시행한 결과로 발생하는 이차적 리스크도 확인되어야 합니다.

이 프로세스의 핵심 효용은 전체 프로젝트 리스크와 개별 프로젝트 리스크들을 다룰 적절한 방법들을 확인하는 데 있습니다.

이 프로세스에서 사용할 수 있는 도구와 기법으로는 전문가 판단, 데이터 수집(인터뷰), 대인 및 팀 기술(촉진), 위협에 대한 전략, 기회에 대한 전략, 비상 대응 전략, 전체 프로젝트 리스크에 대한 전략), 데이터 분석(대안 분석, 비용-편익 분석), 의사결정(다기준 의사결정 분석) 등이 있습니다. 여기서는 위협에 대한 전략, 기회에 대한 전략, 비상 대응 전략, 전체 프로젝트 리스크에 대한 전략에 대하여 알아보기로 하겠습니다.

먼저 위협(부정적 리스크)에 대한 전략 다섯 가지는 확대, 회피, 완화, 전이, 수용입니다.

확대(Escalate)는 위협이 프로젝트 범위를 벗어나거나 제안된 대응책이 프로젝트 관리자의 권한을 넘어서는 것으로 평가될 때 사용되는 전략입니다. 위협이 발생할 경우 영향받게 되는 목표와 대등한 수준으로 위협이 확대되는 것이 일반적입니다. 확대된 위협은 프로젝트 수준이 아니라, 프로그램 수준, 포트폴리오 수준, 조직의 적절한 부분에서 관리되어야 합니다. 프로젝트 관리자는 통지해야 할 사람을 결정하고, 이 사람에게 세부사항을 전달해야 합니다. 확대된 위협은 더 이상 프로젝트 팀에 의해서 감시되지 않고, 다만 리스크 등록부에 기록되어 참고 정보로 사용됩니다.

회피(Avoid)는 위협을 제거하거나 영향으로부터 프로젝트를 보호하기 위한 전략입니다. 발생 확률이 높고, 부정적 영향이 크며, 우선순위가 높은 위협에 적절합니다. 회피에서는 위협을 완전히 제거하거나 발생 확률을 0으로 감소시키기 위해서, 프로젝트 관리 계획의 어떤 측면을 변경하거나, 위험에 처한 목표를 변경하는 것을 포함할 수 있습니다. 회피 행위의 사례로는 위협의 원인을 제거하는 것, 일정을 확장하는 것, 프로젝트 전략을 변경하는 것, 범위를 축소하는 것 등이 있습니다. 가장 극단적인 회피 행위는 프로젝트를 완전히 중단시키는 것이며, 프로젝트 초기의 일부 리스크들은 요구사항을 명확히 하거나, 의사소통을 개선하거나, 전문지식을 확보해서 회피할 수도 있습니다.

완화(Mitigate)는 수용 가능한 수준까지 위협의 발생 확률이나 영향을 감소시키는 전략입니다. 위협이 발생하기 이전에 완화하는 것이 발생 후에 수리하는 것보다 더 효과적입니다. 싸우지 않고 승리하는 것과 비슷합니다. 덜 복잡한 프로세스를 선택하고, 보다 안정적인 판매자를 선택하고, 더 많은 테스트를 시행하는 것을 사례로 들 수 있습니다. 프로토타입을 개발해서 규모 확대의 위험을 줄일 수도 있습니다. 위협의 발생 확률을 줄일 수 없을 때는, 가장 심각한 요소를 선택해서 영향을 줄일 수 있습니다. 예로서, 실패 가능성이 있는 중요한 시스템 요소에 대해서는 중복 설계를 통해서 영향을 줄일 수 있습니다.

전이(Transfer)는 리스크를 없애는 것이 아니라, 위협의 소유권을 제3자에게 위임하여 리스크를 관리하고, 위협이 발생할 경우의 영향을 흡수하도록 하는 전략입니다. 거의 항상 위협을 감당하는 측에 리스크 프리미엄을 지불해야 합니다. 재무 리스크 노출에 대한 보험을 사례로 들 수 있습니다. 보험료를 내고 보험을 드는 것입니다.

수용(Accept)은 위협의 존재를 인정하되, 발생하기 전까지 어떤 행위도 취하지 않는 전략입니다. 이 전략은 우선순위가 낮은 위협에 적절하지만, 위협을 다루기 불가능하거나, 비용 효과적인 방법이 없을 경우에도 채택될 수 있습니다. 수용에는 적극적 수용과 소극적 수용이 있습니다. 가장 일반적인 적극적 수용은 위협이 발생할 경우

처리할 시간, 돈, 자원 등을 포함한 비상 준비(Contingency Reserve)를 수립하는 것입니다. 소극적 수용은 주기적으로 검토해서 위협이 크게 변경되지 않았음을 확인하는 것 외에는 주도적 행위가 전혀 없는 수용입니다.

기회(긍정적 리스크)에 대한 전략 다섯 가지는 확대, 이용, 공유, 향상, 수용입니다.

확대(Escalate)는 기회가 프로젝트 범위를 벗어나거나 제안된 대응책이 프로젝트 관리자의 권한을 넘어서는 것으로 평가될 때 사용됩니다. 기회가 발생할 경우 영향 받게 되는 목표와 대등한 수준으로 기회가 확대되는 것이 일반적입니다. 확대된 기회는 프로젝트 수준이 아니라, 프로그램 수준, 포트폴리오 수준, 조직의 적절한 부분에서 관리되어야 합니다. 프로젝트 관리자는 통지해야 할 사람을 결정하고, 이 사람에게 세부사항을 전달해야 합니다. 확대된 기회는 더 이상 프로젝트 팀에 의해서 감시되지 않고, 다만 리스크 등록부에 기록되어 참고 정보로 사용됩니다.

이용(Exploit)은 실현이 보장되기를 원하는 높은 우선순위의 기회에 사용할 수 있는 전략입니다. 발생 확률을 100%로 증가시켜 확실히 발생함을 보장함으로써 특정한 기회와 연관된 혜택을 포착하도록 추구합니다. 사례로서 프로젝트 완료 시간을 단축하기 위해서 가장 유능한 인적 자원을 배정하는 것을 들 수 있습니다.

공유(Share)는 기회 소유권을 제3자에게 이전시켜 기회가 발생할 경우 얻게 될 혜택의 일부분을 공유하는 전략입니다. 기회를 공유할 새로운 소유자를 주의 깊게 선정해서 프로젝트의 혜택을 늘리는 기회를 포착하는 것이 중요합니다. 기회를 감당하는 측에 리스크 프리미엄이 지불되는 경우가 자주 있습니다. 리스크 공유를 위한 동반자 관계, 특수 목적 회사, 합작투자회사를 설립하는 것 등을 사례로서 들 수 있습니다.

향상(Enhance)은 기회의 확률이나 영향을 증가시키기 위해서 사용됩니다. 기회가 발생한 이후에 혜택을 향상시키려 노력하는 것보다는 향상 행위가 훨씬 더 효과적입니다. 기회의 원인에 주의를 집중함으로써 기회의 발생 확률은 증가될 수 있습니다. 발생 확률을 증가시킬 수 없는 경우라면 잠재적인 혜택의 크기를 주도하는 요소들을 겨냥함으로써 영향을 증가시킬 수 있습니다. 특정한 활동을 조기에 끝내기 위하여 투입 자원을 늘리는 것을 사례로서 들 수 있습니다.

수용(Accept)은 기회의 존재를 인정하되, 발생하기 전까지 어떤 행위도 취하지 않는 방법입니다. 이 전략은 우선순위가 낮은 기회에 적절하지만, 기회를 다루기 불가능하거나, 비용 효과적인 방법이 없을 경우에도 채택될 수 있습니다. 수용에는 적극적 수용과 소극적 수용이 있습니다. 가장 일반적인 적극적 수용은 기회가 발생할 경우 처리할 시간, 돈, 자원 등을 포함한 비상 준비(Contingency Reserve)를 수립하는 것입니다. 소극적 수용은 주기적으로 검토해서 기회가 크게 변경되지 않았음을 확인하는 것 외에는 주도적 행위가 전혀 없는 수용입니다.

비상 대응 전략은 비상 대응책에 대한 전략을 수립하는 것입니다. 특정한 사건이 발생할 경우에만 사용되도록 계획된 일부 대응책은 해당 계획을 실현할 충분한 경고가 있을 것으로 믿어진다면 적절할 수 있습니다. 이렇게 비상 대응책을 작동시키는 사건은 정의되고 추적되어야 합니다. 이렇게 확인된 리스크 대응책을 비상 계획(Contingency Plan)이라고 부르며, 계획을 실행하는 확인된 촉발 사건을 포함합니다.

전체 프로젝트 리스크에 대한 전략도 필요한데요, 개별 프로젝트 리스크를 다루기 위해서 사용된 리스크 대응 전략을 전체 프로젝트 리스크에도 적용할 수 있습니다. 회피(Avoid), 이용(Exploit), 전이(Transfer)/공유(Share), 완화(Mitigate)/향상(Enhance), 수용(Accept), 이렇게 다섯 가지가 되겠습니다.

이 프로세스의 입력으로는 프로젝트 관리 계획, 프로젝트 문서들 등이 있습니다. 주로 사용되는 프로젝트 관리 계획으로는 자원 관리 계획, 리스크 관리 계획, 비용 기준선 등이 있습니다. 주로 사용되는 프로젝트 문서들로는 학습된 교훈 등록부, 프로젝트 일정, 자원 분해 구조, 자원 캘린더, 리스크 등록부, 리스크 보고서, 이해관계자 등록부 등이 있습니다.

이 프로세스의 출력으로는 변경 요청, 프로젝트 관리 계획 갱신, 프로젝트 문서들 갱신이 있습니다.

리스크 대응책을 계획하게 되면, 일정 기준선, 비용 기준선 등의 변경을 I6(통합 변경 통제 수행하기)에 요청해야 할 경우가 있습니다.

프로젝트 관리 계획 갱신은 일정 관리 계획, 비용 관리 계획, 품질 관리 계획, 자원 관리 계획, 조달 관리 계획, 범위 기준선, 일정 기준선, 비용 기준선 등을 포함합니다. 프로젝트 문서들 갱신은 가정 기록부, 비용 예측치, 학습된 교훈 등록부, 프로젝트 일정, 프로젝트 팀 배정, 리스크 등록부, 리스크 보고서 등을 포함합니다.

## 6 리스크 대응책 구현하기

프로젝트 리스크 관리의 여섯 번째 프로세스인 리스크 대응책 구현하기(Implement Risk Responses)는 합의된 리스크 대응 계획을 구현하는 프로세스입니다.

이 프로세스의 핵심 효용은 전체 프로젝트 리스크의 노출을 다루고, 개별 프로젝트 위협을 최소화하고, 개별 프로젝트 기회를 최대화하기 위하여, 합의된 대응책들이 계획된 대로 실행됨을 보장하는 것입니다.

이 프로세스에서 사용할 수 있는 도구와 기법으로는 전문가 판단, 대인 및 팀 기술(영향력 행사), 프로젝트 관리 정보시스템 등이 있습니다.

이 프로세스의 입력으로는 프로젝트 관리 계획, 프로젝트 문서들 등이 있습니다. 주로 사용되는 프로젝트 관리 계획으로는 리스크 관리 계획 등이 있습니다. 주로 사용되는 프로젝트 문서들로는 학습된 교훈 등록부, 리스크 등록부, 리스크 보고서 등이 있습니다.

이 프로세스의 출력으로는 변경 요청, 프로젝트 문서들 갱신이 있습니다.

리스크 대응책을 구현하게 되면 일정 기준선, 비용 기준선 등의 변경을 I6(통합 변경 통제 수행하기)에 요청해야 할 경우가 있습니다.

프로젝트 문서들 갱신은 학습된 교훈 등록부, 쟁점 기록부, 프로젝트 팀 배정, 리스크 등록부, 리스크 보고서 등을 포함합니다.

## 7 리스크 감시하기

프로젝트 리스크 관리의 일곱 번째 프로세스인 리스크 감시하기(Monitor Risks)는 합의된 리스크 대응 계획의 구현을 감시하고, 확인된 리스크를 추적하고, 새로운 리스크를 확인/분석하고, 리스크 프로세스의 효과성을 평가하는 프로세스입니다.

이 프로세스의 핵심 효용은 프로젝트 의사결정이 전체 프로젝트 리스크의 노출과 개별 프로젝트 리스크들의 현재 정보에 기반을 두도록 보장하는 것입니다.

이 프로세스에서 사용할 수 있는 도구와 기법으로는 데이터 분석(기술적 성과 분석, 준비 분석), 리스크 감사, 회의 등이 있습니다. 여기서는 기술적 성과 분석과 리스크 감사에 대하여 알아보기로 하겠습니다.

기술적 성과 분석(Technical Performance Analysis)은 기술적 성취 일정 대비 프로젝트 실행 중 기술적 성과를 비교하는 것입니다. 이러한 분석을 위해서는 목표에 대한 정의, 기술적 성과의 양적 척도 등을 필요로 합니다. 기술적 성과의 양적 척도로는 무게, 거래 시간, 저장 용량 등을 포함합니다.

리스크 감사(Risk Audit)는 리스크 관리 프로세스의 효과성을 검토하기 위하여 사용될 수 있는 감사의 한 유형입니다. 프로젝트 관리자는 리스크 감사가 리스크 관리 계획에 정의된 바와 같이 적절한 빈도로 수행되도록 보장해야 합니다. 리스크 감사는 정례적인 검토 회의에서 진행될 수 있으며, 리스크 검토 회의의 일부로서 포함될 수도 있고, 별도의 리스크 감사 회의를 개최할 수도 있습니다.

이 프로세스의 입력으로는 작업 성과 데이터, 작업 성과 보고서, 프로젝트 관리 계획, 프로젝트 문서들이 있습니다. 주로 사용되는 프로젝트 관리 계획으로는 리스크 관리 계획 등이 있습니다. 주로 사용되는 프로젝트 문서들로는 쟁점 기록부, 학습된 교훈 등록부, 리스크 등록부, 리스크 보고서 등이 있습니다.

이 프로세스의 출력으로는 작업 성과 정보, 변경 요청, 프로젝트 관리 계획 갱신, 프로젝트 문서들 갱신이 있습니다. 작업 성과 정보와 변경 요청에 대해서는 이전에 설명을 드렸습니다.

프로젝트 관리 계획 갱신은 모든 프로젝트 관리 계획 구성요소들을 포함합니다. 프로젝트 문서들 갱신은 가정 기록부, 쟁점 기록부, 학습된 교훈 등록부, 리스크 등록부, 리스크 보고서 등을 포함합니다.

지금까지 학습한 내용을 정리하면 다음과 같습니다.

**핵심정리**

- 리스크 대응책 계획하기(Plan Risk Responses): 개별 프로젝트 리스크들을 처리하고, 전체 프로젝트 리스크에 대한 노출을 다루기 위하여, 선택사항을 개발하고, 전략을 선택하고, 행위에 합의하는 프로세스
- 개별 프로젝트 리스크의 위협(부정적 리스크)에 대한 전략: 확대, 회피, 완화, 전이, 수용
- 개별 프로젝트 리스크의 기회(긍정적 리스크)에 대한 전략: 확대, 이용, 공유, 향상, 수용
- 전체 프로젝트 리스크에 대한 전략: 회피, 이용, 전이/공유, 완화/향상, 수용
- 리스크 대응책 구현하기(Implement Risk Responses): 합의된 리스크 대응 계획을 구현하는 프로세스
- 리스크 감시하기(Monitor Risks): 합의된 리스크 대응 계획의 구현을 감시하고, 확인된 리스크를 추적하고, 새로운 리스크를 확인/분석하고, 리스크 프로세스의 효과성을 평가하는 프로세스

## 생각해보기

다음 내용은 톰 디 마르코의 “데드라인”에 나오는 이야기입니다. 프로젝트 관리와 관련해서 위험 관리 방법에 대하여 생각해보시기 바랍니다. (톰킨스와 대화하면서 리졸리 박사가 위험관리에 대해 설명합니다.)

“프로젝트가 잘못되면 무슨 일이 일어날지 생각해 보세요. 위험은 구체화되기 마련이죠. 단순히 가능성만 있었던 것이 이제는 현실이 되고, 문제가 되는 거죠. 중요한 작업에 필요한 하드웨어가 제때에 납품되지 않거나, 아니면 할당된 시간이 너무 짧아서 아주 중요한 부분이 늦게 완성된다던가… 그러면 사람들은 불편함을 느끼게 되고, 작업은 늦어지고, 어떤 사람들은 손을 놓고 빈둥거리게 되지요. 전부 시간낭비인 거지요.

저는 시간낭비와 위험은 서로 연관이 있다고 봐요. 프로젝트의 스케줄을 지연시키는 헛된 노력은 언제나 위험을 야기하는 직접 원인이죠. 그렇기 때문에 한 가지를 해야 한다면, 저는 위험을 관리하겠어요. 프로젝트가 직면하는 위험을 관리해서 프로젝트를 관리하는 거죠. 소프트웨어 개발은 위험한 사업이고, 그런 사업을 관리하는 것은 대부분이 위험을 관리하는 실습이나 마찬가지지요.

하지만 제가 얘기하고 있는 것들은 그런 위험이 아닙니다. 관리해야 하는 것은 그런 위험의 원인이죠. 최종 결과로 나타나는 커다란 위험만 있는 것이 아니라, 위험의 원인이 되는 수많은 작은 위험들도 있는 것입니다. 위험은 항상 실질적인 문제로 바뀌기 전에 몇 가지 초기 증상이 있는데, 그런 증상이 어떤 것인지를 파악하고, 매가 먹이를 찾아내듯 그런 증상을 찾아내야 하죠. 그리고 나쁜 일이 일어나고 있을 때 그것을 사람들이 당신에게 알려줄 수 있는 방법을 설정하지 않았다거나, 설상가상으로 당신이 공포분위기를 조성해놓고 당신이 듣고 싶지 않은 소식을 차단했다면 …”

# 연 습 문 제

**1.** 리스크에 대한 설명으로 잘못된 것은?

① 발생한 부정적 프로젝트 리스크는 쟁점으로 고려되어야 함
② 리스크는 발생할 경우 목표에 긍정적인 또는 부정적인 효과를 가져올 사건이나 조건임
③ 모든 프로젝트에 존재하는 불확실성이 프로젝트 리스크의 출발점임
④ 전체적인 프로젝트 리스크는 개별적인 프로젝트 리스크들을 모두 합한 것과 같음

**2.** 다음 중에서 리스크와 연관된 개념이 아닌 것은?

① 가능성　② 확정
③ 영향　④ 원인

**3.** 리스크 관리 계획의 주요 내용이 아닌 것은?

① 자금 조달　② 역할과 책임
③ 확률분포표　④ 리스크 범주화

**4.** 부정적 리스크에 대한 전략이 아닌 것은?

① 이용　② 회피
③ 전이　④ 완화

**5.** 어떤 리스크의 발생확률(Probability)이 0.3, 영향이 0.4일 때, 위험 노출(Risk Exposure)은 얼마인가?

① 0.12　② 0.09
③ 0.16　④ 0.7

# 연 습 문 제

**6.** 개별 프로젝트 리스크의 기회에 대응하기 위한 전략에 대한 설명으로 올바른 것은?

① 이용(Exploit): 기회 소유권을 제3자에게 이전시켜 기회가 발생할 경우 얻게 될 혜택의 일부분을 공유하는 전략

② 수용(Accept): 기회가 프로젝트 범위를 벗어나거나 제안된 대응책이 프로젝트 관리자의 권한을 넘어서는 것으로 평가될 때 사용됨

③ 확대(Escalate): 기회의 존재를 인정하되, 발생하기 전까지 어떤 행위도 취하지 않는 전략

④ 향상(Enhance)은 기회의 확률이나 영향을 증가시키는 전략

**7.** 개별 프로젝트 리스크의 위협에 대응하는 전략 중 수용에 해당되는 행위는?

① 보험 ② 비상 준비
③ 시간과 자원 추가 투입 ④ 중복 설계

**8.** 보상을 기대하고 불확실성을 받아들이는 정도를 무엇이라고 하는가?

① 리스크 욕구 ② 리스크 허용범위
③ 리스크 한계치 ④ 리스크 원인

**9.** 다음 중에서 긍정적인 리스크에 해당하는 것은?

① 순수 리스크 ② 위험
③ 기회 ④ 문맥

**10.** 사전 대책이 마련되지 못한 경우 알려진 리스크에 대하여 어떻게 해야 하는가?

① 알려지지 않은 리스크로 변경함 ② 비상 준비에 배정함
③ 관리 준비에 배정함 ④ 가치 향상을 위하여 추구됨

**정답** 1. ④ 2. ② 3. ③ 4. ① 5. ① 6. ④ 7. ② 8. ① 9. ③ 10. ②

CHAPTER

# 12

# 프로젝트 조달 관리

## 학습 목차



## 학습 목표

- 외부로부터 구매하거나 획득하기 위한 프로젝트 조달 관리에 대하여 전체적으로 이해하고, 각각의 조달 프로세스에 대하여 구체적으로 파악할 수 있다.

## 0 프로젝트 조달 관리 개요

이번 장에서는 프로젝트 조달 관리에 대하여 알아보겠습니다. 외부로부터 구매하거나 획득하기 위한 프로젝트 조달 관리에 대하여 전체적으로 이해하고, 각각의 조달 프로세스에 대하여 설명드리도록 하겠습니다.

프로젝트 조달 관리(Project Procurement Management)는 프로젝트 팀에 필요한 제품, 서비스, 또는 결과물을 외부로부터 구매하거나 획득하기 위한 지식 영역입니다. 계약이나 구매 주문 등의 합의를 개발/관리하기 위해 필요한 관리 및 통제 프로세스들을 포함합니다. 프로젝트에 필요한 제품이나 서비스를 구매할 권한이 주어진 직원은 팀원이거나, 경영진, 또는 조직 구매 부서에 속한 사람일 것입니다.

다른 어떤 프로젝트 관리 프로세스보다 조달 프로세스에는 더 많은 법적 의무사항과 처벌이 결합되어 있습니다. 프로젝트 관리자가 조달에 대한 법률과 규제에 대해 잘 훈련된 전문가일 필요는 없지만, 계약과 계약 관계에 관한 똑똑한 의사결정을 할 수 있을 정도로 조달 프로세스에 충분히 익숙해야 합니다. 조달 관리 프로세스들은 계약과 같은 합의를 포함합니다. 계약에 서술되지 않은 어떤 것도 법률적으로 강제할 수 없으므로, 계약에는 기대되는 전달물들과 결과를 명확히 서술해야 합니다. 국제적으로 작업할 경우라면, 프로젝트 관리자는 지역 문화와 법률이 계약과 강제 가능성에 미칠 영향을 유의해야 합니다. 구매 계약은 계약 조건을 포함하는데, 여기에는 판매자가 수행하거나 제공해야 할 것에 관해 구매자가 요구하는 세부사항이 포함될 수 있습니다. 프로젝트 관리 팀은 조직의 조달 정책이 준수됨을 보장하는 조달 담당 사무소와 협업하면서 모든 조달이 프로젝트의 특정한 요구사항을 만족시킴을 확실히 해야 합니다. 계약은 법적 구속력이 있으므로 어떤 프로젝트 문서보다 더 많은 검토와 승인이 요구될 수 있습니다. 법률 부서의 검토가 필요한 것처럼 말이죠.

선정된 판매자는 작업을 프로젝트로서 관리할 수 있습니다. 이 경우 구매자는 판매자의 고객이 되는 것이고, 이것은 구매자가 판매자의 핵심 프로젝트 이해관계자가

됨을 의미합니다. 계약 조건과 조달 작업 기술서는 판매자의 프로젝트 관리 프로세스들 다수에 핵심 입력이 됩니다. 물론 판매자도 하위 부품이나 서비스의 구매자가 될 수 있습니다.

프로젝트에 필요한 항목을 구매할 때는 수행 조직에 속한 한 사람이 구매자로 배정되고, 판매자는 수행 조직 외부에 있는 것으로 가정하는 것이 일반적입니다. 하지만 일부 프로젝트에서는 판매자가 프로젝트 외부이자 수행 조직 내부에 있기도 합니다. 매우 복잡한 프로젝트에서는 계약을 맺은 후 판매자가 프로젝트 팀의 일부가 되기도 합니다. 스타트업과 같이 조달(또는 구매나 계약) 부서가 없는 작은 회사의 경우에는 프로젝트 관리자가 협상하고 계약을 맺는 역할을 대신할 수 있습니다.

프로젝트 조달 관리에는 아래 그림과 같이 세 개의 프로세스들이 있습니다. 이 그림은 2장에서도 간략히 살펴본 바가 있습니다만, 이번 장이 조달 관리 지식 영역을 집중적으로 다루는 장이므로, 이들을 자세하게 들여다보도록 하겠습니다.

P1은 Plan Procurement Management, 즉 조달 관리 계획하기입니다. 프로세스의 약칭인 P1에서 P는 Procurement에서 따온 약어입니다. P2는 Conduct Procurements (조달 수행하기), P3는 Control Procurements(조달 통제하기)입니다. 프로세스 그룹으로 보면 P1은 계획 그룹에, P2는 실행 그룹에, P3는 감시 및 통제 그룹에 속합니다.

| 지식 영역 | 프로세스 그룹 | | | | |
|---|---|---|---|---|---|
| | 개시 | 계획 | 실행 | 감시 및 통제 | 종료 |
| 자원 관리 | | P1 | P2 | P3 | |

P1: Plan Procurement Management(조달 관리 계획하기)
P2: Conduct Procurements(조달 수행하기)
P3: Control Procurements(조달 통제하기)

그림 12-1 프로젝트 조달 관리 지식 영역의 프로세스들

이들 세 개 프로세스들을 전체적인 맥락에서 이해하기 위하여 그림 12-2와 같은 자료흐름도를 그려보았습니다. P1에서는 프로젝트 승인서, 비즈니스 사례, 편익 관리 계획, 프로젝트 관리 계획, 프로젝트 문서들을 입력으로 받아들여서 조달 관리 계획을 작성하여 프로젝트 관리 계획 저장소에 추가합니다. 조달처 선정 기준도 작성하여 프로젝트 문서들 저장소에 추가합니다. 조달 전략, 조달 작업 기술서, 입찰 문서들, 제조/구매 의사결정, 독립적 비용 추정치도 작성하여 조달 기록 문서 저장소에 추가하고, 프로젝트 문서들 갱신을 프로젝트 문서들 저장소에 합니다. 변경이 필요한 경우 I6에 변경 요청을 송부합니다. P2에서는 프로젝트 관리 계획과 프로젝트 문서들, 조달 기록문서를 바탕으로 판매자의 제안서를 받아서 조달을 담당할 판매자를 선정하게 됩니다. 선정된 판매자를 P3에 통보하고, 합의를 P3뿐만 아니라, 다른 지식 영역의 I1, I5, I7, SD5, CO3, RE6, SH1, SH2에도 알려줍니다. 프로젝트 관리 계획 갱신과 프로젝트 문서들 갱신을 각각의 저장소에 합니다. 변경이 필요한 경우 I6에 변경 요청을 송부합니다. P3에서는 프로젝트 관리 계획과 프로젝트 문서들, 조달 기록문서, 선정된 판매자, 작업 성과 데이터, 승인된 변경 요청를 바탕으로 조달 통제하기를 수행합니다. 마감된 조달을 조달 기록문서 저장소에 추가합니다. 프로젝트 관리 계획 갱신과 프로젝트 문서들 갱신, 조달 기록문서 갱신을 각각의 저장소에 합니다. 변경이 필요하면 변경 요청을 I6에 송부하고, 승인된 변경 요청을 받습니다. I3로부터 받은 작업 성과 데이터를 바탕으로 작업 성과 정보를 생성하여 I5로 보내줍니다.

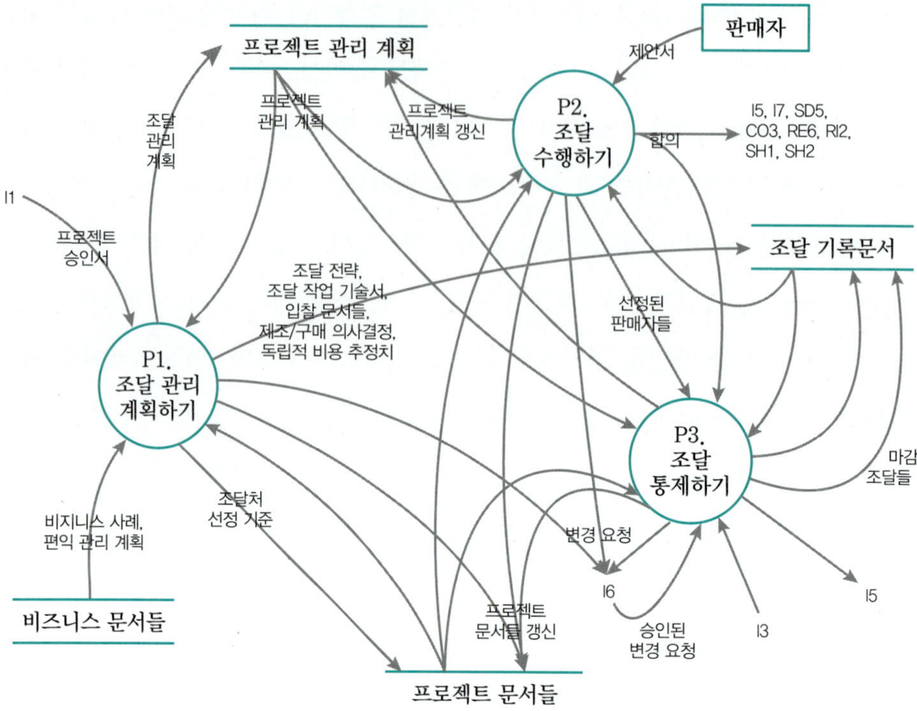


그림 12-2 프로젝트 조달 관리 자료흐름도

## 1 조달 관리 계획하기

프로젝트 조달 관리의 첫 번째 프로세스인 조달 관리 계획하기(Plan Procurement Management)는 접근법을 규정하고 잠재적 판매자를 확인하는 프로젝트 조달 의사결정을 문서화하는 프로세스입니다. 조달과 관련된 역할과 책임은 이 프로세스의 초기에 정의되어야 합니다. 프로젝트 관리자는 프로젝트에 필요한 수준의 조달 전문지식을 가진 직원이 프로젝트 팀에 배치되도록 해야 합니다. 프로젝트 일정 관련 요구사항이 조달 관리 계획을 개발하는 전략에 큰 영향을 미치며, 반대로 조달 관리 계획을 개발하는 과정에서 내려진 의사결정이 프로젝트 일정에 영향을 미칠 수 있습니다.

전형적인 조달 절차는 조달 작업 기술서를 준비하고, 대략적인 비용 추정치를 준비해서 예산을 결정하고, 조달 기회를 광고하고, 자격을 갖춘 판매자들을 확인하고, 입찰 문서를 준비해서 발송하고, 판매자의 제안서를 받고, 제안서를 기술적으로 평가하고, 제안서의 비용을 평가하고, 이를 종합 평가하여 후보 제안서를 채택하고, 계약을 협상하여 서명하는 순서로 진행됩니다.

법적 계약 관계는 크게 고정 가격 계약과 비용 변제 계약의 2종류로 분류할 수 있습니다. 고정 가격 계약은 정의된 제품, 서비스, 또는 결과물에 대한 고정된 총 가격을 설정하는 방식으로, 요구사항이 잘 정의되어 있고, 범위에 대한 심각한 변경이 없을 것으로 기대될 경우 사용됩니다. 비용 변제 계약은 작업을 완료하는 데 소요된 실제 비용에다가 판매자의 이익을 더한 값을 지불(비용 변제)하는 방식으로, 계약을 실행하는 도중에 심각한 변경이 예상될 경우 사용됩니다. 고정 가격 계약과 비용 변제 계약을 결합한 다양한 형태의 계약도 가능합니다.

이 프로세스의 핵심 효용은 외부 지원을 획득할 것인지를 결정하는 것으로, 획득하기로 한 경우에는 무엇을, 언제, 어떻게, 얼마나 많이 획득할 것인지를 결정하는 데 있습니다.

이 프로세스에서 사용할 수 있는 도구와 기법으로는 전문가 판단, 데이터 수집(시장 조사), 데이터 분석(제조/구매 분석), 구매처 선택 분석 등이 있습니다. 여기서는 전문가 판단을 제외하고 나머지 것들에 대하여 알아보기로 하겠습니다.

시장 조사(Market Research)는 산업과 특정 판매자의 능력에 대한 조사를 포함하는데, 학술대회, 온라인 리뷰 등 다양한 출처에서 얻은 정보를 활용하여 시장 능력을 확인할 수 있습니다. 공급할 수 있는 판매자들의 폭과 관련된 리스크들의 균형을 취하면서도, 성숙한 기술을 활용하는 쪽으로 영향을 미치도록 특정한 조달 목표를 정립하는 것도 가능합니다.

제조/구매 분석(Make-or-Buy Analysis)은 특정한 작업이나 전달물이 프로젝트 팀에 의해서 가장 잘 성취될 수 있는 것인지, 외부의 조달처에서 구매되어야 하는 것인지를 의사결정하기 위해서 사용됩니다. 제조/구매 의사결정에서 고려되어야 할 사항으로는 조직의 자원 배정 현황, 특화된 전문지식의 필요성, 독립적 전문지식의 필요성, 정규직을 확대하지 않고자 하는 바램, 개별 제조/구매 의사결정에 포함된 리스크 평가 등이 있습니다.

조달처 선정 분석(Source Selection Analysis)에서는 선정 방법을 결정하기 전에 경쟁하는 요구사항들의 우선순위를 검토할 필요가 있습니다. 경쟁적인 선정 방법은 판매자들이 많은 양의 시간과 자원을 미리 투자할 것을 요구할 것이므로, 조달 문서들에 포함된 평가 방법을 사용해서 입찰자들이 자신들이 평가받는 방법을 알 수 있도록 하는 것이 좋은 실천 사례입니다.

이 프로세스의 입력으로는 프로젝트 승인서, 비즈니스 사례, 편익 관리 계획, 프로젝트 관리 계획, 프로젝트 문서들 등이 있습니다. 주로 사용되는 프로젝트 관리 계획으로는 범위 관리 계획, 품질 관리 계획, 자원 관리 계획, 범위 기준선 등이 있습니다. 주로 사용되는 프로젝트 문서들로는 마일스톤 리스트, 프로젝트 팀 배정, 요구사항 기록문서, 요구사항 추적가능성 표, 자원 요구사항, 리스크 등록부, 이해관계자 등록부 등이 있습니다.

이 프로세스의 출력으로는 조달 관리 계획, 조달 전략, 조달 작업 기술서, 입찰 문서들, 제조/구매 의사결정, 독립적 비용 추정치, 조달처 선정 기준, 변경 요청, 프로젝트 문서들 갱신 등이 있습니다. 여기서는 변경 요청을 제외한 나머지에 대하여 알아보도록 하겠습니다.

조달 관리 계획(Procurement Management Plan)은 프로젝트 팀이 조달과정에서 취해야 할 활동들을 포함합니다. 외부에서 자금을 조달한 경우, 자금의 출처와 가용성이 조달 관리 계획 및 프로젝트 일정과 정렬되어야 합니다. 주요 내용은 다음과 같습니다.

- 일정 개발과 같은 프로젝트의 다른 측면들과 조달을 조정하는 방법
- 핵심 조달 활동들의 시간표
- 계약 관리에 사용될 조달 측정 기준
- 이해관계자의 조달 관련 역할과 의무
- 계획된 조달에 영향을 주는 제약과 가정
- 법적 관할권과 지불 통화
- 독립적 추정치의 사용 여부와 평가 기준으로서의 필요성 여부 결정
- 어떤 형태의 리스크를 줄이기 위한 보험 계약 요구사항을 확인하는 것과 같은 리스크 관리 쟁점들
- 사전에 자격을 갖춘 판매자들

일단 제조/구매 분석이 끝나 외부로부터 조달하기로 결정되면, 조달 전략(Procurement Strategy)이 확인되어야 합니다. 조달 전략은 전달 방법, 계약 지불 유형, 조달 단계들에 관한 정보를 결정하기 위한 것입니다.

조달 작업 기술서(Procurement Statement of Work)는 프로젝트 범위 기준선으로부터 개발되며, 관련 계약에 포함될 범위 부분만을 정의합니다. 조달 물품에 대하여 충분히 자세하게 기술해서 판매자가 공급할 수 있는지를 결정할 수 있도록 해야 합니다. 작업 기술서에 포함되는 내용으로는 명세서, 원하는 수량, 품질 수준, 성과 데이터, 작업 장소, 수행 기간 등이 있습니다. 명확하고, 완전하고, 간결하게 기술되어야 하며, 서명된 합의에 이르기까지 필요할 경우 개정될 수 있습니다.

입찰 문서들(Bid Documents)은 가망성 있는 판매자들로부터 제안을 얻기 위하여 이용됩니다. 필요한 제품이나 서비스에 따라서 입찰 문서들은 정보 요청(Request for Information, RFI), 견적 요청(Request for Quotation, RFQ), 제안 요청(Request for Proposal, RFP) 등과 같이 적절한 조달 문서들을 포함할 수 있습니다. 구매자는 조달 문서들을 구조화해서 각 가망성 있는 판매자로부터의 정확하고 완전한 반응과 이러

한 반응의 평가를 촉진합니다. 이러한 조달 문서들은 원하는 반응 양식에 대한 기술, 적절한 조달 작업 기술서, 요구되는 계약 조항 등을 포함합니다. 조달 문서들의 복잡성과 상세함의 수준은 계획된 조달의 가치나 이와 연관된 리스크와 일치되어야 합니다. 조달 문서들은 일관되고 적절한 반응을 보장할 만큼 충분히 상세해야 하지만, 더 좋은 방법을 판매자가 제시할 수 있을 정도로 유연해야 합니다.

제조/구매 분석에서는 특정한 작업이 프로젝트 팀에 의해서 가장 잘 성취될 수 있는지, 아니면 외부에서 구매되는 것이 좋은지를 결정하게 되는데, 그 결과가 제조/구매 의사결정(Make-or-Buy Decision)입니다.

대형 조달에서는 구매자가 자체적으로 수립한 독립적 비용 추정치(Independent Cost Estimate) 혹은 외부 전문가에 의뢰해 준비한 비용 예측치를 비교 기준으로 사용하게 됩니다. 제안된 비용 예측치들이 큰 차이를 보이는 것은 조달 작업 기술서가 부족하거나 애매해서 가능성 있는 판매자들이 잘못 이해했거나 충분히 반응하는 데 실패했음을 보여주는 것일 수도 있습니다.

조달처 선정 기준(Source Selection Criteria)은 판매자의 제안서를 평가하는 데 사용할 기준입니다. 고려가 필요한 선정 기준으로는 능력과 용량, 제품 비용과 총비용, 납품일, 기술적 전문지식과 접근법, 구체적인 관련 경험, 제시된 접근법과 작업 계획의 적절성, 핵심 직원의 자격이나 이용 가능성과 능숙함, 회사의 재무적 안정성, 관리 경험, 훈련과 같은 지식 이전 프로그램의 적절성 등이 있습니다.

프로젝트 문서들 갱신은 학습된 교훈 등록부, 마일스톤 리스트, 요구사항 기록문서, 요구사항 추적가능성 표, 리스크 등록부, 이해관계자 등록부를 포함합니다.

지금까지 학습한 내용을 정리하면 다음과 같습니다.

**핵심정리**

- 프로젝트 조달 관리: 프로젝트 팀에 필요한 제품, 서비스, 또는 결과물을 외부로부터 구매하거나 획득하기 위한 지식 영역
- 조달 관리 계획하기(Plan Procurement Management): 접근법을 규정하고 잠재적 판매자를 확인하는 프로젝트 조달 의사결정을 문서화하는 프로세스
- 조달 관리 계획(Procurement Management Plan): 프로젝트 팀이 조달과정에서 취해야 할 활동들을 포함하는 문서

## 2 조달 수행하기

프로젝트 조달 관리의 두 번째 프로세스인 조달 수행하기(Conduct Procurements)는 판매자의 반응을 얻고, 한 판매자를 선정하여 계약을 수여하는 프로세스입니다. 프로젝트 팀은 응찰 또는 제안서를 받아서 해당 작업을 수행할 수 있으며, 수용될 수 있는 하나 이상의 판매자를 이전에 정의된 선택 기준으로 평가해서 선정합니다. 표준 계약에 서명하도록 요청될 단일 판매자를 선정하거나, 각 제안서를 가중 평가해서 얻은 값으로 순서를 세워서 협상할 수도 있습니다. 예비 제안서를 바탕으로 자격이 있는 소수의 판매자들을 선정하고, 보다 구체적이고 포괄적인 요구사항 문서를 바탕으로 보다 세밀한 평가를 수행할 수도 있습니다. 아주 많은 판매자들로부터 자세한 제안서를 모두 받아서 평가하고자 한다면 일이 복잡해지기 때문에 예비 제안서를 받아서 자격이 없는 판매자들을 탈락시키는 것도 좋은 접근입니다.

이 프로세스의 핵심 효용은 자격을 갖춘 한 판매자를 선택해서 납품을 위한 법적 합의를 구현하는 것입니다. 이 프로세스의 최종 결과물은 공식 계약을 포함하는 확정된 합의입니다.

이 프로세스에서 사용할 수 있는 도구와 기법으로는 전문가 판단, 광고, 응찰자 회의, 데이터 분석(제안서 평가), 대인 및 팀 기술(협상) 등이 있습니다. 여기서는 전문가 판단을 제외한 나머지에 대하여 알아보도록 하겠습니다.

광고(Advertisement)는 특정한 제품, 서비스, 또는 결과물의 판매자들 또는 잠재적 판매자들과 의사소통하는 것입니다. 기존의 잠재적 판매자 리스트는 신문과 같은 일반 배포 출판물이나 특별한 거래 관련 출판물에 광고를 게재함으로써 확장시킬 수 있습니다. 대부분의 정부 관련 조달에서는 임박한 계약에 대하여 대중 광고 또는 온라인 게시를 요구합니다.

응찰자 회의(Bidder Conference)는 응찰이나 제안서를 제출하기 전에 프로젝트 팀(구매자)과 모든 가망성 있는 판매자들 간에 진행되는 회의입니다. 이 회의를 계약자 회의, 판매자 회의, 사전 입찰 회의라고 부르기도 합니다. 모든 가망성 있는 판매자들이 해당 조달에 대하여 명확하고 동일하게 이해하도록 하며, 어떤 응찰자도 특혜를 받는 일이 없음을 보장하는 데 이용됩니다. 공정함을 유지하기 위하여, 구매자는 모든 가망성 있는 판매자가 모든 질문과 대답을 청취할 수 있음을 보장하기 위하여 세심한 주의가 필요합니다. 모든 질문에 대한 대답이 모든 참여자에게 공유되어야 한다는 것인데, 쉬운 얘기가 아니죠. 회의에서도 일대일로 대화할 경우가 있는데, 의도하지 않게 상대방에게만 정보를 줄 수 있습니다. 이럴 경우에는 이 정보를 모든 참여자에게 다시 설명할 필요가 있겠습니다.

제안서 평가(Proposal Evaluation)는 판매자가 제출한 제안서가 완벽하며, 입찰 문서들, 조달 작업 기술서, 조달처 선정 기준 등에 충분히 반응함을 보장하기 위한 평가입니다.

협상(Negotiation)이란 합의에 도달하기 위한 토의입니다. 계약에 서명하기 전에 상호 합의에 도달할 수 있도록 구매의 구조, 권리, 의무 등을 명확히 해야 합니다. 협상은 구매자와 판매자가 실행할 수 있는 계약서나 다른 형태의 합의로 결론을 맺게 됩니다. 협상은 일반적으로 계약에 서명할 권한을 가지고 있는 조달 팀의 일원에 의해서 수행되게 됩니다. 프로젝트 관리자나 팀원이 필요할 경우 협상에 도움을 주기 위하여 참석할 수 있습니다.

성공적인 협상을 위해서는 효율적으로 시간을 배분하며, 협상 당사자 사이의 관계를 증진하고, 경제적 가치를 상호 획득할 수 있도록 협상을 진행해야 합니다. 성공적인 협상이란 무엇인지를 알아보기 위하여 지양해야 할 협상과 비교해서 알아보겠습니다. 성공적인 협상에서는 나에게 가치가 작은 것을 주고, 나에게 가치가 큰 것을 얻어서 경제적 가치를 상호 획득하게 됩니다. 적시(Timing)에 적당한 소요 시간을 들여서 효율적 시간 배분을 하게 됩니다. 협상을 하고 나서 원수가 된다면 성공적인 협상이 될 수 없겠습니다. 상호 이해 증진, 신뢰 관계 형성, 상대방의 감정 보호 등과 같이 당사자들의 관계 증진에도 기여하게 됩니다. 반면에 지양해야 할 협상에서는 회피하거나, 그냥 주거나, 내 이익만 추구하거나, 질질 끌고 당기며 시간을 오래 끌거나, 결론 없이 결렬되거나, 상호 관계가 악화됩니다.

조달 협상을 잘하기 위해서는 원칙에 의한 협상을 해야 합니다. 원칙에 의한 협상에서는 상대방을 친구나 적이 아니라, 문제 해결자로 봐야 하며, 합의나 승리가 목표가 아니라, 효율적·우호적 현안 해결이 목표입니다. 관계 증진을 위해 양보하거나 관계 유지의 조건으로 양보를 요구할 것이 아니라, 사람과 문제를 구별해야 합니다. 사람과 문제에 대하여 유연하거나 강경할 것이 아니라, 사람에 유연하고, 문제에 강경해야 합니다. 상대방을 신뢰하거나 불신할 것이 아니라, 신뢰와 무관하게 행동해야 합니다. 입장을 쉽게 전환하거나 입장을 고수할 것이 아니라, 이해관계에 초점을 두어야 합니다. 합의를 위해 일방적으로 손해를 감수하거나 합의의 대가로 일방적 이익을 요구할 것이 아니라, 상호 이익을 위한 여러 가지 해결 방안을 창출할 수 있어야 합니다. 그래서 협상가는 창조적이어야 합니다. 합의를 강조하거나 자기 입장을 강조할 것이 아니라, 객관적 기준의 사용을 강조해야 하며, 의지의 경쟁을 회피하거나 의지의 경쟁에서 이기려 할 것이 아니라, 객관적 기준에 따라 노력해야 합니다. 압력에 굴복하거나 압력을 사용할 것이 아니라, 이성적이고 논리적인 원칙을 따라야 합니다. 협상 실행 전에 의사결정해야 할 사항으로는 다음과 같은 것들이 있습니다.

- **대안 결정:** 쌍방의 이해사항 고려, 객관적 기준 선택, 쌍방에게 최선의 대안 고려
- **양보 계획 결정:** 양보의 순서 및 속도 조절 방법, 양보에 대한 반대 급부 고려
- **정보 교환 결정:** 주고 받을 정보에 대한 결정
- **협상 전술 결정:** 역할 분담 등

협상에서 영향력을 행사하는 방법으로는 아래 그림과 같이 여러 가지가 있습니다. 종류로는 6가지가 있는데, 형태로 보면 밀기, 당기기, 피하기, 이렇게 3가지가 있습니다. 밀기에는 설득과 주장, 당기기에는 관계 구축과 유인, 피하기에는 이탈과 회피가 있습니다. 설득은 제안이나 근거를 제시해서 자신이 원하는 방향으로 미는 것이고, 주장은 기대를 표명, 평가, 압력을 통해서 자신이 원하는 방향으로 미는 것입니다. 관계 구축은 참여와 지지, 경청, 솔직한 의견 제시로 상대방을 자신에게 끌어당기는 것이고, 유인은 비전을 제시하거나, 공통가치나 목표에 호소해서 상대방을 자신에게 끌어당기는 것입니다.

피하기는 너무 많은 양보를 하여 손해가 예상되는 경우나 상대가 실질적인 권한이 없는 경우에 사용됩니다. 이탈은 재 회합을 제시하거나, 주제를 분산시켜서 피하는 것이고, 회피는 제안을 철회하거나 이유를 둘러대서 피하는 것입니다. 밀기와 당기기에 해당되는 4가지 방법들을 사용하는 상황은 관계 발전 필요성과 신뢰도에 따라서 설명할 수 있습니다. 협상 상대방과 관계 발전의 필요성도 높고 상대방에 대한 신뢰도가 높으면 관계 구축을 통해서 오래 갈 수 있는 기반을 구축하면 되겠죠. 관계 발전의 필요성은 낮은데 상대방에 대한 신뢰도가 높으면 설득을 하면 되고, 반대로 관례 발전의 필요성은 높은데 상대방에 대한 신뢰도가 낮으면 유인을 하면 됩니다. 관계 발전의 필요성과 신뢰도가 모두 낮은 경우라면 강력한 주장으로 밀어붙이면 되겠습니다.

<table>
<tr><th>형태</th><th>종류</th><th>방법</th><th>적용</th></tr>
<tr><td rowspan="2">밀기</td><td>설득</td><td>제안, 근거 제시</td><td rowspan="4">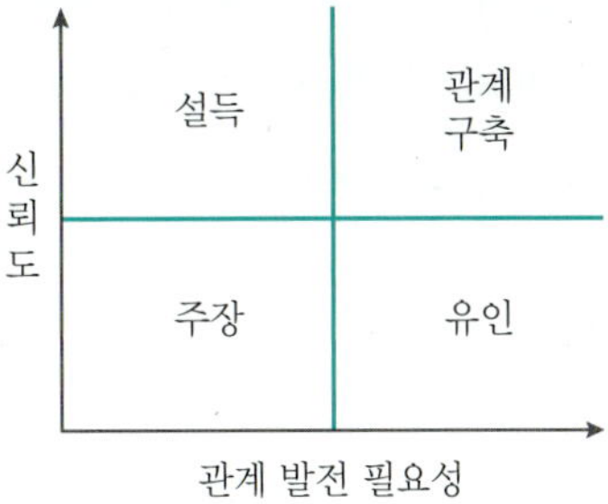
</td></tr>
<tr><td>주장</td><td>기대 표명, 평가, 압력</td></tr>
<tr><td rowspan="2">당기기</td><td>관계 구축</td><td>참여와 지지, 경청,<br>솔직한 의견 제시</td></tr>
<tr><td>유인</td><td>비전 제시,<br>공통가치·목표에 호소</td></tr>
<tr><td rowspan="2">피하기</td><td>이탈</td><td>재 회합 제시, 주제를 분산시킴</td><td rowspan="2">• 너무 많은 양보를 하여 손해가 예상되는 경우<br>• 상대가 실질적인 권한이 없는 경우</td></tr>
<tr><td>회피</td><td>철회, 둘러댐</td></tr>
</table>

그림 12-3 협상에서의 영향력 행사

이 프로세스의 입력으로는 제안서, 조달 기록문서, 프로젝트 관리 계획, 프로젝트 문서들 등이 있습니다. 제안서는 조달 문서들에 대한 반응으로 준비된 문서로 하나 이상의 경쟁력 있는 판매자를 선정하기 위한 평가 조직에서 사용할 기초 정보를 형성합니다. 주로 사용되는 프로젝트 관리 계획으로는 범위 관리 계획, 요구사항 관리 계획, 의사소통 관리 계획, 리스크 관리 계획, 조달 관리 계획, 형상 관리 계획, 비용 기준선 등이 있습니다. 주로 사용되는 프로젝트 문서들로는 학습된 교훈 등록부, 프로젝트 일정, 요구사항 기록문서, 리스크 등록부, 이해관계자 등록부 등이 있습니다.

이 프로세스의 출력으로는 선정된 판매자들, 합의, 변경 요청, 프로젝트 관리 계획 갱신, 프로젝트 문서들 갱신 등이 있습니다. 여기서는 변경 요청을 제외한 나머지에 대하여 알아보기로 하겠습니다.

선정된 판매자들(Selected Sellers)은 제안 결과나 입찰 평가를 바탕으로 경쟁력이 있다고 판단된 판매자들입니다. 복잡하고, 가치가 크고, 리스크가 높은 조달의 최종 승인은 선정 통보 전에 일반적으로 조직의 고위 경영층의 승인을 필요로 합니다.

합의(Agreement)는 구매자와 판매자 양측 간의 관계를 기술하는 것으로, 응용 분야에 따라서 합의는 계약, MOU(Memorandum of Understanding), SLA(Service Level Agreement), LOI(Letter of Intent), 이메일, 구매주문 등 다양한 형태로 작성될 수 있습니다. 법적 구속력이 있는 합의(Agreement)인 계약은 판매자가 규정된 제품, 서비스, 또는 결과물을 제공할 것과 구매자는 판매자에게 이에 대해 보상할 것을 규정하며, 법원에서 다뤄질 법적 관계를 표현하고 있습니다.

프로젝트 관리 계획 갱신은 요구사항 관리 계획, 품질 관리 계획, 의사소통 관리 계획, 리스크 관리 계획, 조달 관리 계획, 범위 기준선, 일정 기준선, 비용 기준선 등을 포함합니다. 프로젝트 문서들 갱신은 학습된 교훈 등록부, 요구사항 기록문서, 요구사항 추적가능성 표, 자원 캘린더, 리스크 등록부, 이해관계자 등록부 등을 포함합니다.

## 3 조달 통제하기

프로젝트 조달 관리 세 번째 프로세스인 조달 통제하기(Control Procurements)는 조달 관계를 관리하고, 계약 성과를 감시하고, 계약에 대해 적절한 변경과 수정을 하고, 종료를 하는 프로세스입니다. 구매자와 판매자는 유사한 목적으로 조달 계약을 관리하게 되는데, 양측이 계약 의무사항을 충족시키고, 자신들의 법적 권리가 보호됨을 보장받기 위한 것입니다. 어떤 조달을 통제할 때 취해지는 행위의 법적 의미를 프로젝트 관리 팀이 알고 있어야 함을 강제하는 것이 계약 관계의 법적 본질입니다. 그리고 많은 조직에서는 계약 관리를 프로젝트 조직과는 분리된 행정 기능으로 취급합니다. 조달 관리자가 프로젝트 팀에 있는 경우에도 조달 관리자가 다른 조달관련 부서의 책임자에게 보고하는 것이 전형적입니다. 그리고 조달 감사의 독립성과 신뢰성과 같은 조달 통제의 품질이 조달 시스템의 신뢰도에 매우 중요합니다.

조달 통제하기는 판매자에 대한 지불 감시를 포함하는 재무 관리 요소가 있는데, 이것은 계약에 정의된 지불 조건이 충족되며, 판매자 보상이 계약에 정의된 대로 판매자 진척도로 연결됨을 보장합니다. 지불할 때 주된 관심사는 지불된 금액과 성취된 작업 간의 밀접한 관계가 보장되는 것입니다.

이 프로세스의 핵심 효용은 판매자와 구매자의 성과가 법적 합의의 조건에 따라서 조달 요구사항을 충족함을 보장하는 데 있습니다.

이 프로세스에서 사용할 수 있는 도구 및 기법으로는 전문가 판단, 클레임 관리, 데이터 분석(성과 검토, 획득 가치 관리, 추세 분석), 검사, 감사 등이 있습니다. 여기서는 클레임 관리와 성과 검토에 대하여 알아보기로 하겠습니다.

클레임 관리(Claims Administration)에서 클레임은 구매자와 판매자가 변경에 대한 보상에 합의할 수 없거나, 변경이 발생했다는 것에 동의할 수 없는, 논쟁이 있는 변경을 말합니다. 클레임은 계약 조건에 따라서 계약 수명 주기에 걸쳐서 문서화되고, 처리되고, 감시되고, 관리됩니다. 당사자들이 클레임을 해결할 수 없다면, 분쟁이 되고, 결국에는 재판에까지 이르게 됩니다. 법원에서 진행되는 재판으로 갔을 때보다 갈등, 비용, 시간을 크게 절감할 수 있는 대안적 분쟁 해결에 따라서 해결될 수도 있습니다. 대안적 분쟁 해결이란 민사 분쟁을 해결하기 위한 제도로서, 민사 재판 이외의 제도인 상담, 화해, 알선, 조정, 중재를 말하며, 보통 ADR(Alternative Dispute Resolution)이라고 약칭합니다.

조달에 대한 성과 검토(Performance Review)는 합의와 비교해서 품질, 자원, 일정, 비용 성과를 측정, 비교, 분석하는 것입니다. 자원이나 품질 쟁점을 가지고 있거나, 정해진 일정보다 빠르거나 느리거나, 정해진 예산을 초과하거나 미달한 작업 패키지들을 확인하는 작업을 포함합니다.

이 프로세스의 입력으로는 선정된 판매자들, 작업 성과 데이터, 승인된 변경 요청, 합의, 조달 기록문서, 프로젝트 관리 계획, 프로젝트 문서들 등이 있습니다. 주로 사용되는 프로젝트 관리 계획으로는 요구사항 관리 계획, 리스크 관리 계획, 조달 관리 계획, 변경 관리 계획, 일정 기준선 등이 있습니다. 주로 사용되는 프로젝트 문서들로는 가정 기록부, 학습된 교훈 등록부, 마일스톤 리스트, 품질 보고서, 요구사항 기록 문서, 요구사항 추적가능성 표, 리스크 등록부, 이해관계자 등록부 등이 있습니다.

이 프로세스의 출력으로는 마감된 조달들, 작업 성과 정보, 변경 요청, 조달 기록 문서 갱신, 프로젝트 관리 계획 갱신, 프로젝트 문서들 갱신 등이 있습니다. 여기서는 마감된 조달들, 프로젝트 관리 계획 갱신, 프로젝트 문서들 갱신에 대하여 알아보겠습니다.

마감된 조달들(Closed Procurements) 각각에 대해서 구매자는 판매자에게 계약이 완료되었음을 서면으로 공식적인 통지를 하게 됩니다. 공식적 조달 마감에 대한 요구사항은 일반적으로 계약 조건에 명시되어 있고, 조달 관리 계획에도 포함되어 있습니다. 마감 전에 모든 전달물들이 프로젝트 관리 팀에 의해 승인되어야 합니다. 모든 전달물들이 정시에 공급되고, 기술/품질 요구사항을 만족시키며, 눈에 띄는 클레임이 없고, 모든 지불이 이루어져야 마감이 가능합니다.

프로젝트 관리 계획 갱신은 리스크 관리 계획, 조달 관리 계획, 일정 기준선, 비용 기준선 등을 포함합니다. 프로젝트 문서들 갱신은 학습된 교훈 등록부, 자원 요구사항, 요구사항 추적가능성 표, 리스크 등록부, 이해관계자 등록부 등을 포함합니다.

지금까지 학습한 내용을 정리하면 다음과 같습니다.

**핵심정리**

- 조달 수행하기(Conduct Procurements): 판매자의 반응을 얻고, 판매자를 선정하여 계약을 수여하는 프로세스
- 조달 통제하기(Control Procurements): 조달 관계를 관리하고, 계약 성과를 감시하고, 계약에 대해 적절한 변경과 수정을 하고, 종료를 하는 프로세스

## 생각해보기

다음 내용은 스튜어트 다이아몬드의 "어떻게 원하는 것을 얻는가?"에 나오는 이야기입니다. 프로젝트 관리와 관련해서 사람에게 집중하는 협상 방법에 대하여 생각해보시기 바랍니다.

"거듭 강조하지만 협상할 때 사람에게 집중하면 원하는 것을 얻을 수 있습니다. 설령 당신이 상대방을 모르거나 싫어한다고 해도 인간적으로 소통하면 대개 목표를 달성하는 데 필요한 도움을 받을 수 있습니다.

알리자는 샌프란시스코에서 필라델피아로 가는 밤 비행기를 탈 일이 있었습니다. 그러나 공항에 약간 늦게 도착하는 바람에 남은 좌석은 가운데 줄 뿐이었죠. 사람들은 수속 담당자에게 짜증을 냈는데, 다섯 시간 동안 답답한 가운데 자리에 앉아가는 일은 고역이었기 때문이다. 그 때 알리자는 고객들을 응대하는 수속 담당자가 힘겹게 기침하는 모습을 보았다. 자기 차례가 되었을 때 알리자는 마침 가지고 있던 허브 사탕 몇 개를 건네면서 위로의 말을 건넸다. '힘드시죠? 이거 좀 드세요. 기침하시던데...' 알리자는 소속 직원에게 혹시라도 뒤늦게 자리(중간 줄 아닌 자리)가 생긴다면, 알려달라고 하고 전화번호를 남겼다. 몇 분 후 알리자의 전화가 울렸다. 그리고 그녀가 얻은 것은 다른 자리보다 넉넉한 비상구 좌석과 식사권, 그리고 헤드셋이었다. 작은 선의가 이렇게 큰 혜택으로 돌아온 것이다.

몇 년 전에 뉴욕 시내에서 안전띠를 착용하지 않아, 교통경찰에게 적발된 적이 있습니다. 마침 그때 나 말고도 다른 세 명의 운전자가 같은 이유로 서 있었죠. '수고하십니다. 적발되지 않았으면 안전띠를 안 맨 것조차 몰랐을 뻔했네요. 지적해주셔서 감사합니다.'

당연히 나는 벌금을 물지 않았다.

상대방에 대한 배려심은 종종 기대하지 않았던 큰 보상을 안겨주기도 한다. 컬럼비아 경영대학원 학생이었던 제니퍼는 다른 사람과 거의 말을 하지 않는 지미 루라는 학생을 오랫동안 지켜봐왔고, 자연스럽게 말문을 터보려 머리를 굴렸다. 그리고 제니퍼가 신중하게 지미 루에게 말을 건지 5분 만에 지미는 그녀에게 이렇게 말했다. '혹시 중국에서 일해 보지 않을래요? 잘 어울릴만한 일자리를 추천해 줄 수 있는데...' 현재 제니퍼는 중국에서의 경력을 바탕으로 뉴욕과 런던에서 홍보 대행사를 운영한다. 그녀는 늘 이렇게 말한다. '자연스런 호기심과 작은 배려심에서 사업을 키울 기회가 나옵니다. 때때로 아주 소소한 대화가 비즈니스 관계로 이어지기도 하니까요.'라고 말이다."

# 연습문제

**1.** 특정한 작업이 프로젝트 팀에 의해서 가장 잘 달성될 수 있는지, 또는 외부의 조달처에서 구매되어야 하는지를 결정하기 위해서 사용되는 일반 관리 기법을 무엇이라고 하는가?

① Make-or-Buy Analysis ② Procurement Management Plan
③ Procurement Statement of Work ④ Bidder Conference

**2.** 조달 협상에서 신뢰도가 높고 관계 발전의 가능성이 낮은 경우에 사용하는 영향력 행사 방법은 무엇인가?

① 관계 구축 ② 유인
③ 설득 ④ 주장

**3.** 다음 중 원칙에 의한 협상이 아닌 것은?

① 상대방을 문제 해결자로 봄 ② 사람에 강경, 문제에 유연
③ 사람과 문제를 구별 ④ 이성적이고 논리적인 원칙을 따름

**4.** 구매자와 판매자가 변경에 대한 보상에 합의할 수 없거나, 변경 발생에 동의할 수 없는, 논쟁이 있는 변경을 무엇이라고 하는가?

① 리스크 ② 설득
③ 응찰 ④ 클레임

**5.** 당사자들이 클레임을 해결할 수 없는 경우 사용할 수 있는 제도로서, 민사 재판 이외의 제도인 상담, 화해, 알선, 조정, 중재를 무엇이라고 하는가?

① ADR ② SAD
③ CLA ④ Claim

**6.** 협상에서 피하기 형태의 영향력 행사 방법으로만 묶인 것은?

① 이탈–회피 ② 설득–유인
③ 주장–유인 ④ 주장–이탈

7. 지양해야 할 협상이 아닌 것은?

① 회피함
② 그냥 줌
③ 질질 끌고 당기며 시간을 오래 끎
④ 나에게 가치가 작은 것을 줌

8. 가망성 있는 판매자들로부터 제안을 얻기 위해서 이용되는 것은 ?

① 조달 관리 계획
② 조달 작업 기술서
③ 조달 문서들
④ 합의

9. 프로젝트 조달 관리에 대한 설명으로 잘못된 것은?

① 프로젝트 팀에 필요한 제품, 서비스, 또는 결과물을 외부로부터 구매하거나 획득하기 위한 지식 영역임
② 조달 관리 프로세스들은 구매자와 판매자 양측 간의 관계를 기술하는 합의를 포함함
③ 다른 어떤 프로젝트 관리 프로세스보다 조달 프로세스에는 더 많은 법적 의무사항과 처벌이 결합되어 있음
④ 프로젝트 관리자는 조달에 대한 법률과 규제에 대해 잘 훈련된 전문가여야 함

10. 응찰자 회의에 대한 설명으로 잘못된 것은?

① 응찰이나 제안서를 제출하기 전에 프로젝트 팀(구매자)과 모든 가능성 있는 판매자들 간에 진행되는 회의
② 모든 질문에 대한 대답이 모든 참여자에게 공유되어야 하는 것은 아님
③ 계약자 회의, 판매자 회의, 사전 입찰 회의라고도 부름
④ 모든 가망성 있는 판매자들이 해당 조달에 대하여 명확하고 동일하게 이해하도록 보장함

정답 1. ① 2. ③ 3. ② 4. ④ 5. ① 6. ① 7. ④ 8. ③ 9. ④ 10. ②

CHAPTER

# 13

# 프로젝트 이해관계자 관리

**학습 목차**



**학습 목표**

- 프로젝트에 영향을 주거나 받는 이해관계자들을 확인하고 관리하는 프로젝트 이해관계자 관리를 전체적으로 이해하고, 각각의 이해관계자 관리 프로세스에 대하여 구체적으로 파악할 수 있다.

## 0 프로젝트 이해관계자 관리 개요

이번 장에서는 프로젝트 이해관계자 관리에 대하여 알아보겠습니다. 프로젝트 관리 지식 영역 10가지(통합 관리, 범위 관리, 일정 관리, 비용 관리, 품질 관리, 자원 관리 의사소통 관리, 리스크 관리, 조달 관리, 이해관계자 관리) 중에서 마지막이 되겠습니다.

프로젝트 이해관계자 관리(Project Stakeholder Management)는 프로젝트에 영향을 주거나 받는 사람, 그룹, 또는 조직을 확인하고, 이해관계자의 기대와 영향을 분석하고, 프로젝트 의사결정과 실행에 이해관계자를 효과적으로 참여시키기 위한 적절한 관리 전략을 개발하는 지식 영역입니다.

모든 프로젝트는 긍정적이거나 부정적인 측면에서 프로젝트로부터 영향을 받거나 프로젝트에 영향을 줄 수 있는 이해관계자들을 가지고 있습니다. 이목을 끄는 프로젝트 재난들을 분석한 연구에 따르면, 모든 이해관계자들의 확인, 우선순위 설정, 참여에 대한 구조적 접근의 중요성이 강조됩니다. 적절한 방법으로 모든 프로젝트 이해관계자들을 정확하게 확인하고 참여시키는 프로젝트 관리자와 팀의 능력이 프로젝트의 성공과 실패를 가르는 것입니다. 프로젝트 승인서가 인가된 후 가능한 신속히 이해관계자들의 확인과 참여과정이 시작되어야 성공의 가능성을 높일 수 있습니다. 이해관계자들을 확인하고, 우선순위를 배정하고, 참여시키는 과정은 정례적으로 반복해서 실행되어야 합니다. 적어도 프로젝트 단계가 변경될 때, 기존 이해관계자가 이해관계자 공동체에서 빠지거나 새로운 이해관계자가 이해관계자 공동체에 들어올 때, 조직에 근본적인 변화가 있을 때에는 실행되어야 합니다.

효과적인 이해관계자 참여의 핵심은 지속적인 의사소통으로 이해관계자의 필요와 기대사항을 이해하고, 쟁점들을 해결하고, 이해관계자들 간의 상충되는 이해를 관리하고, 적절한 이해관계자 참여를 조성하는 것에 초점을 맞추는 것입니다. 그래서 이해관계자의 만족이 핵심 프로젝트 목표 중 하나가 되어야 합니다.

이해관계자 관리에서 새로운 추세로는 모든 이해관계자들을 확인하기, 이해관계자 참여 활동에 모든 팀원들이 포함되도록 보장하기, 이해관계자 공동체를 규칙적으로 검토하기, 공동창작(Co-creation)의 개념으로 프로젝트 작업이나 결과에 영향받는 이해관계자들과 상담하기, 효과적인 이해관계자 참여의 가치를 포착하기 등이 있습니다.

프로젝트 이해관계자 관리에는 그림 13-1과 같이 4개의 프로세스들이 있습니다. 이 그림은 2장에서도 간략히 살펴본 바가 있습니다만, 이번 장이 이해관계자 관리 지식 영역을 집중적으로 다루는 장이므로, 이들을 자세하게 들여다보도록 하겠습니다.

SH1은 Identify Stakeholders, 즉 이해관계자 확인하기입니다. 프로세스의 약칭인 SH1에서 SH는 Stakeholder에서 따온 약어입니다. SH2는 Plan Stakeholder Engagement(이해관계자 참여 계획하기), SH3는 Manage Stakeholder Engagement(이해관계자 참여 관리하기), SH4는 Monitor Stakeholder Engagement(이해관계자 참여 감시하기)입니다. 프로세스 그룹으로 보면 SH1은 개시 그룹에, SH2는 계획 그룹에, SH3는 실행 그룹에, SH4는 감시 및 통제 그룹에 속하는 프로세스입니다.

| 지식 영역 | 프로세스 그룹 | | | | |
|---|---|---|---|---|---|
| | 개시 | 계획 | 실행 | 감시 및 통제 | 종료 |
| 리스크 관리 | SH1 | SH2 | SH3 | SH1 | |

SH1: Identify Stakeholders(이해관계자 확인하기)
SH2: Plan Stakeholder Engagement(이해관계자 참여 계획하기)
SH3: Manage Stakeholder Engagement(이해관계자 참여 관리하기)
SH4: Monitor Stakeholder Engagement(이해관계자 참여 감시하기)

그림 13-1 프로젝트 이해관계자 관리 지식 영역의 프로세스들

이들 네 개 프로세스들을 전체적인 맥락에서 이해하기 위하여 그림 13-2와 같은 자료흐름도를 그려보았습니다. SH1에서는 프로젝트 승인서, 합의, 비즈니스 사례, 편익 관리 계획, 프로젝트 관리 계획, 프로젝트 문서들을 받아들여서 이해관계자 등록

부를 만들고, 이를 프로젝트 문서들 저장소에 추가합니다. SH2에서는 프로젝트 승인서, 합의, 프로젝트 관리 계획, 프로젝트 문서들을 바탕으로 이해관계자 참여 계획을 만들어서 프로젝트 관리 계획 저장소에 추가합니다. SH3에서는 프로젝트 관리 계획(특히, 이해관계자 관리 계획)과 프로젝트 문서들을 읽어 들여서 이해관계자 참여를 관리하게 됩니다. SH4에서는 프로젝트 관리 계획과 프로젝트 문서들을 바탕으로 이해관계자 참여를 감시하게 됩니다. I3에서 송부된 작업 성과 데이터를 바탕으로 작업 성과 정보를 만들어 I5에 보내줍니다. SH1, SH3, SH4에서는 변경이 필요하면 I6에 변경 요청을 하고, 프로젝트 관리 계획 갱신, 프로젝트 문서들 갱신도 각각의 저장소에 합니다.

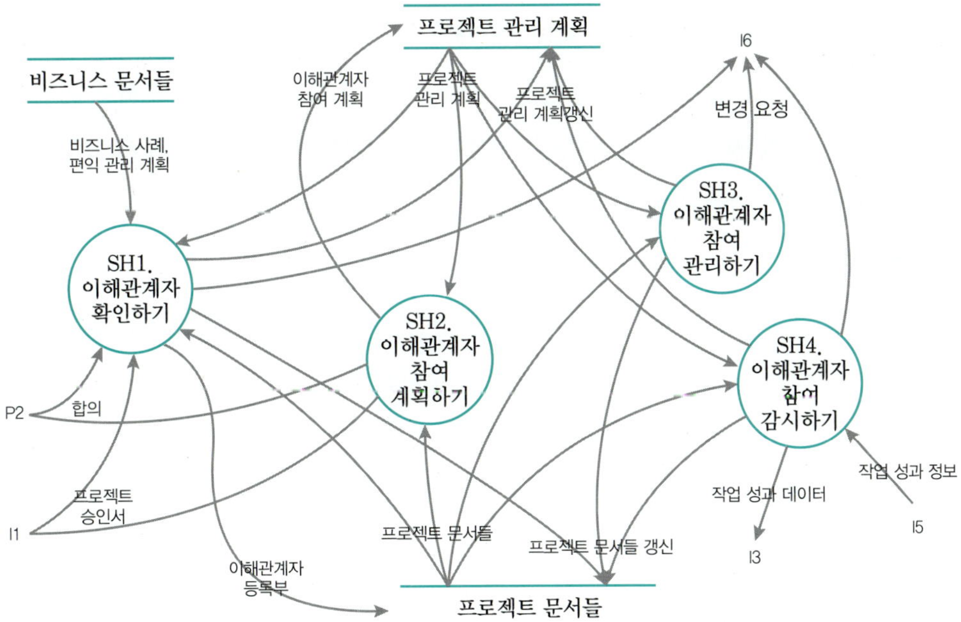


그림 13-2 프로젝트 이해관계자 관리 자료흐름도

## 1 이해관계자 확인하기

프로젝트 이해관계자 관리의 첫 번째 프로세스인 이해관계자 확인하기(Identify Stakeholders)는 프로젝트 이해관계자들을 확인하고, 그들의 이해, 개입, 상호의존, 영향력, 프로젝트 성공에 대한 잠재적 영향 등에 관한 적절한 정보를 분석하고 문서화하는 프로세스입니다.

프로젝트의 의사결정, 활동, 또는 결과에 영향을 주거나 받는 사람, 그룹, 또는 조직이 바로 이해관계자가 되겠습니다. 프로젝트 이해관계자는 고객, 스폰서, 수행 조직, 프로젝트에 적극적으로 개입된 사람들, 이해가 프로젝트 수행이나 종료에 의해서 긍정적으로 혹은 부정적으로 영향을 받는 사람들과 같이 사람과 조직으로 구성됩니다. 프로젝트 성공을 위해서 프로젝트나 단계의 초기에 이해관계자를 확인하고, 그들의 이해, 기대, 중요성, 영향력의 수준을 분석하는 것이 중요합니다. 프로젝트 이해관계자에 대한 초기 평가는 규칙적으로 검토되고 갱신되어야 합니다. 이해관계자의 영향력이 바로 지금 발휘되지는 않을 수도 있다는 사실을 고려하면서, 프로젝트에서의 이해, 영향력, 개입 등에 따라 이해관계자를 분류해두어야 합니다.

이 프로세스의 핵심 효용은 프로젝트 관리자가 각 이해관계자나 이해관계자 그룹에 대하여 적절한 초점을 확인할 수 있도록 해준다는 데 있습니다.

이 프로세스에서 사용할 수 있는 도구와 기법으로는 전문가 판단, 데이터 수집(설문지 조사, 브레인스토밍), 데이터 분석(이해관계자 분석, 문서 분석), 데이터 표현(이해관계자 매핑/표현) 회의 등이 있습니다. 여기서는 이해관계자 분석, 이해관계자 매핑/표현에 대하여 알아보도록 하겠습니다.

이해관계자 분석(Stakeholder Analysis)은 프로젝트에서 고려해야 할 이해관계자들의 리스트와 함께 조직에서의 직위, 프로젝트에서의 역할, 이해관계, 기대, 태도(프로젝트에 대한 지원 수준), 프로젝트 정보에 관한 관심 등과 같은 적절한 정보를 수집하고 분석하는 기법입니다. 이해관계자의 이해관계로는 관심, 권리, 소유권, 전문가

지식, 기여 등이 있습니다.

이해관계자 분석 절차는 3단계로 정리할 수 있습니다. 먼저 1단계로 모든 잠재적 이해관계자들과 그들에 관한 적절한 정보를 확인합니다. 핵심 이해관계자는 프로젝트 결과로부터 영향받는 의사결정자나 관리 역할을 하는 사람과 같이 일반적으로 확인하기 쉽습니다. 확인된 이해관계자를 면담하면서 새로운 이해관계자를 추가해 나갑니다. 2단계로 각 이해관계자의 잠재적 영향을 분석하고, 접근 전략을 정의하기 위해서 분류합니다. 이해관계자의 우선순위를 정해서, 기대사항의 의사소통과 관리 노력을 효율적으로 사용하는 것이 중요합니다. 3단계로 여러 상황에서 핵심 이해관계자가 어떻게 반응할 것 같은지를 평가합니다. 이해관계자로부터의 지원을 제고하고, 부정적 영향을 완화시킬 수 있도록 영향력을 행사할 방법을 계획하기 위해서 평가를 하는 것입니다.

이해관계자 매핑/표현(Stakeholder Mapping/Representation)은 다양한 이해관계자들을 분류하기 위한 방법입니다. 이러한 분류는 프로젝트 팀이 확인된 프로젝트 이해관계자들과 관계를 구축하는 데 도움을 줍니다. 사용 가능한 모형으로는 여러 가지가 있는데, 그림 13-3과 같이 권력(Power)의 수준과 이해(Interest)의 수준을 바탕으로 그룹화하는 권력/이해 격자(Grid)나, 권력(Power)의 수준과 영향력(Influence)의 수준을 바탕으로 그룹화하는 권력/영향력 격자가 대표적입니다. 이런 격자 모형들은 소규모 프로젝트나 관계가 단순한 프로젝트에서 유용합니다.

권력/이해 격자는 아래 그림에서 보면 수평축에 이해의 수준을 배치하고, 수직축에 권력의 수준을 배치한 후, 각각 높음과 낮음으로 구분해서 4가지 영역으로 구분하고 있습니다. 이해의 수준이 높고 권력의 수준이 높은 이해관계자는 밀접하게 관리해야 하겠고, 권력의 수준은 높지만 이해의 수준은 낮은 경우에는 구체적인 이해관계가 생기기 전까지는 계속 만족시키는 것이 좋습니다. 이해의 수준이 높지만 권력의 수준은 낮은 경우에는 적절한 정보를 계속 알려주는 것이 좋습니다. 이해와 권력의 수준 모두 낮은 경우에는 어떤 변화가 발생하는지 지속적으로 감시하는 것이 좋습니다.

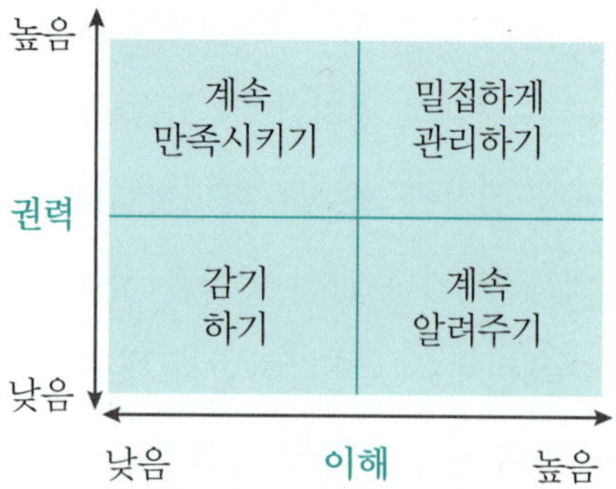


그림 13-3 권력/이해 격자 모형

권력, 긴급성(즉각적인 관심의 필요성), 적합성(개입의 적절성)을 바탕으로 7가지 유형으로 분류하는 현저성(Salience) 모형도 많은 관심을 받고 있습니다. 프로젝트의 규모가 크고 관계가 복잡한 프로젝트에서 유용하며, 확인된 이해관계자들의 상대적 중요성을 결정하는 데 도움을 줄 수 있습니다.

현저성 모형은 아래 그림과 같이 Dormant(휴면기의), Discretionary(자유재량의), Demanding(요구하는), Dominant(지배적인), Dangerous(위험한), Dependent(의존하는), Definitive(확정적인), 이렇게 7가지 유형으로 구분할 수 있습니다. 휴면기의 이해관계자(Dormant Stakeholder)는 권력만 있지 긴급성이나 적합성이 없기 때문에 휴면기에 있다고 합니다. 자유재량의 이해관계자(Discretionary Stakeholder)는 참여의 적합성은 있으나 권력이나 긴급성이 없기 때문에 자유재량을 갖고 있다고 합니다. 요구하는 이해관계자(Demanding Stakeholder)는 긴급성은 있으나 권력이나 참여의 적합성이 없기 때문에 요구하는 이해관계자로 부릅니다. 권력도 있고 참여의 적절성도 있는 이해관계자는 지배적인 위치에 있기 때문에 지배적인 이해관계자(Dominant Stakeholder)라고 부릅니다. 권력도 있고 긴급성도 있는 이해관계자는 급한 마음에 권력을 행사할 위험이 있기 때문에 위험한 이해관계자(Dangerous Stakeholder)라고 부릅니다. 긴급성도 있고 참여의 적절성도 있는 이해관계자는 권력이 없고 의존적이기 때문에 의존하는 이해관계자(Dependent Stakeholder)라고 부릅니다. 권력, 긴급성, 적합성, 세 가지 모두를 가진 경우에는 핵심 이해관계자일 가능성이 매우 높아서 확정적이기 때문에 확정적인 이해관계자(Definitive Stakeholder)라고 부릅니다. 이 모형에 대한 보다 구체적인 설명은 R. Mitchell, B. Agle, and D. Wood의 1997년 The Academy of Management Review 22권 4호의 853~886쪽에 실린 논문을 참고하시면 되겠습니다.

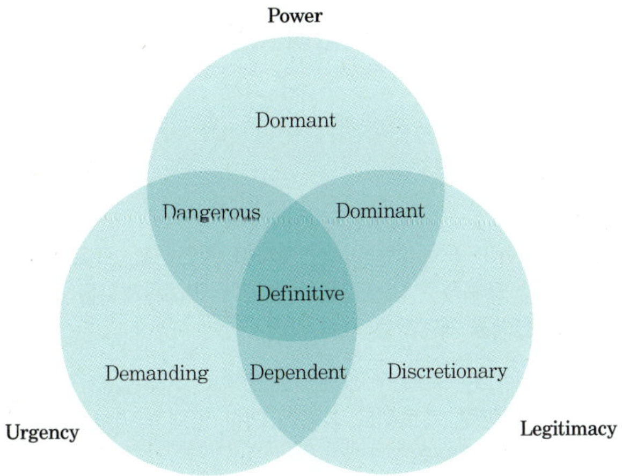


그림 13-4 현저성 모형

이 프로세스의 입력으로는 프로젝트 승인서, 비즈니스 사례, 편익 관리 계획, 프로젝트 관리 계획, 프로젝트 문서들 등이 있습니다. 주로 사용되는 프로젝트 관리 계획으로는 의사소통 관리 계획, 이해관계자 참여 계획 등이 있습니다. 주로 사용되는 프로젝트 문서들로는 변경 기록부, 쟁점 기록부, 요구사항 기록문서 등이 있습니다.

이 프로세스의 출력으로는 이해관계자 등록부, 프로젝트 관리 계획 갱신, 프로젝트 문서들 갱신, 변경 요청이 있습니다. 여기서는 변경 요청을 제외한 나머지에 대하여 알아보기로 하겠습니다.

이해관계자 등록부(Stakeholder Register)는 확인된 이해관계자와 관련된 모든 정보를 포괄하는데, 이름, 직위, 위치 및 연락처, 프로젝트에서의 역할, 연락처 등의 신원 확인 정보, 주요 요구사항, 주된 기대사항, 프로젝트에서의 잠재적 영향력, 가장 관심

있는 프로젝트 단계 등의 평가정보, 이해관계자 모형에 따른 이해관계자 분류 등이 해당됩니다. 이해관계자가 변경되거나 새로운 이해관계자가 확인됨에 따라서 주기적으로 이해관계자 등록부를 찾아보고 갱신해야 합니다. 프로젝트 관리 계획 갱신은 요구사항 관리 계획, 의사소통 관리 계획, 리스크 관리 계획, 이해관계자 참여 계획을 포함합니다. 프로젝트 문서들 갱신은 가정 기록부, 쟁점 기록부, 리스크 등록부를 포함합니다.

지금까지 학습한 내용을 정리하면 다음과 같습니다.

**핵심정리**

- 프로젝트 이해관계자 관리: 프로젝트 이해관계자를 확인하고, 프로젝트 이해관계자의 기대와 영향을 분석하고, 프로젝트 의사결정과 실행에 이해관계자를 효과적으로 참여시키기 위한 적절한 관리 전략을 개발하는 지식 영역
- 이해관계자 확인하기(Identify Stakeholders): 프로젝트 이해관계자들을 확인하고, 그들의 이해, 개입, 상호의존, 영향력, 프로젝트 성공에 대한 잠재적 영향 등에 관한 적절한 정보를 분석하고 문서화하는 프로세스
- 이해관계자 분석(Stakeholder Analysis): 프로젝트에서 고려해야 할 이해관계자들의 리스트와 함께 이들에 대한 적절한 정보를 수집하고 분석하는 기법
- 이해관계자 매핑/표현(Stakeholder Mapping/Representation): 다양한 이해관계자들을 분류하기 위한 방법으로 권력/이해 격자나 현저성 모형이 대표적임

## 2 이해관계자 참여 계획하기

프로젝트 이해관계자 관리의 두 번째 프로세스인 이해관계자 참여 계획하기(Plan Stakeholder Engagement)는 이해관계자들의 필요, 기대사항, 관심, 프로젝트에 대한 영향 등을 바탕으로, 이해관계자들을 프로젝트에 참여시키는 여러 가지 접근법들을 개발하는 프로세스입니다.

이 프로세스의 핵심 효용은 프로젝트 이해관계자들과 효과적으로 상호작용하기 위한 명확하고 실행 가능한 계획을 제공하는 데 있습니다.

이 프로세스에서 사용할 수 있는 도구와 기법으로는 전문가 판단, 데이터 수집(벤치마킹), 데이터 분석(가정 및 제약 분석, 근본 원인 분석), 의사결정(우선순위 설정), 데이터 표현(마인드 매핑, 이해관계자 참여 평가 표), 회의 등이 있습니다. 여기서는 이해관계자 참여 평가 표에 대하여 알아보기로 하겠습니다.

이해관계자 참여 평가 표(Stakeholder Engagement Assessment Matrix)는 현재의 참여 수준을 목표 참여 수준과 비교할 수 있도록 정리한 표입니다. 이 표에서는 이해관계자의 참여 수준을 5가지로 분류하는 것이 한 가지 방법입니다. 먼저 부지(Unaware) 수준은 프로젝트나 잠재적 영향을 모르는 수준이며, 나머지 4가지 수준은 프로젝트나 잠재적 영향을 알고 있는 수준입니다. 저항(Resistant) 수준은 프로젝트로 인해서 발생하는 변화에 저항하는 수준입니다. 중립(Neutral) 수준은 저항하거나 지원하지 않는 수준입니다. 지원(Supportive) 수준은 변화를 지원하는 수준입니다. 선도(Leading) 수준은 프로젝트가 성공이 되도록 적극적으로 참여하는 수준입니다. 그림 13-4는 이해관계자 참여 평가 표의 사례가 되겠습니다. A, B, C라고 하는 세 이해관계자를 세로축에 배치하고, 5가지 수준을 가로축에 배치하고 있습니다. 이해관계자 A의 경우에는 현재 저항 수준인데, 선도 수준을 목표로 잡고 있습니다. 현재 수준에서 목표 수준까지의 갭이 매우 큽니다. 이해관계자 B의 경우에는 현재와 목표가 모두 지원 수준이므로 목표가 이미 달성된 것입니다. 이해관계자 C의 경우에는 현재 중립 수

표 13-1 이해관계자 참여 평가 표 사례

| 이해관계자 | 부지 | 저항 | 중립 | 지원 | 선도 |
|---|---|---|---|---|---|
| 이해관계자 A | – | 현재 | – | – | 목표 |
| 이해관계자 B | – | – | – | 현재/목표 | – |
| 이해관계자 C | – | – | 현재 | 목표 | – |

준인데, 지원 수준을 목표로 하고 있습니다. 이렇게 이해관계자 참여 평가 표는 관련된 이해관계자들의 현재 수준과 목표 수준을 한 눈에 파악할 수 있도록 지원해줍니다. 각 이해관계자의 현재 수준과 목표 수준 간 차이가 이 이해관계자를 효과적으로 참여시키기 위해 필요한 의사소통의 수준을 결정합니다. 이러한 갭을 줄이는 것이 이해관계자 참여 감시하기의 기본적 요소가 됩니다.

이 프로세스의 입력으로는 프로젝트 승인서, 합의, 프로젝트 관리 계획, 프로젝트 문서들 등이 있습니다. 주로 사용되는 프로젝트 관리 계획으로는 자원 관리 계획, 의사소통 관리 계획, 리스크 관리 계획 등이 있습니다. 주로 사용되는 프로젝트 문서들로는 가정 기록부, 변경 기록부, 쟁점 기록부, 프로젝트 일정, 리스크 등록부, 이해관계자 등록부 등이 있습니다.

이 프로세스의 출력으로는 이해관계자 참여 계획(Stakeholder Engagement Plan, SEP)이 있습니다. 이 계획은 의사결정과 실행에서 의사결정자들의 생산적인 참여가 증진될 수 있는 전략들과 활동들을 확인하는 프로젝트 관리 계획의 한 요소입니다. 이해관계자 참여 계획에는 이해관계자 등록부에 수집된 데이터뿐만 아니라, 다음과 같은 사항들은 추가로 제공됩니다.

- 핵심 이해관계자의 현재 참여 수준 및 목표 참여 수준
- 변경의 범위와 이해관계자에 대한 영향
- 확인된 상호관계와 이해관계자 간의 잠재적 중첩
- 현재 프로젝트 단계에서의 이해관계자 의사소통 요구사항
- 이해관계자에게 배포될 정보
- 정보 배포의 이유와 이해관계자 참여에 미치는 영향
- 정보 배포의 시간과 주기
- 이해관계자 관리 계획의 갱신과 상세화 방법

프로젝트 관리자는 이해관계자 관리의 민감성을 인식하고 사전에 주의를 기울여야 합니다. 사례로서 프로젝트에 저항하는 이해관계자에 관한 정보는 잠재적으로 해를 끼칠 수 있으므로, 이와 같은 정보의 배포는 적절한 고려가 필요합니다.

## 3 이해관계자 참여 관리하기

프로젝트 이해관계자 관리 세 번째 프로세스인 이해관계자 참여 관리하기(Manage Stakeholder Engagement)는 이해관계자의 필요와 기대를 충족시키고, 쟁점을 해결하며, 이해관계자의 적절한 참여를 조성하기 위해서 이해관계자와 의사소통하고 작업하는 프로세스입니다. 이해관계자 참여를 관리하는 것은 이해관계자들이 프로젝트를 명확히 이해하고, 프로젝트에 대한 적극적인 지지자가 되도록 해서, 프로젝트의 성공 확률을 높이기 위한 것입니다. 이 프로세스에서 이루어지는 활동들로는 프로젝트 성공에 대한 이해관계자들의 지속적 헌신이 적절한 프로젝트 단계에서 이루어지도록 만들기, 협상과 의사소통을 통해서 이해관계자들의 기대사항을 관리하기, 이해관계자 관리와 관련된 리스크나 잠재적 우려를 다루고 이해관계자들에 의해 제기될 미래의 쟁점들을 예측하기, 확인된 쟁점들을 명확히 하고 해결하기 등이 있습니다.

이해관계자의 지원을 얻거나 부정적인 영향을 최소화할 수 있도록, 사전에 대비한 행동을 취해야 합니다. 프로젝트에 영향을 미치는 이해관계자의 능력은 전형적으로 초기에 가장 높고, 이후 프로젝트가 진행되면서 점진적으로 줄어듭니다. 일반적으로 프로젝트 팀이 출범되기 전에는 출범 과정 자체에 이해관계자가 참여하게 되기 때문에 그 영향력이 매우 큽니다. 하지만 프로젝트 팀이 출범하고 나면 대부분의 업무가 프로젝드 팀에 의해서 수행되면서 안정화되므로 이해관계자의 영향력은 점진적으로 줄어들게 됩니다.

이 프로세스의 핵심 효용은 프로젝트 관리자가 이해관계자들에 대한 지원을 늘리고 저항을 최소화하는 데 있습니다.

이 프로세스에서 사용할 수 있는 도구 및 기법으로는 전문가 판단, 의사소통 기술(피드백), 대인 및 팀 기술(갈등 관리, 문화적 의식, 협상, 관찰/대화, 정치적 의식), 기본 원칙, 회의 등이 있습니다. 여기서는 기본 원칙에 대하여 알아보기로 하겠습니다.

기본 원칙(Ground Rules)은 이해관계자 참여와 관련해서 팀원 및 다른 이해관계자들의 기대 행위를 설정한 것입니다.

이 프로세스의 입력으로는 프로젝트 관리 계획, 프로젝트 문서들 등이 있습니다. 주로 사용되는 프로젝트 관리 계획으로는 의사소통 관리 계획, 리스크 관리 계획, 이해관계자 참여 계획, 변경 관리 계획 등이 있습니다. 주로 사용되는 프로젝트 문서들로는 변경 기록부, 쟁점 기록부, 학습된 교훈 등록부, 이해관계자 등록부 등이 있습니다.

이 프로세스의 출력으로는 변경 요청, 프로젝트 관리 계획 갱신, 프로젝트 문서들 갱신이 있습니다. 여기서는 변경 요청을 제외한 나머지에 대하여 알아보기로 하겠습니다.

프로젝트 관리 계획 갱신은 의사소통 관리 계획, 이해관계자 참여 계획 등을 포함합니다. 프로젝트 문서들 갱신은 변경 기록부, 쟁점 기록부, 학습된 교훈 등록부, 이해관계자 등록부 등이 있습니다.

## 4 이해관계자 참여 감시하기

프로젝트 이해관계자 관리 네 번째 프로세스인 이해관계자 참여 감시하기(Monitor Stakeholder Engagement)는 전반적으로 프로젝트 이해관계자와의 관계를 감시하고, 이해관계자 참여를 위한 계획과 전략 조정하는 프로세스입니다.

이 프로세스의 핵심 효용은 프로젝트가 진행되고 환경이 변화함에 따라서, 이해관계자 참여 활동들의 효율과 효과를 유지하고 향상시키는 데 있습니다.

이 프로세스에서 사용할 수 있는 도구와 기법으로는 데이터 분석(대안 분석, 근본 원인 분석, 이해관계자 분석), 의사결정(다기준 의사결정 분석, 투표), 데이터 표현(이해관계자 참여 평가 표), 의사소통 재능(피드백, 프레젠테이션), 대인 및 팀 기술(적극적 경청, 문화적 의식, 리더십, 네트워킹, 정치적 의식), 회의 등이 있습니다.

이 프로세스의 입력으로는 작업 성과 데이터, 프로젝트 관리 계획, 프로젝트 문서들 등이 있습니다. 주로 사용되는 프로젝트 관리 계획으로는 자원 관리 계획, 의사소통 관리 계획, 이해관계자 참여 계획 등이 있습니다. 주로 사용되는 프로젝트 문서들로는 쟁점 기록부, 학습된 교훈 등록부, 프로젝트 의사소통, 리스크 등록부, 이해관계자 등록부 등이 있습니다.

이 프로세스의 출력으로는 작업 성과 정보, 변경 요청, 프로젝트 관리 계획 갱신, 프로젝트 문서들 갱신이 있습니다. 여기서는 프로젝트 관리 계획 갱신과 프로젝트 문서들 갱신에 대하여 알아보겠습니다.

프로젝트 관리 계획 갱신은 자원 관리 계획, 의사소통 관리 계획, 이해관계자 참여 계획 등을 포함합니다. 프로젝트 문서들 갱신은 쟁점 기록부, 학습된 교훈 등록부, 리스크 등록부, 이해관계자 등록부 등이 있습니다.

지금까지 학습한 내용을 정리하면 다음과 같습니다.

**핵심정리**

- 이해관계자 참여 계획하기(Plan Stakeholder Engagement): 이해관계자들의 필요, 기대사항, 관심, 프로젝트에 대한 영향 등을 바탕으로, 이해관계자들을 프로젝트에 참여시키는 여러 가지 접근법들을 개발하는 프로세스
- 이해관계자 참여 관리하기(Manage Stakeholder Engagement): 이해 관계자의 필요와 기대를 충족시키고, 쟁점을 해결하며, 이해관계자의 적절한 참여를 조성하기 위해서, 이해관계자와 의사소통하고 작업하는 프로세스
- 이해관계자 참여 감시하기(Monitor Stakeholder Engagement): 전반적으로 프로젝트 이해관계자와의 관계를 감시하고, 이해관계자 참여를 위한 계획과 전략을 조정하는 프로세스

## 생각해보기

프로젝트 이해관계자들을 분류하는 다양한 모형들이 제시되고 있는데요, 이러한 모델들은 다양한 관점으로 기업과 프로젝트에 영향을 미치는 이해관계자들을 파악하고 분류하는 데 도움을 줄 수 있습니다. 권력/활동성 매트릭스(Power/Dynamism Matrix)도 그 중에 하나인데요, 이것은 권력과 활동성을 두 축으로 이해관계자들을 분류해서 그림 13-5와 같이 4가지 영역으로 구분해볼 수 있습니다.

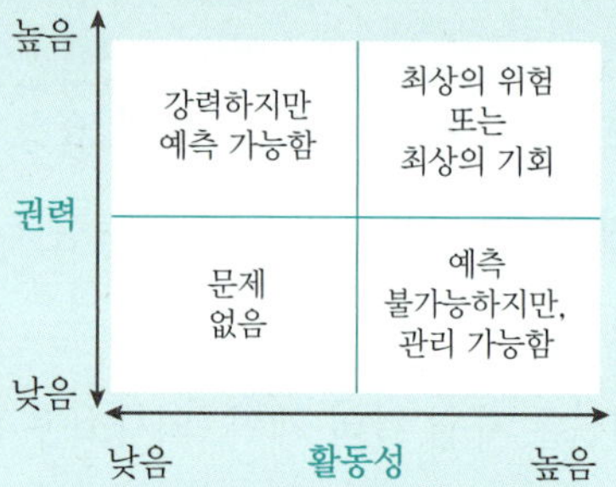


그림 13-5 권력/활동성 매트릭스 모형

각각의 이해관계자 모델은 장단점이 있기 때문에 장점을 활용하면서 단점에 유의해야 합니다. 권력/활동성 매트릭스의 경우에는 프로젝트 관련 변동이 일어나기 전에 어떤 이해관계자에게 정치적 노력을 기울여야 하는가를 잘 포착할 수 있으나, 주관적일 수 있습니다. 주기적으로 반복해서 평가해보는 것이 바람직합니다.

프로젝트에 참여하고 계신 분이라면 이러한 이해관계자 분석을 직접 해보면서 그 가치를 느껴보시면 좋겠고, 그렇지 못한 분들은 자신이나 가족, 회사, 사회, 국가 등 자신과 관련된 개체의 성공을 위해서 필요한 이해관계자들을 파악하고 분류해보신다면 전략적인 관점을 파악하는 데 큰 도움이 될 것입니다.

1. 이해관계자 관리에 대한 설명으로 잘못된 것은?

① 이해관계자의 만족이 핵심 프로젝트 목표 중 하나임
② 모든 프로젝트는 프로젝트에 영향을 주거나 받는 이해관계자를 가지고 있음
③ 이해관계자들을 정확하게 확인하고 참여시키는 프로젝트 관리자와 팀의 능력이 프로젝트의 성공과 실패를 가름
④ 이해관계자를 프로젝트에 참여시키는 것은 바람직하지 않음

2. 이해관계자 관리에서 새로운 추세가 아닌 것은?

① 이해관계자 참여 활동에 모든 팀원들이 포함되도록 보장하기
② 핵심 이해관계자만 확인하기
③ 공동창작(Co-creation)의 개념으로 프로젝트 작업이나 결과에 영향 받는 이해관계자들과 상담하기
④ 효과적인 이해관계자 참여의 가치를 포착하기

3. 권력/이해 격자에서 권력의 수준은 낮고, 이해 관계의 수준이 높은 그룹에 대한 대책은 무엇인가?

① 계속 알려주기
② 계속 만족시키기
③ 밀접하게 관리하기
④ 감시하기

4. 이해관계자 참여 관리하기에 대한 설명으로 잘못된 것은?

① 이해관계자들이 프로젝트를 명확히 이해하고, 프로젝트에 대한 적극적인 지지자가 되도록 해서, 프로젝트의 성공 확률을 높이기 위한 것임
② 이해관계자의 지원을 얻거나 부정적인 영향을 최소화할 수 있도록, 사전에 대비한 행동을 취함
③ 프로젝트에 영향을 미치는 이해관계자의 능력은 전형적으로 초기에 가장 낮고, 이후 프로젝트가 진행되면서 점진적으로 증가함
④ 이해 관계자의 필요와 기대를 충족시키고, 쟁점을 해결하며, 이해관계자의 적절한 참여를 조성하기 위해서, 이해관계자와 의사소통하고 작업함

# 연 습 문 제

**5.** 이해관계자 확인하기에 대한 설명으로 잘못된 것은?

① 프로젝트 이해관계자들을 확인하고, 그들의 이해, 개입, 상호의존, 영향력, 프로젝트 성공에 대한 잠재적 영향 등에 관한 적절한 정보를 분석하고 문서화하는 프로세스

② 프로젝트 성공을 위해서 프로젝트나 단계의 초기에 이해관계자를 확인하고, 그들의 이해, 기대, 중요성, 영향력의 수준을 분석하는 것이 중요함

③ 프로젝트 이해관계자에 대한 초기 평가는 규칙적으로 검토되고 갱신되어야 함

④ 이해관계자의 영향력이 바로 지금 발휘되지는 않을 수도 있다는 사실을 고려할 필요는 없음

**6.** 이해관계자 분류를 위한 현저성 모형에서, 권력과 긴급성은 있으나, 적합성이 없는 이해관계자를 무엇이라고 하는가?

① Dangerous ② Dormant

③ Dominant ④ Dependent

**7.** 이해관계자 참여 관리하기에서 이루어지는 활동이 아닌 것은?

① 확인된 쟁점들을 명확히 하고 해결하기

② 협상과 의사소통을 통해서 이해관계자들의 기대사항을 관리하기

③ 이해관계자 관리와 관련된 리스크나 잠재적 우려를 다루고 이해관계자들에 의해 제기될 미래의 쟁점들을 예측하기

④ 프로젝트 실패에 대한 이해관계자들의 기대사항이 적절한 프로젝트 단계에서 이루어지도록 만들기

**8.** 이해관계자 참여 수준의 분류에 해당되는 것이 아닌 것은?

① Unaware ② Registance

③ Neutral ④ Leading

**9.** 이해관계자 등록부의 내용이 아닌 것은?

① 신원확인 정보 ② 평가 정보

③ 이해관계자에게 배포될 계획 ④ 이해관계자 분류

**10.** 이해관계자 분석에서 권력/이해 격자에 의하면 감시하기는 어떤 상황에서 사용되는가?

① 이해와 권력이 모두 낮은 경우 ② 이해가 높고, 권력이 낮은 경우

③ 이해가 낮고, 권력이 높은 경우 ④ 이해와 권력이 모두 높은 경우

정답 1. ④ 2. ② 3. ① 4. ③ 5. ④ 6. ① 7. ④ 8. ② 9. ③ 10. ①

## 참고문헌


1. 스티브 맥코넬, 소프트웨어 프로젝트 생존전략(Software Project Survival Guide), 인사이트, 2003.
2. 에드 설리반, 프로젝트 데드라인(Under Pressure and On Time), 한빛미디어, 2003.
3. 토니 부잔, 토니 부잔의 마인드맵 두뇌사용법(Tony Buzan Use Your Head), 비즈니스맵, 2010.
4. 톰 디마르코, 소설로 읽는 프로젝트 관리 데드라인(A Novel about Project Management), 인사이트, 2004.
5. 톰 디마르코, 티모시 리스터, 소프트웨어 프로젝트에서의 리스크 관리(Waltzing with Bears: Managing Risk on Software Projects), 인사이트, 2004.
6. 티나 실리그, 인지니어스(Ingenius: A Crash Course on Creativity), 리더스북, 2017.
7. 프레드릭 펀스턴, 스티븐 와그너, 리스크 인텔리전스(Surviving and Thriving in Uncertainty), 한빛비즈, 2012.
8. D.M. Ahern, A. Clouse, and R. Turner, CMMI Distilled: A Practical Introduction to Integrated Process Improvement, Addison-Wesley Professional, 2007.
9. R. Anthony, Planning and Control Systems: A Framework for Analysis, Harvard University Press, Cambridge, Mass., USA, 1965.
10. Carnegie Mellon University Software Engineering Institute, "CMMI for Development, Version 1.3", http://resources.sei.cmu.edu/library/asset-view.cfm?assetID=9661, 2010.
11. Carnegie Mellon University Software Engineering Institute, "CMMI for Acquisition, Version 1.3", http://resources.sei.cmu.edu/library/asset-view.cfm?assetID=9657, 2010.
12. Carnegie Mellon University Software Engineering Institute, "CMMI for Services, Version 1.3", http://resources.sei.cmu.edu/library/asset-view.cfm?assetID=9665, 2010.

13. B. Eberle, Scamper: Creative Games and Activities for Imagination Development, Prufrock Press, Waco, TX, USA, 2008.
14. D. Evans, Risk Intelligence: How to Live with Uncenrtainty, Free Press, New York, NY, USA, 2012.
15. J. Gardner, R. Rachlin, and A. Sweeny, Handbook of Strategic Planning, Wiley, 1986.
16. J. Kelley, and M. Walker, "Critical–Path Planning and Scheduling," Proceedings of the Eastern Joint Computer Conference, pp. 160–173, Boston, MA, USA, December 1–3, 1959.
17. D. G. Malcolm, J.H. Roseboom, C.E. Clark, W. Fazar, "Application of a Technique for Research and Development Program Evaluation," OPERATIONS RESEARCH, Vol. 7, No. 5, pp. 646–669, September–October 1959.
18. P. Marion, "Clarifying and Confirming," https://www.furninfo.com/furniture–world–articles/3667, Furniture World Magazine, Vol. 147, No. 1, Dec. 28, 2016.
19. R. Marshall, "The Contribution of Earned Value Management to Project Success of Contracted Efforts," Journal of Contract Management, Summer, pp. 21–33, 2007.
20. A. Mendelow, "Stakeholder Mapping," Proceedings of the 2nd International Conference on Information Systems, Cambridge, MA, USA, 1991.
21. R.K. Mitchell, B.R. Agle, and D.J. Wood, "Toward a Theory of Stakeholder Identification and Salience: Defining the Principle of Who and What Really Counts," Academy of Management Review, Vol. 22, No. 4, pp. 853–886, 1997.
22. National Geographic Korea, 거장–봉준호 감독, https://www.youtube.com/watch?v=Zm2PIphN3bA, 2012.
23. PMI Inc., A Guide to the Project Management Body of Knowledge(PMBOK Guide) Sixth Edition, Newtown Square, PA, USA, 2017.
24. K.W. Thomas and R.H. Kilmann, The Thomas-Kilmann Conflict Mode Instrument, CPP Inc., Mountain View, CA, USA, 1974.
25. B.W. Tuckman and M.A.C. Jensen, "Stages of Small Group Development Revisited," Group and Organization Studies, Vol. 2, No. 4, pp. 419–427, 1977.

# INDEX

## D



## E

## Q



## R

## S

## T



## U



## V

## W



## ㄱ

Project
Management

Project
Management